여는 글

"모든 글쓰기는 독학(獨學)이다?"

"모든 글쓰기는 독학(獨學)이다."
　알파벳 시리즈*로 유명한 미국의 추리소설가, 수 그래프턴(Sue Grafton)은 오랜 시간에 걸쳐 충분히 글을 쓰는 것만으로도 글쓰기에 필요한 모든 것을 배울 수 있다고 주장한 바 있다. 교재나 강의를 통해서 글쓰기를 '이해하기'보다 습작(習作)을 통해 글을 '익히는 것'이 중요하다는 의미에서였다.

　그러고 보면 필자의 햇병아리 기자 시절 역시, 수 그래프턴의 말을 떠올리게 하는 것이 사실이다. 당시, 엉터리 문장 하나 제대로 바로잡지 못하던 필자에게 적잖은 도움을 준 이는 기사를 교정해 주던 고참 기자였다. 하지만, 그도 문법적으로 틀린 문장을 바로 잡거나 오(誤)·탈자(脫字) 정도를 챙겨 주었을 뿐, 더 이상의 기여는 하지 못했다. 소재 선택에서부터 서두는 물론, 결론에 이르기까지 글을 시작하고 완성하는 것은 누가 도울 수 있는 성질의 것이 아니기 때문이었다. 결국, 좋은 글을 발견하면 일일이 베껴 가며 자신의 것으로 소화하던 작업은 언론사 입사 초기, 필자의 주요 일과가 되고 말았다.

「한국인의 글쓰기」에 이어 1년 만에 「A⁺ 글쓰기」를 덜커덕 내게 됐다. 과연 현명한 결단이었는지, 어리석은 만용(蠻勇)이었는지는 여러분들의 결정에 맡기겠다. 만일, 이 책을 보고서도, 아니 이 책을 풀고서도 글쓰기가 별반 나아지지 않았다고 생각한다면, "수 그래프턴이 전적으로 옳았다"고 인정할 수밖에 없다. 반면, 조금이라도 도움을 받았다고 느낀다면, 글쓰기는 도우미의 조력(助力)으로도 나아질 수 있다는 한 줄기 희망을 얻을 것이다.

책은 「한국인의 글쓰기」와 동일하게 총 4부로 이뤄져 있다. 먼저 '글은 요리다' 라는 1부에서는 요리에 대한 비유를 통해 글에서 '무엇' 이 중요하고, 또 '왜' 중요한지, 그리고 중요한 '무엇' 을 챙기기 위해서는 '어떻게' 해야 하는지에 대해 설명하고 있다. 이와 함께, 2부와 3부에서는 톡톡 튀는 글쓰기를 위한 여러 글쓰기 요령들을 문장과 문단 별로 모아놓고 있다. 더불어, 해당 주제를 완전히 습득할 수 있도록 단문·중문·장문 등 3단계에 걸친 연습문제를 차례로 제공하고 있다. 물론, 주제와 함께 연습문제의 난이도 역시 「한국인의 글쓰기」보다 수준 높게 조정됐다. 무릇, 「A⁺ 글쓰기」란 기초적인 글쓰기 수준보다 한 단계 높은 곳을 지향하기에…….

제4부에서는 '다독'(多讀)이라는 주제를 통해 독서와 관련된 이야기들을 수필 형식으로 소개하고 있다. 뒤에서 다시 자세히 설명하겠지만, 남의 글을 읽지 않으면 좋은 글을 만들어 낼 수 없는 것이 동서고금(東西古今)의 진리이다. 굳이 스포츠를 통해 비유하자면, 세계적인 팀들의 수준 높은 경기를 접해보지 않는 이상, 자신과 팀의 기량 향상에 한계가 있을 수밖에 없다는 것이다. 혼자만의 개인기 습득은 일정 수준에 머무르게 마련이며, 고만고만한 동료들과의 팀플레이 역시 어느 이상의 성과를 기대할 수 없는 것과 매한가지다. 반면, 국내외 프로팀 또는 일류 클럽들의 수준 높은 게임을 접

하면서 얻게 되는 생생한 노하우들은 자신과 팀이 거듭날 수 있는 또 하나의 견인차 역할을 하게 마련이다. 그런 면에서, 글을 쓰고자 하는 이들에게 새로운 아이디어와 지식을 소개하고 자신의 글쓰기 약점을 돌아보게 유도하는 독서는 풍성한 과실을 생산하기 위한 밑거름에 해당한다고 볼 수 있다.

마지막으로 본 책에서는 이전에 발행됐던「한국인의 글쓰기」가운데에서 그 내용이「A⁺ 글쓰기」에 더 적합하다고 간주되는 2부-문장론의 '작은따옴표'와 3부-문단론의 '접속부사,' '용서받지 못한 자' 편을 이곳으로 옮겨 왔다. 이 점에 대해서는 사과의 말씀과 함께 독자 여러분의 관용을 구할 뿐이다.

"글쓰기는 절대로 교재를 통해 늘 수가 없다"고 단언하던 어느 출판인이 생각난다. 당시, 글쓰기 교재를 집필하고 있었기에, 마음 속으로 '과연 그럴까?'라고 외쳐댔지만, 막상 계속해서 책을 내게 되니 갈수록 겁이 나는 것 또한 사실이다. 해당 출판인에 대한 반박은 차치*(且置)하고서라도, 독자들의 글쓰기에 조금이나마 보탬이 되었으면 하는 마음, 간절하다.

---

*알파벳 시리즈 예를 들어 '알리바이의 A' (A is for Alibi), '강도의 B' (B is for Burglar), '시체의 C' (C is for Corpse) 등에서처럼 추리소설의 제목이 알파벳순으로 발간됐다.
*차치(且置) 차치물론(且置勿論)의 준말. 내버려 두고 문제삼지 아니한다는 뜻임.

목 차

여는 글   i

제1부: '글은 요리다'

1. '글은 요리다'   2
2. '아이언 셰프' 와 「미스터 초밥왕」   5
3. "'셜록홈즈'의 이름으로"   8
4. 'TV는 가정교사'   12

제2부: 문장론

1. 띄어쓰기 I: 보조사 이야기   16
2. 띄어쓰기 II: 보조동사 이야기   20
3. '엉터리 문장 죽이기'   35
4. "녹차는 마시고, 잠은 푹 자자"   52
5. 필요 없는 '본야스키'의 경호   69
6. '유유상종의 법칙'   85
7. '한자 이야기'   99
8. '열거 3·3의 법칙'과 대구-대조의 미   117
9. "주인 없는 동사에는 주어를 챙겨주세요"   133
10. 마술사의 '요술봉', 작은따옴표   148

제3부: 문단론

1. "글맛을 오래가게 하는 힘, 접속부사"   164
2. '용서받지 못한 자'   178
3. "하나의 주제로 일관성을 살려라"   196
4. "사무라이의 이름으로"   209
5. 늘어지는 서두(序頭)는 구조조정 '1순위'   212
6. "들머리가 전부다" - Ⅰ   225
7. "들머리가 전부다" - Ⅱ   230
8. "들머리가 전부다" - Ⅲ   234
9. 글의 화룡점정(畵龍點睛), '결말'   246
10. "정민을 읽으면 '결말'이 보인다"   250

제4부: 독서 이야기

1. "여하튼 그들은 읽었다"   264
2. e-book vs. 종이책   268
3. 독서의 으뜸은 감수성 키워주는 '문학'   271
4. 풍부한 선례(先例)는 '역사'에서
   깊은 사유 능력은 '철학'에서   274
5. '가을에 온 편지'   277

A⁺
글쓰기

제1부 '글은 요리다'

1. '글은 요리다'
2. '아이언 셰프'와 「미스터 초밥왕」
3. "'셜록홈즈'의 이름으로"
4. 'TV는 가정교사'

1

'글은 요리다'

음식 맛의 70%를 결정하는 것은 '요릿감'
글 맛의 70%를 결정하는 것은 '글감'

    '아빠의 도전'이라는 TV 프로그램이 있었다. 한때, 인기리에 방영된 프로그램으로 도전자가 일주일 안에 주어진 과제를 완수하는 것을 주(主) 내용으로 하고 있었다. 이를테면, 휴지 조각을 입으로만 불어 1분 동안 공중에 띄우거나, 곡예용 자전거를 이용해 간단한 장애물을 넘는 식의 묘기(妙技)들을 완성시키는 것이었다. 인상적인 것은 첫날만 하더라도 어눌하기* 그지없는 아빠의 솜씨가 가족들의 도움말을 받아들인 이후에는 비약적으로 발전해 나간다는 사실이었다. 무엇이 문제인지 파악하고 고쳐나가는 과정이 프로그램의 백미(白眉)였던 셈이다.

    글쓰기 역시 마찬가지로 자신의 문제점이 무엇인지 정확하게 인식하고 고쳐나는 것이 '글꽝 탈출'을 위해 가장 중요하다. 이는 글쓰기에 대한 요령을 아무리 잘 설명해줘도 자신의 문제점이 무엇인지 파악하지 못한다면 어떤 훈련도 소용 없기 때문이다. 검(劍) 쓰는 방법을 밤낮으로 되뇌어도 수련자 스스로가 자신의 실수를 깨닫고 고쳐 나가지 않는 한, 득도(得道)에는 별 진전이

---

*어눌하다   말을 유창하게 하지 못하고 떠듬떠듬하는 면이 있다.

없는 것과 같은 이치다. 그렇다면, 열 가운데 아홉은 흔히 겪게 마련인 글쓰기의 가장 큰 문제점으로 무엇을 꼽아볼 수 있을까?

필자는 한동안 '글쓰기를 무슨 일에 비유할까?'라는 생각으로 고민한 적이 있다. 그리하여 여러 작업들을 저울질한 끝에 결국에는 '요리'로 그 대상을 낙점*(落點)하고 말았다. 음식을 완성해 가는 과정이 글쓰기를 다지는 과정과 가장 흡사하기 때문이었다. 그런 요리에서 최고의 음식을 만드는 비결로 어떠한 조건들을 들 수 있을까?

실속말*로 얘기하건대, 우선 좋은 '음식 재료'를 구해야 하고, 그 음식을 '요리하는 과정'이 훌륭해야 하며, 완성된 요리를 '장식'하는 끝마무리가 미끈해야* 함을 꼽아 볼 수 있다. 만일, 집에서 혼자 먹을 음식이라면 재료는 그다지 중요하지 않을 게다. 먹다 남은 찬밥, 말라 비틀어진 김치에서부터 라면 부스러기에 이르기까지, 그야말로 냉장고에 있는 것만으로도 식사를 해결할 수 있을 터이니. 그러나 손님을 대상으로 내놓을 요리라면 이야기는 180도 달라진다.

글도 매한가지다. 여러 사람에게 보이거나 평가를 받아야 하는 글이라면 우선 '글감'이 신선하고 독특해야 한다. 소설가, 수필가, 시인, 시나리오 작가 등을 위시한 모든 글쟁이들이 마땅한 재료를 찾으려고 고민, 또 고민하는 이유가 여기에 있다. 이런 연유로 소재가 약하거나, 왠지 힘이 달리는 '글감'들은 시종일관 글 쓰는 이들을 고되게 한다. 그런 의미에서 '글감'을 고르는 작업이 좋은 글쓰기의 7할*(七割)을 좌우한다는 말을 덧붙이고 싶다.

---

*낙점(落點) 여러 후보가 있을 때 그중에 마땅한 대상을 고름. 역사적으로는 조선 시대에 2품 이상의 벼슬아치를 뽑을 때 임금이 이조(吏曹)에서 추천된 세 후보자 가운데 마땅한 사람의 이름 위에 점을 찍던 일에서 그 어원(語源)이 비롯됐다.

*실속말 (북한어) 실지 마음 속에 품은 생각을 털어 놓는 말.

*미끈하다 흠이나 거친 데가 없이 부드럽고 번드럽다.

*7할(七割) 70 퍼센트. 할(割)은 1/10을 나타내는 한자어임. 나눌/쪼갤 '할'(割).

1. '글은 요리다'

다음으로, '요리 과정' 자체를 거론할 수 있다. 찌고, 데치고, 볶고, 삶고, 튀기고, 끓이고, 굽는 것에서부터 불의 온도 조절과 요리 시간 등에 이르기까지 수백 가지는 족히 됨직한 '요리 과정'들은 좋은 음식 재료가 최상의 맛으로 바뀌는 과정을 도와주는 또다른 필요조건들이다. 글로 따지자면, 글쓰기의 기술적인 측면과 관련된 온갖 교재와 강의들이 이에 속한다고 하겠다. 개인적으로는 글쓰기의 2할(二割)이 여기에서 결정된다고 믿는다.

마지막으로, '장식'을 들 수 있다. 잘된 요리, 맛좋은 음식을 '명품'(名品)으로 바꾸는 '장식'은 미술에서의 '디자인'에 해당한다고 보면 가장 무난하다. 이는 같은 돈까스라 하더라도 학교 앞 음식점과 시내 요릿집이 다르게 내놓는 것을 떠올리면 될 듯하다. 글로 따지자면, 제목의 서체에서부터 글씨 크기, 사진, 도표 및 보고서의 외양에 이르기까지 본문을 보조하는 모든 시각적인 요소들이 이에 해당한다 하겠다. 글쓰기의 나머지 1할(一割)이 결정되는 부분이기도 하다.

그렇다면, 좋은 글을 쓰기 위해 여러분이 매진(邁進)해야 하는 대상은 명백해진다. 재료가 신선하면 적당히 요리해도 음식 맛이 사는 법. 그런 의미에서 글쓰기는 말 그대로 글쓰技*일 뿐이다.

참 고 문 헌

박진욱, 김동기 (2004). 「우리 말글살이를 바꾸는 평범한 글쓰기」. 우리교육.
배상복 (2007). 「일반인을 위한 글쓰기 정석」. 경향미디어.
황소웅 (2005). 「바른 글 좋은 글」. 랜덤하우스중앙.

*技 기술 '기'

2

'아이언 셰프'와 「미스터 초밥왕」

누구나 아는 일반 소재 쓰는 대신
감성 자극할 희귀 '글감' 찾아야

지난 95년 제작돼 일본에서 절찬리에 방영된 '아이언 셰프'(Iron Chef)는 미국에서도 적잖은 시청자들을 끌어 모은 인기 프로그램이었다. 내용은 프로그램 제작진에서 임의(任意)로 선정한 일식(日食), 중식(中食), 프랑스식, 이탈리아식 요리의 지존*(至尊) 4명 가운데, 한 명을 일반 요리사인 도전자가 지목, 맛 대결을 벌이는 것이었다. 정해진 시간 동안 스튜디오 안에 마련된 주방에서 풀 코스로 요리를 준비해, 저명인사 및 음식 관련 전문가들의 심사를 받아 승부를 내는 것으로 프로그램은 끝을 맺는다.

재미있는 사실은 음식을 만들 재료가 시합 당일 날 현장에서 공개된다는 것. 이후, 1시간 내에 도전자와 응전자*(應戰者)는 전채(前菜: appetizer)에서부터 주요리는 물론, 후식에 이르기까지 제공된 요리 재료를 사용해 음식을 만들어야 한다. 때문에 요리사들은 분·초(分·秒)를 다투는 상황 하에서 평가자들의 미각(味覺)을 최대한 돋굴 수 있는 음식을 만드느라 진땀 빼게 마련이다. 요리 실력에다 창의력과 순발력까지 겸비해야 하는 '요리 배틀'(battle)인 셈이다.

---

*지존(至尊)　'임금'을 높여 이르는 말. 이를 '지'(至), 높을 '존'(尊).
*응전자(應戰者)　상대편의 도전에 응하여 싸우는 자. 응할 '응'(應), 싸울 '전'(戰), 사람 '자'(者).

'아이언 셰프'에서는 결코, 명태나 꽁치, 소고기나 콩나물 같은 대중적인 음식 재료들을 선보이지 않는다. 주부들조차 요리의 지존들과 별차 없이 주무를 수 있는 재료들로는 흥미를 끌 수 없는 까닭에서다. 시청자들의 입맛을 자극함은 물론, 평소 접하기 힘든 진기 요리를 눈앞에서 지지고 볶는 시각적인 즐거움까지 선사하려면 요릿감이 비범해야 함은 자명(自明)하다. 모르긴 해도, 프로그램 담당자들 역시 '요리 배틀'을 위한 재료 선정에 가장 많은 시간을 소비했을 터. 계절과 맛, 가격과 색깔 등 여러 면에서 저울질 된 재료들은 시합을 기다리는 관객의 오감(五感)을 더욱 자극하게 마련이다. 글쓰기 역시 마찬가지여서 차별화되지 않은 일반 소재로는 좋은 글을 쓰기가 무척 어렵다. 아니, 보다 정확하게 말하면, 그러한 글감으로는 결코 좋은 글을 만들 수가 없다.

한때, 장안에 화제가 된 「미스터 초밥왕」이라는 만화책이 있었다. 초밥 명인이 되고 싶어하는 어린 주인공이 일인자(一人者)가 되기까지의 역정(歷程)을 드라마틱하게 묘사한 요리물이었다. 여러 종류의 초밥과 회를 만드는 과정이 하도 생생하고 맛깔스럽게 그려져 있어, 필자도 만화책을 든 손으로 한밤중에 뛰어나가 편의점에서 초밥을 사먹은 적이 있을 정도다. 바로 그 「미스터 초밥왕」에서 지면의 가장 많은 부분을 할애하는 장면이 주인공 '쇼타'가 좋은 재료를 어렵사리 구하는 과정이다. 와사비, 김은 물론이거니와 쌀, 계란을 비롯해 각종 생선에 이르기까지 초밥과 관련된 최상급 재료들을 값싸게 구입하는 과정은 그래서 더욱 흥미롭게 와 닿는다.

좋은 글은 그렇게 시작부터 범상치 않게 탄생한다. 첫머리를 시작해도 단순한 경기 침체가 아닌 30년 전통 음식점의 폐업 이야기, 일상적인 실업(失業)이 아닌 어느 소녀 가장의 실직 이야기, 이태백*이 된 사촌 형의 생생한 취업 투

---

*이태백 이십 대의 태반이 백수라는 의미의 신조어. 취업이 힘들어지면서 대학을 졸업했음에도 불구하고 직장을 갖지 못하는 이들이 늘어나면서 생긴 말.

쟁기(鬪爭記)를 끄집어 내는 순간, 좋은 글은 이미 7할 이상 완성되게 마련이다.

그렇다면, 어떻게 해야 좋은 '글감'을 찾을 수 있을까? 다음 편에서는 이에 관한 이야기를 소개해 볼까 한다. 산 넘어 산이요, 물 넘어 또 물을 건너는 과정들이다. 그래서 제대로 된 글쓰기가 힘들다지만, 그 같은 어려움이 있기에 더욱 오기(傲氣)가 생기지 않는가?

참 고 문 헌

다이수케 테라사와 지음, 소년매거진찬스 옮김 (1998). 「미스터 초밥왕」. 학산문화사.

3. " '셜록홈즈*'의 이름으로"

많이 보고, 많이 듣고, 많이 읽는 것이 王道
다른 세대 모르는 자신들만의 정보도 유용

문: 기자와 소설가의 공통점은?
답: 글로 먹고 사는 사람들이라는 겁니다.
정답: 아닙니다. 두 직업 군(群)에 속하는 이들의 수명(壽命)이 짧다는 점입니다.

몇 해 전, 어느 기관에서 직업별 평균수명을 조사한 적이 있다. 단명(短命) 직업군 가운데 1위는 단연코 소설가였고, 기자는 3위인지 4위에 랭크돼 있던 기억이 난다. 글쟁이들이 받는 스트레스가 어느 정도인지를 단적으로 보여준 조사였던 셈이다. 사실, 글을 쓰는 이에게 가장 심한 부담감으로 작용하는 것이 바로 좋은 글감을 찾는 일이다. 글 쓰는 데는 도가 텄으니, 일단 글감을 정하면 쓰는 것은 그리 어렵지 않기 때문이다. 그렇지만 독자들의 눈을 휘어잡고, 본인의 글발을 일필휘지(一筆揮之) 날릴 글감은 머리가 하얗게 세고, 담배로 온몸이 찌들어야만 비로소 튀어나오게 마련이다.

---

*셜록홈즈　영국의 추리소설가, 코난도일이 창조한 소설 주인공. 명탐정의 대명사로 통한다.

해서, 좋은 글감을 찾기 위해서는 남다른 감각이 필요하다. 요릿감을 알아보는 눈과 코가 남달라야 하듯이. 어떤 요령들을 염두*(念頭)에 둬야 남들보다 좋은 글감을 찾을 수 있을까? 첫 번째로는 계절과 시기를 고려하라는 조언을 들 수 있다. 요릿감을 고르는 데 있어 '싱싱함'을 따지라는 것이다. 글감으로 본다면, '시사적'인 것들이 이에 속한다고 볼 수 있다. 그러나 이미 알려질 대로 알려진 사건들은 서론에서 눈길을 끄는 정도로 거론해야지 이들로 본 요리까지 만들려 한다면 식구와 객(客)들의 젓가락질은 그리 오래 가지 않을 것이다.

두 번째로 남들보다 많은 요리 재료를 눈(目)에 담아 놓아야 한다는 것이다. 시장에는 아구, 대게, 개불 등과 같이 범상치 않은 재료들도 널려 있는데, 요리를 해본 적이 없어서, 또는 요리에 자신이 없다는 이유로 이들을 외면할 수는 없다. 이에 관해 지난 30년간 60권이 넘는 소설을 쓴 베스트셀러 작가, 다니엘 스틸은 앉아서 "새벽 세 시에 찾아오는 영감을 기다리지 말라"고 충고하고 있다.

그렇다면, 글로 따져볼 때 이 같은 작업은 어떻게 비유될 수 있을까? 일단 남들보다 많은 이야기 재료를 접해야 한다는 것이다. TV 뉴스도 보고, 책도 읽으며, 신문도 훑고, 인터넷도 뒤적거리며 하루를 시작하고 하루를 끝마쳐야 한다. 지나는 길에 받은 전단지 한 장, TV에 등장하는 광고 하나, 담벼락에 붙어있는 포스터 한 장을 그냥 지나치지 말라는 이야기이다. 명탐정 셜록홈즈와 같은 심정으로 단서를 찾아 헤매는 눈길 속에 글감은 어렵사리 탄생한다. 싸이질하다 만나는 팝업(pop-up)창과 배너 광고, 메신저를 통해 주고받는 각종 은어(隱語)와 신조어들 속에 세태(世態)를 포착하고 이야깃거리를 만드는 기자나 소설가, 시나리오 작가나 시인들의 관찰력이 남다를 수밖에 없는 이유

---

*염두(念頭) 생각의 시초. 마음 속. 생각 '염'(念), 머리 '두'(頭).

가 여기에 있다.

따지고 보면, 우리나 그네들이나 마주치는 정보, 접촉하는 뉴스는 엇비슷하게 마련이다. 문제는 스치듯 지나가는 글감들을 아무 생각 없이 왼 귀에서 오른 눈으로 흘려 보낼 것이 아니라 머리 한 켠에 차곡차곡 쌓아두고 필요할 때 꺼낼 수 있도록 몸으로 익혀야 한다는 것이다.

이와 관련해 필자가 경험한 재미있는 사례, 한 가지. 어느 TV 프로그램에서 남태평양의 원주민 가정을 방문한 적이 있다. 당시, 제작진을 위한 저녁상에 올라온 메뉴는 상어 고기와 상어 지느러미. 아이러니한 사실은 아들이 반찬 투정을 하더라는 것이었다. "또, 상어 고기야?"

마찬가지로 "어느 학교, 어느 선생은 이런 식으로 엽기 숙제를 학생들에게 내준다더라," "요새 뜨는 온라인 게임으로는 이것이 짱이더라" 등과 같이 또래들 사이에선 전혀 새롭지 않은 대화들도 다른 이들에게는 천금(千金) 같은 정보가 될 수 있다. 문제는 '금나라'에 살면서 '금'의 값어치를 전혀 모르거나 이를 도외시*(度外視)하기보다 이웃 '은나라'에 소개하고 이를 활용해 돈을 벌어야 할 지혜를 키워야 한다는 것이다. 무엇이 외부인들의 관심을 끄는지, 무엇으로 장사를 잘 할 수 있는지에 대한 안목(眼目)은 그래서 매우 중요한 글쓰기 요건이다. 그런 의미에서 볼 때; 제작진을 맞이했던 주인은 적어도 자신이 매일 먹는 음식의 가치를 잘 알고 있었다.

하지만, 어느 날 갑자기 이 같은 작업이 잘 진행되리라고는 결코 기대하지 말라. 무엇보다, 음식과 요리를 얻어먹기만 했던 사람이 어떻게 요릿감과 요리 과정에 대해 논할 수 있겠는가? 결국 문제는 요리를 직접 해보는 수밖에 없다는 것이다. 부엌에 들어가 후라이팬을 들어봐야만 요릿감에 대해 생각하기 시작하는 것은 당연한 일. 버스 안에서 벌어졌던 황당한 얘기, 음식점에서

---

*도외시(度外視) 상관하지 아니하거나 무시함. 정도 '도'(度), 바깥 '외'(外), 볼 시'(視).

경험했던 불쾌한 사건, 화장실에서 겪었던 우스꽝스런 일들과 친구와의 가시 돋친 대화는 그런 가운데 대근하게* 떠오르기 마련이다. 머리를 쥐어 뜯더라도 억지로 글을 써 보라는 이유가 여기에 있다.

참 고 문 헌

몬티 슐츠, 바나비 콘라드 엮음, 김연수 옮김. (2006). 「스누피의 글쓰기 완전정복」. 한문화.
배상복 (2007). 「일반인을 위한 글쓰기 정석」. 경향미디어.
황소웅 (2005). 「바른 글 좋은 글」. 랜덤하우스중앙.

---

*대근하다 견디기가 어지간히 힘들고 만만하지 않다.

4

'TV는 가정교사'

김치볶음밥을 만들어도 중요한 게 요리 '순서'
TV는 글 전개 순서 배울 최고의 가정교사

    절친한 박군이 갑자기 자취방에 들이닥친다. 헛헛하다*며 밥 달라고 아우성이다. 평소, 요리 잘하기로 소문난 김군. 냉장고를 열어보니 있는 것은 쉬어 비틀어진 김치 몇 쪽과 찬밥 조금에 계란 한 개. 순간, 김군은 망설임 없이 바로 메뉴를 정한다. 미소 띤 얼굴로 "오늘의 점심은 김치볶음밥"이라고 외치며.

    방 한 켠에 있는 조그마한 조리대에서 잠시 이리 지지고 저리 볶던 김군이 마침내 요리를 내온다. 기름기가 잘잘 흐르는 김치볶음밥 위에 계란후라이 하나. 게다가 먹음직스레 뿌려진 깨도 목젖을 자극한다. 이윽고, 첫술을 뜨는 박군. 이내 눈이 휘둥그레진다. 자신이 만든 김치볶음밥과는 차원이 다르기 때문이다. 맛있게 얻어먹기만 했지, 도통 요리에 관심이 없었던 박군, 오늘은 호기심이 발동했다.

박군: "어떻게 그런 재료들로 이런 음식을 만들었나?"
김군: "글쎄……."

***헛헛하다** 속이 비어 배고픈 느낌이 있다. 배고프다.

박군: "무슨 노하우가 있으면 좀 가르쳐 주라."
김군: "노하우라……흠……굳이 말하자면 일단 재료가 좋아야 돼. 제대로 된 김치볶음밥을 만들려면, 몇 가지 꼭 필요한 게 있거든. 이를테면, 꼬들꼬들한 찬밥과 쉬어 꼬부라진 김치는 필수지."
박군: "꼬들꼬들한 찬밥은 왜?"
김군: "아무래도 더운 밥은 습기가 많아 잘 볶아지지 않기 때문이지. 반면, 꼬들꼬들한 찬밥은 밥풀 한 알 한 알이 알알이 잘 볶이거든."
박군: "호……."
김군: "요리하는 과정도 중요하지. 예를 들어 후라이팬을 뜨겁게 달군 후 식용유를 두르고 나서, 김치부터 볶아야 돼. 밥이랑 김치를 한꺼번에 볶으면 양이 많아져서 김치가 잘 볶아지지 않거든. 김치가 어느 정도 볶아지면, 찬밥을 넣는 거지. 참, 식용유는 넉넉히 둘러야 돼. 그렇지만, 달궈지지도 않은 후라이팬에 미리 식용유를 두르고서 김치를 볶으면 절대 안 돼."
박군: "왜?"
김군: "후라이팬이 뜨겁지 않은 상태에서 김치를 넣으면 식용유가 김치에 배어들어가거든. 결국 김치가 볶아지는 게 아니라 식용유에 절어지게 돼. 그러면, 기름 냄새만 나고 맛이 없어."
박군: "거참, 별것도 아닌 것 같은데, 김치볶음밥 하나 만드는 데도 상당한 요령이 필요하군."

글을 '맛있게' 쓴다는 것은 이런 것이다. 알맞은 재료를 바탕으로 어떤 순서대로 요리하느냐에 따라 '때우기식 식사'와 '김가네 김치볶음밥'은 운명을 달리한다.

앞서 설명한 대로 좋은 요릿감을 구하는 작업은 대단히 어렵다. 그러나 좋은 음식 재료를 구해 놓고도 정작 제대로 요리하는 법을 몰라 요리를 망쳐 버린다면 더욱 허탈할 게다. 어떤 방식으로 글을 요리해 나가야 하는가가 중요한 이유다. '연결,' '전개,' '순서' 등 어떤 방식으로 이 같은 과정을 표현해도 좋다. 맛난 김치볶음밥을 만들기 위해 프라이팬을 달구고 식용유를 넉넉하게 두른 후 김치를 먼저 볶고 밥을 뒤이어 넣는 과정처럼, 글을 쓸 때 무슨 이야기로 서두를 꺼내고 다음에 무엇으로 전개하며 이어지는 단락은 어떻게 장식할 것인가를 고민해 본다면 글이 결코 무미건조해질 리 없다.

어떻게 하면 최소비용만으로도 이 같은 과정들을 효율적으로 진행할 수 있을까? 설핏* 떠오르는 가장 쉬운 방법으로 TV 인기 프로그램의 도움을 받으라고 권하고 싶다. 필자가 수업 시간에 자주 인용하는 'VJ 특공대'나 '무한지대 Q,' '인간시대'와 같은 시사/교양 프로그램들을 비롯, 가능한 한 모든 장르의 인기 프로그램들을 총동원해서라도. 무슨 말이냐고?

인기 있는 TV 프로그램들은 소위 '선수'라고 일컬어지는 이야기의 장인(匠人)들이 며칠, 몇 주씩 고생해서 만든 최상의 작품들이다. 당연히 재미가 넘칠 수밖에 없다. 리모콘을 손에 쥔 채 언제라도 다른 채널로 떠나려는 가스러진* 시청자들을 만족시키려면, 입맛을 돋우는 소재로 이야기를 전개해야 하기 때문이다.

그런 관점에서, 주제가 무거운 보고서는 '뉴스'나 '논평'이, 서평이나 감상문, 비평과 같은 글들은 문화를 소개하는 프로그램들이 글을 진행하는 데 있어 훌륭한 개인교사가 될 수 있다. 그렇다면, 자신의 글은 어떤 프로그램으로부터 가장 큰 도움을 얻을 수 있을까? 전공과 과제의 성격을 생각한 후, 적합한 TV 프로그램부터 선정해 보자. 벌써부터, 첫 장면과 함께 진행자의 말가리*가 궁금해지지 않는가?

---

*설핏 (부사) 잠깐 나타나거나 떠오르는 모양.
*가스러지다 잔털 따위가 좀 거칠게 일어나다. 성질이 온순하지 못하고 좀 거칠어지다.
*말가리 말의 갈피와 조리. 또는 말의 줄거리.

A+
글쓰기

제2부 문장론

1. 띄어쓰기 I: 보조사 이야기
2. 띄어쓰기 II: 보조동사 이야기
3. '엉터리 문장 죽이기'
4. "녹차는 마시고, 잠은 푹 자자"
5. "필요 없는 '본야스키'의 경호"
6. '유유상종의 법칙'
7. '한자 이야기'
8. '열거 3·3의 법칙'과 대구-대조의 미
9. "주인 없는 동사에는 주어를 챙겨주세요"
10. 마술사의 '요술봉,' 작은따옴표

띄어쓰기 I: 보조사 이야기

고대 이두식* 한자에서도 사용된 보조사
가장 헷갈리는 건 '보다,' '대로,' '조차'

"어렵지만 갈수록 편해요."

필자가 일본어 학습 시절 만났던 일본인 회화 선생 아사노 카나는 우리말의 띄어쓰기에 대해 이렇게 말하곤 했다. 일본어에는 없는 규칙인지라 매우 생소했지만, 단어와 단어 사이를 명확하게 해 주기에 한자가 눈에 띄지 않아도 일본인으로서 한국어를 익히기가 그리 어렵지만은 않다는 이유에서였다.

그러고 보면, 대부분의 경우에는 그럭저럭 붙여 써도 좋지만 경우에 따라서는 반드시 지켜야 할 띄어쓰기의 마지노선*이 있다. 마치, 이 정도는 익혀야 뭘 좀 알고 있는 이로 대접받는 것처럼. 해서 「A⁺ 글쓰기」에서는 헷갈리기 쉬

---

*이두(吏讀) '한자의 소리 또는 뜻을 빌려 우리말을 적은 표기법. 일반적으로 한자를 국어의 문장 구성법에 따라 고치고 이에 토를 붙인 것을 이름. 예를 들어, 통일신라의 주역인 화랑(花郎)은 원래 '가시나'를 뜻하는 이두식 한자어이다. 당시에는 꽃을 '가시'라고 불렀기에 화(花)는 '가시 화'라고 읽었으며, 랑(郎)은 무리를 의미하는 '나'(너네들 할 때 '네'의 古語)의 의미로 '나 랑'이라고 불렀다. 물론, 원래는 여자를 의미하는 낭(娘)자를 썼지만, 후에 화랑의 구성원들이 남자로 바뀌었기 때문에, 사내를 일컫는 랑(郎)자로 바뀌었다. 따라서, 뜻으로만 보자면 현대 국어로는 '꽃무리'로 풀이되는 화랑은 당시 뜻소리로 따지자면 '가시나'로 읽혔다.

*마지노선 제1차 세계대전 후에, 프랑스가 대(對)독일 방어선으로 국경에 구축한 요새선. 1927년에 당시의 육군 장관 마지노가 건의해 1936년 완성됐으나, 1940년 5월 독일이 이 방어선을 우회해 벨기에를 침공함으로써 쓸모없게 되었다. '최후 방어선'의 뜻으로 쓰인다.

운 몇몇 보조사를 소개해 보고자 한다.

학자에 따라서는 '특수사,' '후치사,' '첨사' 등으로 부르기도 하는 보조사는 외솔 최현배 선생이 20세기 초에 이름 붙인 품사이다. 주격이나 목적격 등 어느 한 가지 격에만 한정되지 않고 여러 격에 두루 쓰이며 명사는 물론이고 부사나 동사 뒤에서도 사용되기에 성격과 명칭 규정을 놓고 학자들 사이에서 설왕설래*(說往說來)가 빚어지는 문제아(?)이기도 하다. 그런 보조사는 이미 고대 이두(吏讀) 표기에서부터 나타나고 있어, 역사적으로도 상당한 연륜을 과시하는 대상이다. 물론 당시는 띄어쓰기가 아예 없던 한자 시대이긴 하지만.

그런 보조사들 가운데 띄어쓰기의 난이도면을 놓고 볼 때, 필자가 꼽는 4대 천왕이 있다. 적어도 열 명 가운데 절반 이상은 반드시 혼동하거나 헛갈려 하는 '보다,' '만큼,' '대로,' '조차'가 그 대상이다. 이 가운데 '만큼'은 이전의 '기초' 편에서 소개한지라 여기에서는 생략하겠다.

먼저, '보다'는 4대 천왕 가운데에서도 세 명 중 둘은 쉽사리 함정에 빠지고 마는 최대의 난적(難敵)이다. 부사와 보조사의 형태를 모두 지니고 있지만, 많은 이들이 부사로만 인식해 띄어주고 있는 실정이다. 다음 문장을 보자.

　　　　보기**보다** 힘이 세지만, **보다** 열심히 역기를 들어라.

여기에서 앞의 '보다'는 비교를 나타내는 부사격 조사로 명사 뒤에 붙는 반면, 뒤의 '보다'는 '더욱'이라는 의미로 쓰인 단어여서 생략해도 문맥상 지장이 없는 부사이다. 다시 말해, '보다'의 앞에 비교 대상이 되는 체언이 있으면 보조사로 인식해야 한다는 것이다. 하지만, 현실에선 대부분 비교용 부사로 인식해 띄어 쓰는 우(愚)를 범한다.

두 번째로는 체언 뒤에 붙어 앞에 오는 말에 근거하거나 달라짐이 없음을

---

*설왕설래(說往說來)　서로 변론을 주고받으며 옥신각신함. 또는 말이 오고 감.

나타내는 보조사, '대로'를 들 수 있다. '대로' 역시, 생각보다 헷갈리는 대상이다.

    너는 너<u>대로</u> 나는 내 마음이 가는 <u>대로</u> 각자 움직이도록 하자.

 역시, 앞의 '대로'는 명사 뒤의 보조사, 뒤의 '대로'는 동사 뒤의 의존명사이다. 마찬가지로, 뒤의 '대로'를 띄어 쓰기 보다 붙여 쓰는 경우가 많다. 마지막으로 포함의 뜻을 나타내는 보조사, '조차'를 들 수 있다.

    발은 물론이거니와 손조차 얼 지경이다.
    발은 물론이거니와 손으로조차 다루기가 힘들다.

 '조차'의 경우는 일반적으로 체언 뒤에 붙지만, 때에 따라서는 조사 뒤에도 붙기에 시각적으로 어색해 보인다는 이유로 띄어 쓰는 것으로 착각하는 경우가 많다. '조차'와 비슷한 사례로 '부터'를 꼽을 수 있는데, '부터'의 경우는 이미 그 쓰임새가 널리 알려져 있기에 앞의 조사로부터 따로 띄어 쓰는 실수를 범하지 않는 것이 보통이다.
 이쯤에서 필자가 좋아하는 상황 퀴즈 하나. 4대 천왕 가운데 본문에서 잘못 띄어 쓴 보조사를 찾아 바로 잡아보기 바란다. (정답은 23쪽에)

1분에 익힙시다 - '같이' 와 '같은' 띄어쓰기

실생활 글쓰기에서 자주 헛갈리는 띄어쓰기 대상으로 '같이' 와 '같은' 이 있습니다. '같이' 와 '같은' 은 의미가 유사함에도 불구하고 품사가 다른 관계로 하나는 앞말에 붙여서, 나머지는 띄어서 써야 합니다. 다시 말해, '같이' 가 '처럼' 의 뜻이 되면 조사이므로 앞의 체언에 붙여야 하며, '같은' 은 형용사 '같다' 에서 파생된 말로 단독으로 쓰여야 합니다. 단, '같이' 가 '함께' 를 의미하거나 앞에 조사 '와/과' 가 놓여 있는 경우에는 품사가 부사로 변하기에 앞말과 띄어 써야 합니다.

예) "너 ∨같은 학생은 처음이다."
"이 ∨같은 일이 벌어지다니!"

"이같이 일을 벌이다니!" ('처럼' 이라는 의미의 조사)
"너와 나 둘이서 ∨같이 일을 하자꾸나." ('함께' 라는 의미의 부사)

"아무 일도 없었던 것과 ∨같이 하자꾸나." ('같이' 앞에 조사 '와/과' 가 있음)
"이와 ∨같이 일을 하자꾸나."

참 고 문 헌

정상훈 (1999). 보조사의 통시적 고찰. 「동국어문론집」, Vol. 8. 250-274.
최용기 (2006). 같이의 띄어쓰기:
⟨http://hangeul.seoul.go.kr/quiz/board_view.jsp?before_navinum= 701&idx=79⟩
허귀녀 (2005). 국어 보조사의 역사적 연구. 서울대학교 국문학과 박사학위 논문. 한국인의 욕에 대한 정서: ⟨http://issuekim.com.ne.kr/korm4.htm⟩

띄어쓰기 Ⅱ: 보조동사 이야기

합성동사는 붙이고, 보조동사는 띄우고
'듯하다,' '만하다,' '성싶다'는 때에 따라 달라

구한말(舊韓末)의 정치인이자 개화 운동가였던 유길준은 한국 최초의 국비 유학생이었다. 어려서부터 신동(神童)으로 유명했던 그는 공무(公務)로 일본, 미국을 다녀온 뒤 정쟁(政爭)에 휘말리며 가택 연금을 당하자, 자신의 경험을 바탕으로 한 권의 기행문을 펴냈다. 당시 별 주목을 받지 못했지만 후대에 와서 그 가치를 십분 인정받았던 「西游見聞」(서유견문)이 그것이었다.

재미있는 사실은 유길준이 우리나라 최초의 국문학자로서 무려 30년여 간의 연구 끝에 「大韓文典」(대한문전)이라는 국어 문법책도 내놓았다는 것. 그런 그가 정립한 여러 국문학적 개념 가운데 하나가 바로 '조동사'였다. 영어의 can, may, shall 등에 해당하는 것으로, 본 용언을 도와 주는 개념의 보조용언이 그것이었다. 하지만, 국문학자 최현배가 유길준의 '조동사' 개념은 "보조동사뿐만 아니라 어미나 보조어간까지 포함해 크게 잘못돼 있다"고 지적하면서 유길준의 '조동사'는 대체 용어인 '보조동사'로 명칭이 바뀌었다.

「A⁺ 글쓰기」에서 띄어쓰기와 관련해 제시하는 2탄은 유길준의 '조동사'에 해당하는 '보조동사' 이야기다. 사실, 보조동사는 말 그대로 앞의 동사를 보조해주는 역할을 하는 품사이다. 그런 보조동사의 띄어쓰기는 어떻게 해야 하는 것일까? 가장 쉬우면서 원칙적인 방법은 무조건 띄어 쓰는 것이다. 하지만 보조동사를 구별해 내기가 보기와는 달리 녹록하지* 않다는 것이 문제다. 예를 들어, '하다'의 경우를 보면, '하다'가 '생각+하다,' '착+하다,' '산뜻+하다,' '아파+하다' 등과 어울릴 때는 각각 명사, 형용사, 부사, 아/어 동사 뒤의 접미사로 붙어야 옳다. 반면, '마음이 고와야 한다,' '일을 하려 한다,' '얄밉기까지 하다,' '예쁘기만 하다' 등에서는 띄어 써야 옳다. 동사가 이미 앞에 있기 때문이다.

그렇다면, 어떻게 해야 보조동사용 띄어쓰기를 실행할 수 있을까? 이와 관련해서는 우선, 합성동사인지 아닌지를 판별하는 것이 가장 중요하다. 합성동사의 경우는 하나의 단어이기에 무조건 붙여 써야 하기 때문이다. 예를 들어, "철수는 밥을 먹고 잤다"에서 '먹다'와 '잤다'는 각각의 동사지만, '떠나가다'처럼 '뜨다' + '나다' + '가다'가 합성된 용언은 붙여 써야 한다. 하면, 합성동사인지 아닌지는 어떻게 구별할 수 있을까? 가장 쉬운 방법은 우선 사전에 나와 있는지의 여부를 판가름하는 것이다. '드나들다'는 사전에 있을 터이니 당연히 합성동사로 파악하면 된다. 반면, 앞의 동사만 사전에 나와 있을 것으로 추정되는 '고와야 한다,' '하려 한다,' '얄밉기까지 하다,' '예쁘기만 하다' 따위는 일반 동사에 보조동사가 붙은 것으로 인식하면 된다.

마지막으로, 평소에 혼동하기 쉬운 보조동사의 3대 마왕, '듯하다.' '만하다,' '성싶다'를 소개하고자 한다. 이들 3대 마왕은 보조동사인지라 보통 때는 반드시 하나의 단어로 붙이되 앞의 본 용언과는 띄어서 사용해야 한다. 하지만, 예외적으로 이들도 쪼개져야 하는 경우가 있으니, 바로 어근에 해당하는 '듯,' '만,' '성'에 조사가 붙는 경우다. 이들 어근의 품사 자체가 의존명사로 바뀌는 까닭에서다.

---

*녹록하다 평범하고 보잘것없다.

예를 들어,

올 듯하다 → 올 듯도 ∨하다
올 만하다 → 올 만도 ∨하다
올 성싶다 → 올 성도 ∨싶다

처럼 된다는 것이다. 그렇다면, 오늘 배운 것을 복습(復習)하는 의미에서 다음 문장의 알맞은 띄어쓰기 개수는 몇 개일까?

상황이 상황인지라 당장 들이받을만도했다. (정답은 38쪽에)

참 고 문 헌

김용석 (1983). 한국어 보조동사 연구.「배달말」, Vol.8, No.1, 1-33.
한글학회, 한글맞춤법 띄어쓰기 규정:
 ⟨http://www.hangeul.or.kr/2.htm⟩
 ⟨http://person.mct.go.kr/person/data/person_view.jsp?cp_seq=154⟩

1분에 익힙시다 - '간'(間) 띄어쓰기

평소에 헛갈리는 띄어쓰기 대상으로 사이, 동안 등의 의미를 지닌 '간'(間)이 있습니다. 간단히 말해, 시간의 경과를 의미하는 '동안'의 의미로 쓰일 때는 '간'을 앞에 붙여야 합니다. 반면, 공간 또는 관계로서 '사이'의 의미로 쓰일 때는 반드시 띄어 줘야 합니다.

예) 한 달간 여행을 하고 돌아왔다. (시간의 경과)
   동아시아 국가˅간의 관계가 갈수록 긴밀해지고 있다. (사이)

| 18쪽 정답 |

끝에서 여섯 번째 문장의 "마찬가지로, 뒤의 '대로'를 띄어 쓰기˅보다"를 "띄어 쓰기보다"로 고쳐 써야 한다.

연습문제

가. 단 문 연 습

■ 아래의 글에서 잘못된 띄어쓰기를 찾아 해당 자리에 띄움표(∨) 또는 붙임표(⌒)를 삽입해 보기 바랍니다.

1 생각보다 몸이 튼튼하다고 운동을 게을리하면 안 된다.
2 "더도 말고 덜도 말고 아버지 만큼만 살았으면 소원이 없겠다."
3 사람은 자신이 행한대로 돌려받기에 하늘을 무서워할 줄 알아야 한다.
4 "작년엔 결혼기념일이 언제인지 잊어버리더니 올핸 내 생일조차 기억 못하다니!"
5 회사 생활이 군대같이 답답하다면 어느 누가 창의적인 아이디어를 낼까?
6 환한 대낮 보다 캄캄한 밤에 더 많이 깨어 있는 편이다.
7 "얼마 만큼이나 읽어야 이 책을 제대로 이해할 수 있을까?"
8 학생은 학생대로 힘이 들지만, 그런 대로 견딜만 하다.
9 답답한 도시 생활에 얽매이기 보다 시골에서 유유자적하는 것이 훨씬 속 편하다.
10 이만큼 자랐으면 밖에 내다 놓고 키워도 아무런 문제가 없을 만큼 튼튼하다.
11 발길이 가는대로 걷다 보니 결국 예전에 왔던 장소에 도착하고 말았다.
12 가끔씩 뛰는 것 보다 매일 꾸준히 걷는 것이 건강에 훨씬 도움이 된다.
13 "쌍방간의 불신을 해소하기 위해 일주일간 서로같이 지내도록 합시다."
14 이종격투기 챔피언이 무기를 가지고 장난을 칠 성 싶지는 않다.
15 보석은 물론 돈조차 받는 것을 거절했던 그는 말 그대로 청백리*(淸白吏)다.

  *청백리(淸白吏): 재물에 대한 욕심 없이 곧고 깨끗한 관리.

16 '엉터리 문장'은 여간해서 박멸되지 않는 바퀴벌레같은 존재다.
17 처음엔 비가 올 듯 말 듯하더니 마침내는 억수 같은 장대비가 내리기 시작했다.
18 중국이 원산지인 사자개는 정말 몸집이 사자 만하다.
19 '바보 상자'라는 TV에서도 다큐멘터리 같이 좋은 프로그램들이 있다.
20 자동차는 물론이거니와 자전거로조차 접근할 수 없이 험난한 지형이 그곳이다.
21 일 년간 열심히 수영을 배웠더니 물에 대한 공포가 조금은 가신 것같다.
22 어느 때는 왕이라도 할 성싶다가도 어느 때는 백치 같은 모습으로 변하곤 한다.
23 주차 문제 때문에 이웃간의 사이가 냉랭해졌다.
24 뭘 입어도 귀엽기만했던 그녀였기에 그날 역시 예외는 아니었다.
25 글을 쓸 때, 제목을 달아주는 습관을 들인다면 좋을 듯도 하다.
26 아파트는 애완 동물과 같이 살기에 그다지 좋은 곳이 아니다.
27 다음에 정식으로 사무실에서 인사를 드리는 것이 좋을 듯 하다.
28 자신이 얼마나 부자인지를 증명이라도 하듯 주머니에 있는 돈을 꺼내보였다.

나. 중문연습

■ 아래의 글에서 잘못된 띄어쓰기를 찾아 해당 자리에 띄움표(∨) 또는 붙임표(⌒)를 삽입해 보기 바랍니다.

1 글의 마무리에서는 자신의 결론을 장황하게 반복하며 다시 설명하기 보다, 속담이나, 명언, 고사 성어 등을 적극 활용하며 핵심(核心)을 찌르는 것이 훨씬 인상적이다.

2 "진인사대천명'(盡人事待天命)이라는 격언대로 최선을 다하고 하늘의 명을 기다리기는커녕 노력조차 안하고 하늘만 바라보고 있으니 도대체 나더러 어쩌란 말이냐?"

연습문제

3 나라의 재정 형편이 극도로 악화되는 바람에, 그같은 상황이 닥쳐올 때까지 백성들은 물론이거니와 왕을 비롯한 조정의 대신들도 사태의 심각성을 까맣게 모르고 있다.

4 동네를 휩쓴 불로 김 생원의 집 전체가 다 타버린 사건은 기울만큼 기운 가산(家産)에 결정타를 날리며, '삼대(三代) 가는 부자 없다' 는 속담을 다시 한 번 입증시켜주었다.

5 갈수록 사업 여건이 악화되더니 동업자간의 사이만 나빠지면서 종국에는 시작하지 않은 만도 못한 꼴이 된 듯도싶었지만, 이미 엎질러진 물이요, 쏟아져버린 깨와같은 형국이었다.

6 당초 계획했던대로 방학이 시작되자마자 해외여행을 다녀온 후, 영어 공부를 시작하려 했지만 의외의 일이 발생하면서 현실은 생각 대로 움직여주지 않았다.

7 학생들을 타이르고 꾸짖기 보다 그들의 입장을 먼저 들어주고 그들의 처지에 공감하며 그네들의 시각에서 문제를 풀어 나가려는 교장 선생님의 태도는 타의 귀감이 될만했다.

8 "아직, 혼자서는 아무것도 할 수 없으니, 그 같은 사실을 충분히 숙지(熟知)해서 당분간 마을 사람들과같이 다니도록 해라"라며 이방이 넌지시 말을 건넸다.

9 "앞으로 한 번만 더 이와같이 일을 처리할 경우에는 국물 조차 없을 줄 알아!" 하는 상사의 호통 소리에 그녀는 일을 때려치우겠다는 마음 보다 가슴 속 깊숙한 곳에서 '반드시 인정 받고야 말겠다' 는 오기(傲氣)가 치솟아오르는 것을 느낄 수 있었다.

10 한때 한자교육 폐지론을 앞세우며 한자 교과서를 고등학교 교육과정에서 없 앤 어느 정치인 덕분에 많은 수의 학생들이 지금도 '공산주의'의 '공'자가 '공'(共)자인지 '공'(公)자인지 조차 모르고 있는 실정이다.

다. 장문연습

■ 아래의 글에서 잘못된 띄어쓰기를 찾아 해당 자리에 띄움표(∨) 또는 붙임표(⌒)를 삽입해 보기 바랍니다. 이와 함께, 오(誤)·탈자(脫字)가 있는 경우에도 해당 글자를 찾아 바로잡아 보세요.

1 개 같이 벌어 정승 같이 쓴다." "똥 묻은 개, 겨 묻은 개 나무란다" "서당 개 삼 년이면 풍월을 읊는다." "지나가던 개가 웃겠다." "개밥에 도토리," "개 팔자가 상팔자," "개도 먹을 땐 안 때린다." "개 발에 편자," "복날 개 패듯이……."
　　인간에게 가장 가까운 동물. 하지만, 역설적이게도 잘 사는 일부 유럽 국가와 미국, 캐나다, 호주 등의 영연방(英聯邦) 국가에만 해당되는 이야기일 뿐, 적어도 한국 사회에서는 개가 전통적으로 멸시와 조소, 토사구팽*(兎死 狗烹)의 전형적인 대상이었다. 만일, 개가 인종 차별이 아닌 동물 차별에 대해 이의를 제기할 수 있다면, 한국인들은 천문학적인 수치의 손해배상 및 명예훼손에 휘말려 들 수밖에 없을 듯도하다.
　　그러고 보면, 이같은 현상은 비단 속담에서뿐만 아니라, 일상생활에도 그대로 투영(投影)돼 '개××'와 같은 육두문자*(肉頭文字)에서부터 개밥, 개 밥 그릇 등과 같은 음식 및 식기에 이르기까지 개들의 수난은 그치지 않고 있다. 일부 서양 영화의 "개같은 내 인생," "저수지의 개들"과 같은 제목들은 그 의미가 조금씩 다르거나 오히려 한국과는 반대로 긍정적이라는데, 우리들의 귀엔 그다지 우호적으로 들리지 않으니 이래저래 개들에게 있어 한국은 분명 천국은 아닌 것이 확실하다.
　　*토사구팽 (兎死狗烹): 토끼가 죽으면, 토끼를 잡던 사냥개도 필요 없게 돼 주인에게 삶아 먹히게 된다는 뜻으로, 필요할 때는 쓰고 필요 없을 때는 야

연습문제

박하게 버리는 경우를 이르는 말.
*육두문자(肉頭文字): 저속하고 품격이 낮은 말이나 이야기. 고기 머리, 즉 고기의 튀어 나온 부분을 일컫는 말로, 남성의 생식기나 여성의 유방에 관한 비속어를 일컫는다는 의미로부터 유래했다는 설(說)이 있다.

2 언론사 글쓰기와 일반적인 글쓰기는 매우 다르다. 사건의 결과부터 챙겨야 하는 언론사 기사는 가장 중요한 사실부터 머리에 배치해야 하는 만큼 '역삼각형'이라는 전문 용어로 표현되는 두괄식 글쓰기가 주류를 이루는 반면, 일반적인 글쓰기는 자신의 결말을 맨 뒤에 배치하는 미괄식이 선호(選好)되기 때문이다. 사실, 언론사의 입장에서 보면 장황한 뉴스의 인과관계 및 개요를 제한적인 지면과 화면에 담다 보니, 늘어지는 이야기를 신기보다는 가장 중요한 사실부터 먼저 전달할 수밖에 없다. 하지만, 일반적인 글은 결론부터 챙기기 보다 독자의 호기심을 자극하는 머릿글에서 출발해 자신의 주장과 본론을 서서히 꺼낸 다음, 마지막에 자신의 속내를 펼쳐 보이는 것으로 마무리하게 마련이다. 이런 까닭에 언론사에서 처음 기사를 써보는 새내기 기자들은 대학 때 익숙했던 방식 대로 기사를 작성하다 혼쭐나면서 어렵사리 언론사 기사 양식을 익혀 나가게 된다.

3 순망치한(脣亡齒寒)은 '입술이 없으면 이가 시리다'는 뜻으로 서로 떨어질 수 없는 이웃간의 밀접한 관계를 뜻하는 고사성어이다. 춘추좌씨전(春秋左氏傳) 희공 5년조에 나오는 말이다. 춘추시대 말엽 (B.C. 655)의 대국이었던 진(晉)나라는 주변의 작은 나라들을 차례로 쳐부수며 세력을 키우고 있었다. 진나라 헌공(獻公)은 괵나라도 정복하려고 했는데, 그러려면 우(虞)나라를 지나가야만 했다. 헌공은 우나라 우공에게 명마와 구슬을 예물로 보내고 형제의 우의를 약속하며 길을 빌려달라고 간청했다. 우공은 값진 예물과 감언이설에 솔깃하여 제의를 받아들이려고 했다. 그러나 우나라의 현인 궁지기(宮之奇)는 헌공의 야심을 익히 파악하고 있던지라 우왕에게 간언

했다. "괵나라와 우나라는 한몸이나 다름없는 사이오라, 괵나라가 망하면 우나라도 망할 것이옵니다. 옛 속담에도 수레의 짐받이 판자와 수레는 서로 의지하고, 입술이 없어지면 이가 시리다고 했습니다. 이는 바로 괵나라와 우나라의 관계를 말한 것입니다. 결코 길을 빌려 주어서는 안될 것입니다." 그러나 뇌물에 눈이 어두워진 우왕은 "진과 우리는 동종*(同宗)의 나라인데 어찌 우리를 해칠 리가 있겠소?"라며 듣지 않았다. 궁지기는 후환이 두려워 "우나라는 올해를 넘기지 못할 것"이라는 말을 남기고 가족과 함께 우나라를 떠났다. 진나라는 그해 12월에 괵나라를 정벌하고 돌아오는 길에 우나라를 정복한 후, 우왕 마저 사로잡았다.

*동종(同宗): 한 조상에서 내려온 성과 본이 같은 일가(一家)

해답

가. 단문연습

1 틀린 곳이 없음.

2 "더도 말고 덜도 말고 아버지⌒만큼만 살았으면 소원이 없겠다."
※ '만큼' 앞에 체언이 있기에 '만큼'의 품사는 보조사이며 앞말과 붙여 써야 함.

3 사람은 자신이 행한∨대로 돌려받기에 하늘을 무서워할 줄 알아야 한다.
※ '대로' 앞에 용언이 있기에 '대로'의 품사는 의존명사이며 앞말과 띄어 써야 함.

4 틀린 곳이 없음.

5 틀린 곳이 없음.
※ 2부 1장의 '1분에 익힙시다' 참조.

6 환한 대낮⌒보다 캄캄한 밤에 더 많이 깨어 있는 편이다.
※ '보다' 앞에 체언이 있기에 '보다'의 품사는 보조사이며 앞말과 붙여 써야 함.

7 "얼마⌒만큼이나 읽어야 이 책을 제대로 이해할 수 있을까?"
※ 2번 참조.

8 학생은 학생대로 힘이 들지만, 그런 대로 견딜∨만⌒하다.
※ 앞의 '대로'는 체언 뒤의 보조사, 뒤의 '대로'는 관형사 뒤의 '의존명사'이며, '만하다'는 보조동사로 앞의 본동사와 띄어 써야 한다.

9 답답한 도시 생활에 얽매이기⌒보다 시골에서 유유자적하는 것이 훨씬 속 편하다.
※ 6번 참조.

10 틀린 곳이 없음.

11 발길이 가는∨대로 걷다 보니 결국 예전에 왔던 장소에 도착하고 말았다.
※ 8번의 두 번째 '대로' 참조.

12 가끔씩 뛰는 것⌒보다 매일 꾸준히 걷는 것이 건강에 훨씬 도움이 된다.
    ※ 6, 9번 참조.

13 "쌍방ˇ간의 불신을 해소하기 위해 일주일간 서로ˇ같이 지내도록 합시다."
    ※ 앞의 '간'은 관계를 의미하며, 뒤의 '같이'는 '함께'라는 의미의 부사임. '1분에 익힙시다'를 참조할 것.

14 이종격투기 챔피언이 무기를 가지고 장난을 칠 성⌒싶지는 않다.
    ※ '성싶다'는 보조사로 앞의 본동사와는 띄되 '성싶다'는 함께 써야 한다.

15 틀린 곳이 없음.

16 '엉터리 문장'은 여간해서 박멸되지 않는 바퀴벌레ˇ같은 존재다.
    ※ '같은'은 형용사로 앞의 체언과 띄어 써야 함. 2부 1장의 '1분에 익힙시다' 참조.

17 틀린 곳이 없음.

18 틀린 곳이 없음.
    ※ 이 경우 역시 '만하다'는 예외적으로 체언 뒤에 쓰인 보조사임.

19 '바보 상자'라는 TV에서도 다큐멘터리⌒같이 좋은 프로그램들이 있다.
    ※ '같이'는 조사로 앞말에 붙여 써야 함. 2부 1장의 '1분에 익힙시다' 참조.

20 틀린 곳이 없음.

21 일 년간 열심히 수영을 배웠더니 물에 대한 공포가 조금은 가신 것ˇ같다.
    ※ 13번 참조.

22 틀린 곳이 없음.

23 주차 문제 때문에 이웃ˇ간의 사이가 냉랭해졌다.
    ※ 13번 참조.

24 뭘 입어도 귀엽기만ˇ했던 그녀였기에 그날 역시 예외는 아니었다.
    ※ '했던'은 보조동사로 앞의 형용사와 띄어 써야 함.

25 글을 쓸 때, 제목을 달아주는 습관을 들인다면 좋을 듯도ˇ하다.
    ※ 보조동사 '듯하다'의 '듯' 뒤에 조사 '도'가 붙어 품사 자체가 의존명사로 변함. 때문에 '듯도'와 '하다' 사이를 띄어야 한다.

26 틀린 곳이 없음.
    ※ 여기에서는 '같이'의 품사가 '함께'를 뜻하는 부사임.

27 다음에 정식으로 사무실에서 인사를 드리는 것이 좋을 듯⌒하다.

해 답

※ '듯하다'를 붙여 써야 한다. 25번 참조.

28 자신이 얼마나 부자인지를 증명이라도 하듯 주머니에 있는 돈을 꺼내˅보였다.
  ※ '보이다'는 보조동사임. 사전에 '꺼내보이다'라는 동사가 없다는 데 착안할 것.

나. 중문 연습

1 글의 마무리에서는 자신의 결론을 장황하게 반복하며 다시 설명하기⌒보다, 속담이나, 명언, 고사 성어 등을 적극 활용하며 핵심(核心)을 찌르는 것이 훨씬 인상적이다.
  ※ '설명하기'라는 앞의 체언에 붙은 비교격 보조사임. 붙여 써야 함.

2 틀린 곳이 없음.
  ※ '는커녕,' '은커녕,' '커녕'은 모두 조사로 앞의 말에 붙여야 함.

3 나라의 재정 형편이 극도로 악화되는 바람에, 그˅같은 상황이 닥쳐올 때까지 백성들은 물론이거니와 왕을 비롯한 조정의 대신들도 사태의 심각성을 까맣게 모르고 있다.
  ※ '같은'은 형용사로 앞의 지시 관형사와 띄어 써야 함.

4 동네를 휩쓴 불로 김 생원의 집 전체가 다 타버린 사건은 기울˅만큼 기운 가산(家産)에 결정타를 날리며, '삼대(三代) 가는 부자 없다'는 속담을 다시 한번 입증시켜˅주었다.
  ※ '만큼'은 동사 뒤에 쓰인 의존명사로 띄어 써야 함. 뒤의 '주었다'는 보조동사임.

5 갈수록 사업 여건이 악화되더니 동업자˅간의 사이만 나빠지면서 종국에는 시작하지 않은 만도 못한 꼴이 된 듯도˅싶었지만, 이미 엎질러진 물이요, 쏟아져˅버린 깨와˅같은 형국이었다.
  ※ 관계를 의미하는 '간'은 띄어써야 함. '듯하다'의 '듯' 뒤에 조사 '도'가 붙어, '듯'의 품사가 의존명사로 변함. '버린'은 보조사, '같은'은 형용사로 각각 앞말과 띄어 써야 함.

6 당초 계획했던˅대로 방학이 시작되자마자 해외여행을 다녀온 후, 영어 공부를 시작하려 했지만 의외의 일이 발생하면서 현실은 생각⌒대로 움직여주지 않았다.
  ※ 앞의 '대로'는 동사 뒤에 쓰인 의존명사, 뒤의 '대로'는 명사 뒤에 붙은 조사임.

7 학생들을 타이르고 꾸짖기⌒보다 그들의 입장을 먼저 들어주고 그들의 처지에 공감하며 그녀들의 시각에서 문제를 풀어 나가려는 교장 선생님의 태도는 타의 귀감이 될˅만했다.
  ※ '보다'는 '꾸짖기'라는 체언 뒤에 쓰인 보조사, '만했다'는 본동사 뒤에 쓰인 보조동사임.

해 답

8 "아직, 혼자서는 아무것도 할 수 없으니, 그 같은 사실을 충분히 숙지(熟知)해서 당분간 마을 사람들과∨같이 다니도록 해라"라며 이방이 넌지시 말을 건넸다.
   ※ '같이'는 '함께'라는 의미의 부사로 띄어 써야 함.

9 "앞으로 한 번만 더 이와∨같이 일을 처리할 경우에는 국물⌒조차 없을 줄 알아!"하는 상사의 호통 소리에 그녀는 일을 때려치우겠다는 마음⌒보다 가슴 속 깊숙한 곳에서 '반드시 인정 받고야 말겠다'는 오기(傲氣)가 치솟아∨오르는 것을 느낄 수 있었다.
   ※ '같이'는 '와/과' 뒤에 쓰인 부사로 띄어 써야 하며, '조차'는 체언 뒤에 붙은 보조사, '오르는'은 보조동사임. 사전에 '치솟아오르다'라는 단어가 없다는 사실에 주목할 것.

10 한때 한자교육 폐지론을 앞세우며 한자 교과서를 고등학교 교육과정에서 없앤 어느 정치인 덕분에 많은 수의 학생들이 지금도 '공산주의'의 '공'자가 '공'(共)자인지 '공'(公)자인지⌒조차 모르고 있는 실정이다.
    ※ '조차'는 앞말에 붙여 써야 하는 보조사임.

다. 장 문 연 습

1 "개 같이 벌어 정승 같이 쓴다.", "똥 묻은 개, 겨 묻은 개 나무란다" "서당개 삼 년이면 풍월을 읊는다.", "지나가던 개가 웃겠다.", "개밥에 도토리,", "개 팔자가 상팔자,", "개도 먹을 땐 안 때린다,", "개 발에 편자,", "복날 개 패듯이……."

   인간에게 가장 가까운 동물. 하지만, 역설적이게도 잘 사는 일부 유럽 국가와 미국, 캐나다, 호주 등의 영연방(英聯邦) 국가에만 해당되는 이야기일 뿐, 적어도 한국 사회에서는 개가 전통적으로 멸시와 조소, 토사구팽(兎死狗烹)의 전형적인 대상이었다. 만일, 개가 인종 차별이 아닌 동물 차별에 대해 이의를 제기할 수 있다면, 한국인들은 천문학적인 수치의 손해배상 및 명예훼손에 휘말려 들 수밖에 없을 듯∨하다.

   그러고 보면, 이∨같은 현상은 비단 속담에서뿐만 아니라, 일상생활에도 그대로 투영(投影)돼 '개XX'와 같은 육두문자(肉頭文字)에서부터 개밥, 개밥 그릇 등과 같은 음식 및 식기에 이르기까지 개들의 수난은 그치지 않고 있다. 일부 서양 영화의 "개∨같은 내 인생," "저수지의 개들"과 같은 제목들은 그 의미가 조금씩 다르거나 오히려 한국과는 반대로 긍정적이라는데, 우리들의 귀엔 그다지 우호적으로 들리지 않으니 이래저래 개들에게 있어 한국은 분명 천국은 아닌 것이 확실하다.

   ※ '듯' 뒤에 조사 '도'가 붙어 '듯'의 품사가 의존명사로 변함. 세 번째 문단, 처음의 '같은'은 관형사로 띄어 써야 함. 마지막으로 '개같은'에서 '같은'은 형용사로 띄어 써야 함

해 답

2 언론사 글쓰기와 일반적인 글쓰기는 매우 다르다. 사건의 결과부터 챙겨야 하는 언론사 기사는 가장 중요한 사실부터 머리에 배치해야 하는 만큼 '역삼각형'이라는 전문 용어로 표현되는 두괄식 글쓰기가 주류를 이루는 반면, 일반적인 글쓰기는 자신의 결말을 맨 뒤에 배치하는 미괄식이 선호(選好)되기 때문이다. 사실, 언론사의 입장에서 보면 장황한 뉴스의 인과관계 및 개요를 제한적인 지면과 화면에 담다 보니, 늘어지는 이야기를 싣기⌢보다는 가장 중요한 사실부터 먼저 전달할 수밖에 없다. 하지만, 일반적인 글은 결론부터 챙기기⌢보다 독자의 호기심을 자극하는 머릿글에서 출발해 자신의 주장과 본론을 서서히 꺼낸 다음, 마지막에 자신의 속내를 펼쳐 보이는 것으로 마무리하게 마련이다. 이런 까닭에 언론사에서 처음 기사를 써보는 새내기 기자들은 대학 때 익숙했던 방식⌢대로 기사를 작성하다 혼쭐나면서 어렵사리 언론사 기사 양식을 익혀 나가게 된다.

   ※ 두 '보다' 모두 '~기'로 끝나는 체언 뒤에 붙은 보조사임. '대로' 역시 체언 뒤에 붙은 보조사임.

3 순망치한(脣亡齒寒)은 '입술이 없으면 이가 시리다'는 뜻으로 서로 떨어질 수 없는 이웃∨간의 밀접한 관계를 뜻하는 말이다. 춘추좌씨전(春秋左氏傳) 희공 5년조에 나오는 말이다. 춘추시대 말엽 (B.C. 655)의 대국이었던 진(晉)나라는 주변의 작은 나라들을 차례로 쳐부수며 세력을 키우고 있었다. 진나라 헌공(獻公)은 괵나라도 정복하려고 했는데, 그러려면 우(虞)나라를 지나가야만 했다. 헌공은 우나라 우공에게 명마와 구슬을 예물로 보내고 형제의 우의를 약속하며 길을 빌려달라고 간청했다. 우공은 값진 예물과 감언이설에 솔깃하여 제의를 받아들이려고 했다. 그러나 우나라의 현인 궁지기(宮之寄)는 헌공의 야심을 익히 파악하고 있던지라 우왕에게 간언했다. "괵나라와 우나라는 한몸이나 다름없는 사이오라, 괵나라가 망하면 우나라도 망할 것이옵니다. 옛 속담에도 수레의 짐받이 판자와 수레는 서로 의지하고, 입술이 없어지면 이가 시리다고 했습니다. 이는 바로 괵나라와 우나라의 관계를 말한 것입니다. 결코 길을 빌려 주어서는 안될 것입니다." 그러나 뇌물에 눈이 어두워진 우왕은 "진과 우리는 동종(同宗)의 나라인데 어찌 우리를 해칠 리가 있겠소?"라며 듣지 않았다. 궁지기는 후환이 두려워 "우나라는 올해를 넘기지 못할 것"이라는 말을 남기고 가족과 함께 우나라를 떠났다. 진나라는 그해 12월에 괵나라를 정벌하고 돌아오는 길에 우나라를 정복한 후, 우왕⌢마저 사로잡았다.

   ※ 공간과 관계를 뜻하는 '간'은 앞 단어와 띄어 써야 함. '1분에 익힙시다' 참조. '마저'는 조사.

3

'엉터리 문장 죽이기'

반찬에 후식 내오는 '열거 부등(不等) 문장'과 어색한 단어 쓰는 '일물일어 위배 문장' 피해야

「한국인의 글쓰기」에서 '엉터리 문장 죽이기'라는 주제로 글을 쓴 적이 있다. 주어-목적어-술어가 서로 호응하지 않아 제아무리 두보(杜甫)나 이백(李白)이라 할지라도 발명*(發明)할 여지가 없는 문장에 관한 이야기였다. 이번에는 그 속편(續篇)에 해당하는 '엉터리 문장 죽이기'이다.

사실, '엉터리 문장'은 여간해서 박멸(撲滅)되지 않는 바퀴벌레 같은 존재다. 더욱이 그 유형도 무척 다양해 일일이 분류하고 나열하는 것이 불가능할 정도다. 그런 면에서 볼 때, 이전에 소개한 주어-목적어-술어 불호응 문장과 함께 대표적인 3인방의 나머지 두 유형으로 꼽을 수 있는 것이 '열거 부등(不等) 문장'과 '일물일어(一物一語) 위배 문장'이다.

먼저, '열거 부등(不等) 문장'이란 열거, 대구 문장들의 |절대값|이 같지 않다는 것을 의미한다. 쉽게 말해, 반찬과 함께 후식을 내오거나 복숭아, 사과를 깎아 놓은 과일상에 수박을 통째로 올려 놓는 행위에 관한 이야기이다. 십중팔구, 열거(列擧)를 할 경우에 발생하는 문제아가 그 대상에 속한다. 다음의

---

*발명(發明) 죄나 잘못이 없음을 말하여 밝힘.

경우를 보자.

> 경기도와 경상도, 설악산에 집중호우가 쏟아지고 있다.
> 오빠는 직장에 가지만, 나는 공부하러 간다.
> 이메일 점검하기, 식사, 등교 준비가 필자의 주된 아침 일과다.

첫 번째 문장에서는 경기도, 경상도라는 행정구역명과 함께 설악산을 집중호우의 장소로 제시하고 있다. 물론, 문맥상으로는 아무 문제도 없지만, 단어의 대등성을 고려해 볼 때 자연스럽지 못한 문장이므로 바로잡아 주어야 한다.

> 경기도와 경상도, 강원도에 집중호우가 쏟아지고 있다.

마찬가지로 두 번째 문장의 경우도, 앞 부분에 '직장'이라는 목적지가 나왔기에 뒤에도 목적지가 따라와야 한다. 하지만, 위의 예문에서는 '공부하러 가는' 행위가 따라오고 있다. 따라서 이 문장 역시, 핵심 체언들의 |절대값|을 같은 수준으로 맞춰줘야 한다.

> 오빠는 직장에 가지만, 나는 학교/도서관에 간다.

마지막의 경우도 여러 행위에 대한 표현을 하나로 통일해서 '~하기'로 나가든가, 아니면, '등교'와 같은 단독 명사로 깔끔하게 마무리해줘야 한다. 이에 따라,

> 이메일 점검하기, 식사하기, 등교 준비하기가 나의 주된 아침 일과다.

또는

이메일 점검, 식사, 등교 준비가 필자의 주된 아침 일과다.

로 표현을 바꿔주는 것이 자연스럽다.

엉터리 문장 3인방의 세 번째 주자는 '일물일어(一物一語) 위배 문장'이다. '하나의 사물을 나타내는 단어는 오직 하나밖에 없다'는 일물일어(一物一語)의 원칙을 제창한 프랑스의 소설가, 플로베르의 아이디어를 차용*(借用)한 개념으로 쓰임새에 맞지 않는 단어의 등장에 관한 얘기다.

다음의 예를 보자.

<u>언론사</u>에 선정주의가 만연해 있다.
친구에게 <u>훈계</u>했더니 사이가 서먹서먹해져 버렸다.

그렇다면, 위의 예제들은 어떻게 바꿔줘야 할까? 다음의 정답을 보고 무엇이 잘못됐는지 유추해 보도록 하자.

<u>언론/언론보도</u>에 선정주의가 만연해 있다.
→ 친구에게 <u>싫은 소리</u>를 했더니 사이가 서먹서먹해져 버렸다.

'일물일어 위배 문장'은 주로 ① 쓰고 싶은 단어였기에 무리해서 동원하거나, ② 별 생각 없이 쓰는 경우에 발생한다. 그러고 보면, 글짱들은 단어 하나, 문장 하나도 결코 그냥 지나가지 않는 법. 그럼, 다음 글은 엉터리 문장에서 몇 번째 유형에 속할까? 더불어 바로잡아 보려면? (정답은 54쪽에)

낙엽이 떨어지는 모습은 가을이 겨울로 바뀌는 과정이다.

---

*차용(借用) 다른 나라 언어에서 단어, 형태소, 문자나 개별적 표현 따위를 빌려다 씀. 또는 그런 일. 빌릴 '차'(借), 쓸 '용'(用).

| 22쪽 정답 |

2개. (상황이 상황인지라 당장 들이받을∨만도∨했다)

'들이받다'는 합성동사. '만하다'는 보조동사 '만' 뒤에 보조사 '도'가 있기에 뒤의 '했다'를 띄어 써야 함.

참 고 문 헌

임재춘 (2004).「한국의 이공계는 글쓰기가 두렵다」. 마이넌.
배상복 (2005).「문장기술」, 랜덤하우스중앙.
배상복 (2007).「일반인을 위한 글쓰기 정석」. 경향미디어.
황소웅 (2005).「바른글 좋은 글」. 랜덤하우스 중앙.

연습문제

가. 단 문 연 습

■ 다음 문장 가운데 '열거 부등(不等) 문장'과 '일물일어(一物一語) 위배 문장'을 찾아 그 유형을 분류해 보고, 잘못된 부분은 다른 적당한 말로 대체(代替)하거나 대체하기 힘든 경우에는 아예 빼 버리기 바랍니다.

1. 그는 정권에 눈이 먼 비열한 정치인이었다.
2. 건강을 위해 어머니는 수영을 하지만, 아버지는 골프장에 간다.
3. 아침 운동은 규칙적인 생활 습관을 키워주는 기회이다.
4. 여든의 나이에도 불구하고, 그는 아직도 새벽 명상의 멍에를 늦추지 않고 있다.
5. 그의 연설에는 중농주의(重農主義)와 전쟁에 대한 반감이 메시지로 담겨 있다.
6. "사회의 차고 어두운 곳을 어루만져 주는 기자가 되고 싶습니다."
7. "서울까지는 14km, 인천공항까지는 20.3km 남았습니다."
8. 주인공은 이단(異端)으로 인정 받아 수많은 고통 속에 수도원에서 세상을 떠났다.
9. 소몰이와 권총 결투, 로프는 서부영화라면 반드시 등장하는 장면들이다.
10. 자유에 대한 갈망의 덫에서 벗어나지 못하는 주인공은 언제나 힘겹게 살아간다.
11. '이 체조는 '오십견'*(五十肩)으로 인한 등 결림과 어깨가 아픈 현상을 해결해 줄 수 있다.'

연습문제

*오십견(五十肩): 나이 50세 찾아온다는 어깨 통증.
12 그는 20세의 나이에 챔피언 자리를 탈환함으로써 처음으로 정상에 서게 된다.
13 단풍으로 울긋불긋 수놓아진 가을 산길을 걷노라면 콧노래가 절로 나온다.
14 요리에 있어 맛뿐만 아니라 시각적인 면도 갈수록 중요해지고 있다.
15 "사랑해"라는 말 한 글자를 건네는 것이 왜 그리 힘들까?
16 교수진의 실력과 기자재가 잘 갖춰진 대학교가 경쟁력이 있을 수밖에 없다.
17 진주는 겨울에 기온이 추워져야 아름다운 광택을 내는 것으로 알려져 있다.
18 이제는 '독점보다 나눠주기에 익숙해야 할 나이'라고 생각하기 시작했다.
19 과학이 발전함에 따라 인류 문명은 눈부신 속도로 발달하고 있다.
20 소설은 시골의 작은 학교에서 벌어지는 이야기가 아닌 한국 사회를 그리고 있다.
21 하멜른의 아이들은 피리 부는 마법사에게 환심(歡心)을 빼앗겨 버렸다.
22 그는 꽃다운 스물여섯 살의 청년으로 장래 희망은 동시 통역사이다.
23 처음엔 동포들이 주로 찾았지만, 이젠 현지인들에게도 한국 배가 인기다.
24 어느 문예 비평가는 독서를 여러 가지 작용 중에서 '축제'에 비유하곤 했다.
25 입이 심심할 때를 대비해서 사탕과 홍차를 준비해 놓고 있다.
26 뛰다 넘어지면 팔이나 발의 어느 한 구석이 부러질 수 있다.
27 교내 방송을 통해 팝송과 학생들이 직접 쓴 학교 소식을 함께 전달하고 있다.
28 그 드라마는 방영 초기에 높은 시청률을 차지하지 못했다.
29 제때에 도착한 헬리콥터 덕분에 모든 승객들이 탈출 및 구조에 성공했다.
30 현대 한국사에서 박정희만큼 찬사와 비평을 동시에 받는 인물이 또 있을까?
31 이 책의 저자는 텔레비전과 상업주의에 대해 현란(眩亂)하게 비판하고 있다.

나. 중문 연습

■ 다음 문장 가운데 '열거 부등(不等) 문장'과 '일물일어(一物一語) 위배 문장'을 찾아

연습문제

그 유형을 분류해 보고, 잘못된 부분은 다른 적당한 말로 대체(代替)하거나 대체하기 힘든 경우에는 아예 빼 버리기 바랍니다.

1 대학교 졸업자로서 취업을 앞둔 본인의 약점(弱點)을 두 개만 꼽아 보자면 동기들에 비해 토익(TOEIC)의 낮은 점수와 실용적인 자격증이 많지 않다는 것이다.

2 "길 것 같지만 결국에는 짧은, 또, 짧을 것 같지만 길다고도 볼 수 있는 '인생'이라는 경주에서 우리는 간혹 멈출 수도 있고, 전력 질주를 할 때도 있습니다.

3 글을 쓴다는 것은 자신이 내키는 대로 자판을 두드리고 지우고 싶은 대로 삭제(削除)하는 것을 의미한다. 그리고 그것이야말로 '글쓰기'에서 누릴 수 있는 조건이 아니던가!

4 "아나운서를 목표로 한 요즘에는 라디오 뉴스 세 개 이상 듣기, 자기 전에 복식 호흡 20회, 발음 연습 20분, 9시 뉴스 시청을 매일 시도하고 있습니다."

5 영화에서는 까까머리 꼬마가 주머니에서 꼬깃꼬깃한 돈을 꺼내 주인공에게 자기 대신 어머니에게 식사를 대접해 달라고 말하며 음식점을 뛰쳐나가는 장면이 나온다.

6 미용 학원을 운영하면서 봉사활동을 병행하기가 만만치 않을 텐데도 그녀는 오히려 더 많은 사람들을 도와주지 못해 미안하다는 마음을 기자에게 꺼내 보였다.

7 미디어 산업이 직면한 경제적 위기를 타개(打開)하기 위해 마련한 정책으로 통합방송법과 문화산업 기본법, 문화관광부가 발표한 영상산업대책 등을 꼽

연습문제

아 볼 수 있다.

8　지난 22일, 언론을 전공하고 있는 박XX씨를 학교 도서관에서 만나 대학 생활의 마지막을 어떻게 보내고 있는지와 함께 앞으로의 계획들을 들어 봤다.

9　"원하는 바를 스스로 찾으라는 사촌 형의 훈육(訓育) 덕분에 그동안 제 자신이 원했던 것이 무엇인지를 알아보기 위해 무작정 국토 순례 여행길에 올랐습니다."

10　중세 유럽의 수도승들은 가끔 찾아오는 손님들로부터 바깥 세계의 이야기를 듣고 난 후, 공동 연주가 유일한 즐거움이었다고 한다.

11　초고속 통신망의 구축(構築)으로 인터넷 게임이 본격적으로 활성화되기 시작하면서, 가뜩이나 바깥에서 놀 곳이 없는 아이들은 집안으로 내몰리게 됐다.

12　소나무는 조선시대부터 널리 사용된 나무로 재질이 연하고 부드러우며 강인하고 무늬가 아름다워 건축용재, 일반용재, 펄프재 등으로 널리 쓰인다.

13　여기에 소개하는 아리아*들은 그동안 내가 가장 사랑해 온 나의 정다운 친구들이며 내가 가장 아끼는 보물들이다. 이제 여러분들을 내가 겪었던 그 설렘과 안타까움의 음악으로 초대한다.
　　*아리아: 오페라, 오라토리오 따위에서 기악 반주가 있는 서정적인 가락의 독창곡.

14　싸이나 블로그의 글들을 둘러보다 보면, 초등학교나 중, 고등학생이 아닐진대도 대학생으로 보기에는 상당히 수준이 낮은 문장들을 자주 접하게 된다.

다. 장 문 연 습

■ 다음 문장 가운데 '열거 부등(不等) 문장'과 '일물일어(一物一語) 위배 문장'을 찾아 그 유형을 분류해 보고, 잘못된 부분은 다른 적당한 말로 대체(代替)하거나 대체하기 힘든 경우에는 아예 빼 버리기 바랍니다

1 　필자의 미국 유학 시절 일이다. 당시, 필자는 주위를 통해 소개받은 교정(校訂) 전문가에게 적지 않은 비용을 지불해 가며 수업 제출용 보고서의 퇴고를 맡기곤 했었다. 50대 미혼 여성이었던 '메리'라는 이름의 교정 전문가는 마침, 필자가 유학하던 학교의 운동선수들이 작성한 수업 과제도 정기적으로 손봐주고 있었다. 그런데 그녀의 말이 그네들의 글은 외국인인 필자의 것보다 더 엉망이라는 것이었다. 특히, 단/복수와 3인칭 동사 및 시제에 관한 문법적 오류들은 우리나라의 중3 수준이면 알 만한 것들인데도 항상 되풀이된다는 것이 그녀의 해설이었다. 그렇다고 이와 같은 실수가 비단 그 운동선수들에게만 국한된 것은 아니었다. 대학원생이던 필자가 학부 교양과목의 수업 조교로서 접했던 일반 미국 대학생들의 글에서도 정도의 차이만 있을 뿐, 주어와 술어, 목적어가 호응하지 않는 엉터리 문장들이 심심찮게 발견되곤 했다. 결국, '엉터리 문장 죽이기'는 한국, 미국 가릴 것 없이 대학생들에게마저 소화해 내기 힘든 대상이었던 셈이다.

2 　그의 성격은 맹독성(猛毒性)이다. 만나면 만날수록 보고 싶고, 뒤돌아서면 다시 부르게 되는 그의 성격은 별다른 특징 없이 친구들을 매료시켜 왔다. 때문에, 대학 친구들은 그를 '있으면 조용하지만 없으면 금세 티가 나서 반드시 불러야만 하는 인물'로 평가하고 있으며, 직장 동료들은 "그가 없는 회사 생활은 상상도 할 수 없을 정도"라는 중론이다. 그래서 그런지 정작 그에게 무관심한 사람들은 평생 그와 같이 살아왔을 가족뿐이라는 것이 주변인들의 증언(證言)이다. 실제로, 집에서는 그가 외박을 하든, 가출을 하든 어느 누구도 호들갑을 떨며 난리를 피운 적이 없었다고 한다. 그런

연습문제

의미에서 볼 때, 아마 주변인들로부터 지나치다 싶을 만큼 사랑을 받는 것은 가족으로부터 받지 못한 애정의 반대급부*(反對給付)로 나타난 현상이 아닌가 싶다. 가족으로부터 관심 받지 못했던 만큼, 친구들로부터 사랑 받음으로써 그 한 맺힌 가슴의 응어리를 풀고 있다고나 할까?

 *반대급부(反對給付): 어떤 일에 대응하여 얻게 되는 이익.

3   오늘날 무수히 많은 광고 이미지들이 TV 안팎에서 서식*(棲息)하며 우리들의 눈길을 끌기 위해 발버둥치고 있다. 사실, 오늘날의 광고는 미디어란 공간에서 요란한 마찰음을 내며 물건을 판매하고 있다. 시각적인 이미지를 즐기는 신세대들에게 광고는 삶의 척추로 작용하고 있다. 광고의 속성을 제대로 이해하지도 못한 채, 영상미와 속도감에 반해 대학교에서 광고를 전공하려 하거나 광고제작 시장의 문을 두드리는 젊은이들이 해마다 늘고 있는 사실이 그러한 현실을 잘 웅변(雄辯)해 주고 있다. 그러나 선정적이고 쾌락적인 광고 시장이 그 필연적인 속성으로 인해 광고 종사자들을 금방 도태*(淘汰)시킨다는 것은 광고 시장의 어두운 이면이다. 따라서, 어렵사리 광고업계에 발을 내민다 하더라도 새로운 조류와 유행에 조금이라도 부합*(符合)하지 못할라치면 냉정하게 등을 돌리는 시장으로부터 버림을 받게 된다. 마치, 쾌걸*(快傑)이자 미남이지만 유명한 바람둥이와 결혼을 하면서 겪게 되는 신부의 숙명이라고나 할까? 그런 의미에서 광고 시장에서 겪어야 하는 삶은 물 위에서의 우아하고 아름다운 자태와는 달리, 물 속에서는 열심히 발을 놀려야만 하는 백조의 삶과 다를 바 없다.

 *서식(棲息): 동물이 깃들여 삶. 깃들 서, 쉴 식. 사람이 깃들여 사는 것을 표현할 때는 잘 '숙'(宿)자를 써서, 서숙(棲宿)이라고 함.
 *도태(淘汰): 생물 집단에서 환경이나 조건에 적응하지 못하는 개체군이 사라져 없어짐. 또는 그런 일. 흐를 '도'(淘), 넘칠 '태'(汰).
 *부합(符合): 사물이나 현상이 서로 꼭 들어맞음. 들어 맞을 '부'(符), 합할 '합'(合).
 *쾌걸(快傑): 유쾌하고 호탕한 호걸

해답

가. 단문연습

1 그는 정권**욕/권력**에 눈이 먼 비열한 정치인이었다.
　　※ '일물일어(一物一語) 위배 문장'이다. '정권'이라는 표현을 바꿔줘야 한다.

2 건강을 위해 어머니는 수영을 하지만, 아버지는 골프**를** 한다.
　　※ 열거 부등(不等) 문장'이다. 어머니와 마찬가지로 아버지도 운동을 하는 상황임을 적시*(摘示)해 줘야 한다.
　　*적시(摘示): 지적하여 보임.

3 아침 운동은 규칙적인 생활 습관을 키워**준다**. 또는
아침 운동은 규칙적인 생활 습관을 키워주는 기회**를 마련/제공해** 준다.
　　※ "저 동물은 기린이다." "체력은 국력이다"에서의 예와 같이 서로 동등한 주체들을 연결하는 문장 구조임. "아침 운동은 보약이다"에서와 같이 아침 운동과 동등한 주체가 와야 함. 그런 면에서 아침 운동이 '기회'가 될 수는 없다. '일물일어(一物一語) 위배 문장'이다.

4 여든의 나이에도 불구하고, 그는 아직도 새벽 명상의 **고삐**를 늦추지 않고 있다.
　　※ '일물일어(一物一語) 위배 문장'이다. '멍에'는 쉽게 벗어날 수 없는 구속이나 억압을 비유적으로 이르는 말로 부정적인 의미를 지니고 있다. 예를 들면 '그는 평생 중노동을 해야 하는 멍에를 짊어지고 태어났다' 따위를 들 수 있다.

5 그의 연설에는 중농주의(重農主義)와 **반전주의(反戰主義)**가 메시지로 담겨 있다.
　　※ '열거 부등(不等) 문장'이다.

6 "사회의 **춥고** 어두운 곳을 어루만져 주는 기자가 되고 싶습니다."
　　※ '일물일어(一物一語) 위배 문장'이다. 삭막한 사회를 나타낼 때는 냉정하다는 의미의 '차가운'보다 '인정 없다'는 의미의 '추운'이라는 표현을 관행적으로 사용한다.

7 "서울까지는 14km, 인천공항까지는 **20km** 남았습니다."
　　※ '열거 부등(不等) 문장'이다. 소수점 이하를 맞춰주든지, 아니면 소수점 이하

를 아예 제거하든지 단위를 맞춰줘야 한다.

8 주인공은 이단(異端)으로 **낙인 찍혀** 수많은 고통 속에 수도원에서 세상을 떠났다.
   ※ '일물일어(一物一語) 위배 문장'이다. '인정'은 긍정적인 표현이므로 부정적인 단어로 대체해야 한다.

9 소몰이와 권총 결투, 로프 **던지기**는 서부영화라면 반드시 등장하는 장면들이다.
   ※ '열거 부등(不等) 문장'이다. 행위를 나타내는 문구 가운데 생뚱맞게 사물이 들어가 있다.

10 자유에 대한 갈망~~의 덫~~에서 벗어나지 못하는 주인공은 언제나 힘겹게 살아간다.
   ※ '일물일어(一物一語) 위배 문장'이다. '자유에 대한 갈망'은 언제나 좋은 것이다. 그런데 그런 갈망을 '덫'과 연결 지었기에 "~의 덫"이라는 표현을 제거해야 한다.

11 '이 체조는 '오십견'*(五十肩)으로 인한 등 결림과 **어깨 아픔**을 해결해 줄 수 있다.' 또는 '이 체조는 '오십견'으로 인해 **등이 결리고** 어깨가 아픈 현상을 해결해 줄 수 있다.'
   ※ '열거 부등(不等) 문장'이다.

12 그는 20세의 나이에 챔피언 자리를 **차지/획득**함으로써 처음으로 정상에 서게 된다.
   ※ '일물일어(一物一語) 위배 문장'이다. 문장 내에 제시돼 있는 바와 같이 주인공이 처음으로 정상에 오른 경우에는 챔피언 자리를 '탈환'했다고 표현할 수 없다.

13 단풍으로 울긋불긋 **물든** 가을 산길을 걷노라면 콧노래가 절로 나온다.
   ※ '일물일어(一物一語) 위배 문장'이다. 관행적으로 단풍은 물들었다고 표현하는 것이 자연스럽다.

14 요리에 있어 **미각뿐만 아니라** 시각적인 면도 갈수록 중요해지고 있다.
   ※ 오감(五感)에 대한 표현을 같은 한자어로 맞춰줘야 하는 '열거 부등(不等) 문장'이다.

15 "사랑해"라는 말 한 **마디**를 건네는 것이 왜 그리 힘들까?
   ※ '일물일어(一物一語) 위배 문장'이다. "사랑해"라는 단어에는 글자가 셋 있기에 말 한 '마디'라고 표현해야 옳다.

16 교수진의 **실력이 뛰어나고** 기자재가 잘 갖춰진 대학교가 경쟁력이 있을 수밖에 없다.
   ※ '열거 부등(不等) 문장'이다. '교수진의 실력이 잘 갖춰진 대학교'라는 말이 어색하다.

17 진주는 겨울에 기온이 **낮아져야/내려가야** 아름다운 광택을 내는 것으로 알려져 있다.
   ※ '일물일어(一物一語) 위배 문장'이다. 날씨는 추워지고, 기온은 내려간다.

18 이제는 '독점보다 기부/나눔/베풂에 익숙해야 할 나이'라고 생각하기 시작했다. 또는
이제는 '갖기보다 기부하기/나눠주기/베풀기에 더 익숙해야 할 나이'라고 생각하기 시작
했다.
　※ '열거 부등(不等) 문장'이다. 앞과 뒤의 낱말들에 대한 절대값을 같이 맞춰
줘야 한다.

19 과학이 발달함에 따라 인류 문명은 눈부신 속도로 발전하고 있다.
　※ '일물일어(一物一語) 위배 문장'이다. 과학은 발달하고 문명은 발전한다.

20 소설은 시골의 작은 학교에서 벌어지는 이야기가 아닌 한국 사회에서 벌어지는 이야기
를 그리고 있다.
　※ '열거 부등(不等) 문장'이다.

21 하멜른의 아이들은 피리 부는 마법사에게 **마음/넋**을 빼앗겨 버렸다.
　※ '일물일어(一物一語) 위배 문장'이다. '환심은 사고 마음은 빼앗긴다.'

22 그는 소같이 **튼튼한/건장한** 스물여섯 살의 청년으로 장래 희망은 동시 통역사이다.
　※ '일물일어(一物一語) 위배 문장'이다. 꽃다운 처녀에 맞는 단어를 찾아 배치
해야 한다. 정답에서 제시한 것은 하나의 예(例)일 뿐임.

23 처음엔 동포들이 주로 찾았지만, 이젠 현지인들도 앞다투어 **한국 배를** 찾고 있다. 또는
처음엔 동포들에게 인기가 있었지만, 이젠 현지인들에게도 한국 배가 인기다.
　※ '열거 부등(不等) 문장'이다.

24 어느 문예 비평가는 독서를 여러 가지 행위 중에서 '축제'에 비유하곤 했다.
　※ '일물일어(一物一語) 위배 문장'이다. 독서를 작용이라고 표현하는 것 자체
가 대단히 생경(生硬)하다.

25 입이 심심할 때를 대비해서 사탕과 껌을 준비해 놓고 있다. 또는
입이 심심하거나 목이 마를 때를 대비해서 사탕과 홍차를 준비해 놓고 있다.
　※ '열거 부등(不等) 문장'이다. 사탕과 껌은 입이 심심할 때, 홍차는 목이 마
를 때 씹고 마시는 기호*(嗜好)식품이다.
　*기호(嗜好)식품: 즐길 기(嗜), 좋아할 호(好). 좋아하고 즐기는 식품.

26 뛰다 넘어지면 팔이나 발의 어느 한 **부분이** 부러질 수 있다.
　※ '일물일어(一物一語) 위배 문장'이다. 몸의 일부를 구석으로 표현한 것이 어
색하다.

27 교내 방송을 통해 학생들이 신청한 팝송과 학생들이 직접 쓴 학교 소식을 함께 전달하고
있다.
　※ '열거 부등(不等) 문장'이다.

28 그 드라마는 방영 초기에 높은 시청률을 기록하지/얻지 못했다.
    ※ '일물일어(一物一語) 위배 문장'이다. '차지하다'는 전체에서 얼마간의 분량이나 비율을 획득할 때 쓰이는 말이다.

29 제때에 도착한 헬리콥터 덕분에 모든 승객들이 탈출해, 구조가 성공했다.
    ※ '열거 부등(不等) 문장'이다. 탈출과 구조의 주체가 각각 다르다는 점에 주목할 것.

30 현대 한국사에서 박정희만큼 찬사와 비난을 동시에 받는 인물이 또 있을까?
    ※ '일물일어(一物一語) 위배 문장'이다. 비평이란 작품에 대한 비판적인 평가를 이르는 말이다.

31 이 책의 저자는 텔레비전과 상업주의에 대해 신랄하게 비판하고 있다.
    ※ '일물일어(一物一語) 위배 문장'이다. 눈이 어지럽다는 의미의 '현란'이란 표현이 적절치 않다.

나. 중문 연습

1 대학교 졸업자로서 취업을 앞둔 본인의 약점(弱點)을 두 개만 꼽아 보자면 동기들에 비해 토익(TOEIC) 점수가 낮다는 것과 실용적인 자격증이 많지 않다는 것이다.
   ※ '열거 부등(不等) 문장'이다. '~꼽아 보자면 ~하는 것과 ~ 하는 것이다'가 기본 구조를 이루는 문장이다.

2 "길 것 같지만 결국에는 짧은, 또, 짧을 것 같지만 길다고도 볼 수 있는 '인생'이라는 경주에서 우리는 간혹 멈출 수도 있고, 전력 질주를 할 수도 있습니다. 또는
   "길 것 같지만 결국에는 짧은, 또, 짧을 것 같지만 길다고도 볼 수 있는 '인생'이라는 경주에서 우리는 간혹 멈출 때도 있고, 전력 질주를 할 때도 있습니다."
   ※ '열거 부등(不等) 문장'이다. '~할 수도, ~할 수도 있다' 또는 '~할 때도, ~할 때도 있다'라는 기본 구조를 파악하는 것이 관건이다.

3 글을 쓴다는 것은 자신이 내키는 대로 자판을 두드리고 지우고 싶은 대로 삭제(削除)하는 것을 의미한다. 그리고 그것이야말로 '글쓰기'에서 누릴 수 있는 특권이 아니던가!
   ※ '일물일어(一物一語) 위배 문장'이다. 첫 번째 문장에서 제시하고 있는 내용은 글쓰기의 '특권'이지, '조건'이 아니다.

4 "아나운서를 목표로 한 요즘에는 라디오 뉴스 세 개 이상 듣기, 자기 전에 복식호흡 20회 하기, 발음 연습 20분 하기, 9시 뉴스 시청 하기를 매일 시도하고 있습니다."
   ※ '열거 부등(不等) 문장'이다.

5 영화에서는 까까머리 꼬마가 주머니에서 꼬깃꼬깃한 지폐를 꺼내 주인공에게 자기 대신 어머니에게 식사를 대접해 달라고 말하며 음식점을 뛰쳐나가는 장면이 나온다.

※ '일물일어(一物一語) 위배 문장'이다. '돈'이란 낱말이 동전도 포함하고 있기에 꼬깃꼬깃한 돈을 보다 정확하게 표현하려면 '지폐'라는 단어를 사용해야 한다.

6 미용 학원을 운영하면서 봉사활동을 병행하기가 만만치 않을 텐데도 그녀는 오히려 더 많은 사람들을 도와주지 못해 미안하다는 마음을 기자에게 비춰 보였다.
※ '일물일어(一物一語) 위배 문장'이다. '마음을 꺼내 보이다'라는 표현이 어색하다.

7 미디어 산업이 직면한 경제적 위기를 타개하기 위해 마련한 정책으로 통합방송법과 문화산업 기본법, 문화관광부가 발표한 영상산업대책 등을 꼽아 볼 수 있다. 두 가지가 아닌 세 가지의 아쉬운 점을 열거하고 있다.
※ '열거 부등(不等) 문장'이다. 맨 뒤의 '영상산업대책'만 홀로 수식하고 있는 어구(語句)를 제거해 줘야 한다.

8 지난 22일, 언론을 전공하고 있는 박XX씨를 학교 도서관에서 만나 대학 생활의 마지막을 어떻게 보내고 있는지와 함께 앞으로의 계획들은 무엇인지를 들어 봤다.
※ '열거 부등(不等) 문장'이다. '~있는지와 함께 ~은 무엇인지를 들어 봤다'가 기본 구조를 형성하는 문장이다.

9 "원하는 바를 스스로 찾으라는 사촌 형의 조언/충고 덕분에 그동안 제 자신이 원했던 것이 무엇인지를 알아보기 위해 무작정 국토 순례 여행길에 올랐습니다."
※ '일물일어(一物一語) 위배 문장'이다. '훈육'이란 품성이나 도덕 따위를 가르쳐 기른다는 의미로 사촌 형이 동생에게 할 수 있는 성질의 말이 아니다.

10 중세 유럽의 수도승들은 가끔 찾아오는 손님들로부터 바깥 세계의 이야기를 듣고 난 후, 공동으로 연주하는 것이 유일한 즐거움이었다고 한다.
※ '열거 부등(不等) 문장'이다. '듣고 난 후, ~하는 것이'가 기본 구조를 이루는 문장이다.

11 초고속 통신망의 구축(構築)으로 인터넷 게임이 본격적으로 활성화되기 시작하면서, 가뜩이나 바깥에서 놀 곳이 없는 아이들은 집안으로 쫓겨 들어오게 됐다.
※ '일물일어(一物一語) 위배 문장'이다. 바깥으로는 '내몰리고' 안으로는 '쫓겨 들어온다'는 표현이 맞다.

12 소나무는 조선시대부터 널리 사용된 나무로 재질이 연하고 부드러우며 단단하고 무늬가 아름다워 건축용재, 일반용재, 펄프재 등으로 널리 쓰인다.
※ '일물일어(一物一語) 위배 문장'이다. '강인하다'라는 표현은 사람에게 사용한다.

13 여기에 소개하는 아리아들은 그동안 내가 가장 사랑해 온 나의 정다운 친구들이며

해 답

내가 가장 아끼는 보물들이다. 이제 여러분들을 내가 겪었던 그 설렘과 기쁨/환희의 음악으로 초대한다.

※ '일물일어(一物一語) 위배 문장'이다. 가장 아끼는 보물들이 설렘과 함께 안타까움을 줬을 리 없다.

- 14 싸이나 블로그의 글들을 둘러보다 보면, 초등학생이나 중, 고등학생이 아닐진대도 대학생으로 보기에는 상당히 수준이 낮은 문장들을 자주 접하게 된다.

※ '열거 부등(不等) 문장'이다. 뒤에서는 중, 고등학생들이라는 단어를 사용했지만, 앞에서는 초등학교라고 표현하고 있다.

다. 장문연습

1 필자의 미국 유학 시절 일이다. 당시, 필자는 주위를 통해 소개받은 교정(校訂) 전문가에게 적지 않은 비용을 지불해 가며 수업 제출용 보고서의 퇴고를 맡기곤 했었다. 50대 미혼 여성이었던 '메리'라는 이름의 교정 전문가는 마침, 필자가 유학하던 학교의 운동선수들이 작성한 수업 과제도 정기적으로 손봐주고 있었다. 그런데 그녀의 말이 그네들의 글은 외국인인 나의 것보다 더 엉망이라는 것이었다. 특히, 단/복수와 3인칭 동사 및 시제에 관한 문법적 오류들은 우리나라의 중3 수준이면 알 만한 것들인데도 항상 되풀이된다는 것이 그녀의 <u>설명</u>이었다. 그렇다고 이와 같은 실수가 비단 그 운동선수들에게만 국한된 것이 아니었다. 대학원생이던 필자가 학부 교양과목의 수업 조교로서 접했던 일반 미국 대학생들의 글에서도 정도의 차이만 있을 뿐, 주어와 술어, 목적어가 호응하지 않는 엉터리 문장들이 심심찮게 발견되곤 했다. 결국, '엉터리 문장 죽이기'는 한국, 미국 가릴 것 없이 대학생들에게마저 소화해 내기 힘든 대상이었던 셈이다.

※ '일물일어(一物一語) 위배 문장'이다. 문맥상, 해설이라는 말보다 설명이라는 낱말이 적절하다.

2 그의 성격은 <u>중독성(中毒性)</u>이다. 만나면 만날수록 보고 싶고, 뒤돌아서면 다시 부르게 되는 그의 성격은 별다른 특징 없이 친구들을 매료시켜 왔다. 때문에, 대학 친구들은 그를 '있으면 조용하지만 없으면 금세 티가 나서 반드시 불러야만 하는 인물'로 평가하고 있으며, 직장 동료들은 "그가 없는 회사 생활은 상상도 할 수 없을 정도"라고 <u>말하고 있다</u>. 그래서 그런지, 정작 그에게 무관심한 사람들은 평생 그와 같이 살아왔을 가족뿐이라는 것이 주변인들의 증언(證言)이다. 실제로, 집에서는 그가 외박을 하든, 가출을 하든 어느 누구도 호들갑을 떨며 난리를 피운 적이 없었다고 한다. 그런 의미에서 볼

> 때, 아마 주변인들로부터 지나치다 싶을 만큼 사랑을 받는 것은 가족으로부터 받지 못한 애정의 반대급부(反對給付)로 나타난 현상이 아닌가 싶다. 가족으로부터 관심 받지 못했던 만큼, 친구들로부터 사랑 받음으로써 그 한 맺힌 가슴의 응어리를 풀고 있다고나 할까?

※ 첫 번째 단어인 '맹독성'의 쓰임새가 잘못된 '일물일어(一物一語) 위배 문장'이다. 더불어, 문단 중간에 '열거 부등(不等) 문장'이 배치돼 있다. "~로 평가하고 있으며, ~라고 말하고 있다"가 적절한 문장이다.

3. 오늘날 무수히 많은 광고 이미지들이 TV 안팎에서 ~~서식(棲息)~~하며 우리들의 눈길을 끌기 위해 발버둥치고 있다. 사실, 오늘날의 광고는 미디어란 공간에서 <u>요란하게</u> 물건을 판매하고 있다. 시각적인 이미지를 즐기는 신세대들에게 광고는 삶의 <u>자극제/활력소</u>로 작용하고 있다. 광고의 속성을 제대로 이해하지도 못한 채, 영상미와 속도감에 반해 <u>대학교에서 광고를 전공하려 하거나 광고제작 시장에 진출하려는</u> 젊은이들이 해마다 늘고 있는 사실이 그러한 현실을 잘 웅변(雄辯)해 주고 있다. 그러나 선정적이고 <u>자극적</u>인 광고 시장이 그 필연적인 속성으로 인해 광고 종사자들을 금방 도태(淘汰)시킨다는 것은 광고 시장의 어두운 이면이다. 따라서, 어렵사리 광고업계에 발을 내민다 하더라도 새로운 조류와 유행에 조금이라도 부합(符合)하지 못할라치면 냉정하게 등을 돌리는 시장으로부터 버림을 받게 된다. 마치, 쾌걸(快傑)이자 미남이지만 유명한 바람둥이와 결혼을 하면서 겪게 되는 신부의 숙명이라고나 할까? 그런 의미에서 광고 시장에서 겪어야 하는 삶은 물 위에서의 우아하고 아름다운 자태와는 달리, 물 속에서는 열심히 발을 놀려야만 하는 백조의 삶과 다를 바 없다.

※ '서식,' '요란한 마찰음,' '척추,' '쾌락'은 모두 그 쓰임새가 어색한 '일물일어(一物一語) 위배 단어'들이다. '서식'의 경우에는 차라리 빼 버리는 것이 나으며, '요란한 마찰음'은 '요란하게'로, '척추'는 '자극제,' 또는 '활력소'로 대체하는 것이 훨씬 자연스럽다. 마찬가지로, '쾌락'적인 것도 '자극'적인 것으로 바꿔주는 것이 매끄럽다. 더불어, 문단 중간에 '열거 부등(不等) 문장'이 배치돼 있다. "~하려 하거나 ~에 진출하려는"이 기본 구조를 형성하는 문장으로 바꿔줘야 한다.

"녹차는 마시고 잠은 푹 자자"

외래, 전문, 한자어는 최대한 자제하고 쉬운 우리말로 바꿔 주는 버릇 들여야

"사스마리 돌다 나와바리에서 도꾸다이 했어."
"자기기인(自欺欺人), 밀운불우(密雲不雨), 상화하택(上火下澤), 당동벌이(黨同伐異)……."*

남의 나라 이야기가 아니다. 한국 언론이 언론사 안팎에서 사용하는 한글 이야기다. 첫 번째 문장에서 '사스마리'의 경우는 경찰서를 돌며 사건을 취재하는 것을 의미하고, '나와바리'는 일본 폭력배들의 세력권을 뜻하는 '구역'을, '도꾸다이'는 '특종'(特種)을 각각 나타내는 일본어들이다. 굳이 풀어보자면, 경찰 기자로서 자신이 맡은 구역을 돌다가 특종을 건져 기사화했다는 내용이다. 지금도 사회부 기자들 사이에서는 공공연하게 쓰이고 있는 용어들로 여타 분야에서의 전문 용어 및 외래어 사용을 나무라는 대한민국 언론의 현주소이기도 하다. 마찬가지로, 두 번째 문장의 경우에도 '교수신문'이 매년 말, 한 해를 결산 짓는 올해의 사자성어(四字成語)로 발표해 온 것들이다. 일반인

---

* '교수신문'이 2007, 2006, 2005, 2004년에 각각 뽑은 올해의 사자성어(四字成語)들. 참고로 2002년의 사자성어는 '이합집산'(離合集散), 2003년은 '우왕좌왕'(右往左往)이었다.

들은 평생 한 번 듣기 힘든 한자어들로 외국어나 다름없는 낱말들이다.

사실, 한자어와 외래/외국어의 사용은 언론사에만 국한된 것이 아니다. 건축 현장, 법정, 병원 등 일반인들과의 물리적·정서적 거리가 만만찮은 전문 현장에서는 지금도 국어 아닌 국어들이 버젓이 주인 노릇을 하고 있다. 대중들은 죽었다 깨어나도 이해 못할 그 같은 용어들은 결국 판사와 피해자, 의사와 환자, 생산자와 소비자 간의 간극*(間隙)만 넓힐 뿐이다. 때문에, 일반 독자를 고려하고자 하는 글쓴이는 결코 전문적이거나 생소한 전문용어와 외래/외국어들을 동원해선 안 된다. '염좌'라는 낱말 대신 '삐다,' '시구하다'란 표현 대신, '쑥뜸을 들이다'라는 뜻풀이는 그래서 더더욱 중요하다.

그러고 보니, 언젠가 어느 지하보도 입구에 쓰여 있던 '통로 암거 이용'이라는 표현을 본 기억이 난다. 한자마저 없어 알쏭달쏭하기만 했던 그 말은 적어도 필자가 보기에 한글이 아니었다. 그런 의미에서 여러분들이 취해야 할 단어들은 중학생 정도면 누구나 이해할 수 있도록 쉽고 친근해야 한다. 하지만, 말이 쉬워 친근하게 써야 한다는 것이지 그게 결코 쉬운 일은 아니다. 때문에, '니치(niche) 마켓'이라고 말하기보다 '틈새시장'이라고 표현하고, '녹차를 음용한 후 숙면을 취한다'라고 표기(表記)하기보다 '녹차를 마신 후 잠을 푹 자야 한다'라고 쓰는 버릇은 결코 하루 아침에 이뤄지지 않는다.

그래도 꼭 한번 어려운 용어를 써서 자신의 박식(博識)함을 알리거나, 상대방의 기(氣)를 누르고자 한다면? 본인 역시, 일상생활에서 아래와 같은 글들이 넘쳐 흐르는 것을 용인*(容認)하면 된다.

"본 시설물은 산불방지를 위하여 설치한 산불감시 시스템입니다. 누구든지 허가없이 본 시설물을 손괴,* 오손,* 이전할 시에는 산림법에 의거 처벌을 받게 됩니다."

---

*간극(間隙) 사물 사이의 틈. 사이 '간'(間), 틈 '극'(隙).
*용인(容認) 허용하고 인정함. 얼굴 '용'(容), 참을 '인'(認).

— 서울 관악산 자락의 어느 산불 감시탑에 설치된 경고문

"침엽수림은 활엽수림보다 단위 면적당 잎의 면적 합계가 많아 수관* 차단 및 증산*에 의한 물 손실량이 월등히 많습니다."
— 경기도의 어느 수목원 입구에 붙어 있던 계몽 포스터

| 37쪽 정답 |
 엉터리 문장의 세 번째 유형인 '일물일어(一物一語) 위배 문장'에 속한다. 문맥상 뒤쪽의 '과정'이라는 단어를 앞의 '모습'과 같은 단어로 통일하거나 문맥이 통하도록 뒷부분을 통째로 바꾸어야 한다. 예를 들면, '낙엽이 떨어지는 모습은 가을이 겨울로 바뀌는 모습이다.' 또는 '낙엽이 떨어지는 모습은 가을이 겨울로 바뀌는 것을 의미한다'와 같이 말이다.

참 고 문 헌

'교수들도 모르는 올해의 사자성어'(2007.1.3). 연합뉴스.
배상복 (2005). 「문장기술」. 랜덤하우스중앙.
오철우 (2007.11.8). "과학 논문 난해해 과학자들도 읽기 어렵다." 한겨레 신문, 28면.
임재춘 (2004). 「한국의 이공계는 글쓰기가 두렵다」. 마이넌.
장유진 (2005.8.10). '해방 60년 생활 속의 일본.' 내일신문.
탁석산 (2005). 「탁석산의 글짓는 도서관」. 김영사.
황소웅 (2005). 「바른 글 좋은 글」. 랜덤하우스중앙.
국립국어원. '모두가 함께하는 우리말 다듬기.'
 〈http://www.malteo.net/freeboard/f_view.php?board_id=1086834293〉

*손괴(損壞) 어떤 물건을 망가뜨림. 덜 '손'(損), 무너질 '괴'(壞).
*오손(汚損) 더럽히고 손상함. 더러울 '오'(汚), 덜 '손'(損).
*수관(樹冠) 나무의 줄기와 잎이 많이 달려 있는 줄기의 윗부분. 나무 '수'(樹), 갓 '관'(冠).
*증산(蒸散) 식물체 안의 수분이 수증기가 되어 공기 중으로 나옴. 찔 '증'(蒸), 흩을 '산'(散).

연습문제

가. 단문연습

- 어렵거나 이해하기 어려운 단어는 사전이나 인터넷의 지식 백과에서 직접 찾아본 후 쉬운 단어로 대체해 보기 바랍니다. (참고: 쉬운 단어를 사용할 경우, 문장 길이가 불가피하게 늘어날 수 있습니다. 물론, '단단익선'(短短益善)의 법칙에 따르면, 글은 짧을수록 좋지만, 이는 어디까지나 글이 쉬울 경우를 전제 조건으로 하는 것이기에 쉽게 쓰는 습관을 들이는 것이 더욱 중요합니다.)

1 '전국, 익일 배달됩니다.'
2 "특별조치법의 규정에 의거, 확인서 발급 신청 사실을 고지합니다."
3 미국 조야(朝野)는 정파를 초월해 보다 강력한 보호무역 정책을 펴기로 합의했다.
4 지난 겨울에는 솜이나 털을 넣어 만든 패딩 조끼가 선풍적인 인기를 끌었다.
5 시인, 이상(李箱)은 근대를 초극(超克)한 사상가라는 것이 국문학계의 일반적인 평가다.
6 "건승하시고 가내 만사 형통하시기를 소망합니다." 김 아무개 배상.
7 새 제도가 제대로 착근(着根)하기 위해서는 시민들의 절대적인 협조가 필요하다.
8 '작일(昨日), 강설(强雪)로 인해 거리에 결빙(結氷) 구간이 많으니 보행 시 주의하시기 바랍니다.'
9 웰빙 열풍이 식을 줄 모르며 오히려 그 영역을 점점 넓혀가고 있는 실정이다.

연습문제

10 현장에서 어떻게 생산되는지를 목도(目睹)한 그녀는 분노가 치솟아 올랐다.
11 "의학박사 학위 영득을 축하드립니다."
12 봄, 가을의 한강 고수부지는 가족나들이로 인기가 있는 장소다.
13 '내용을 둘러본 후에는 반드시 리플을 달아주세요.'
14 삭도(索道) 사업은 공중에 설치한 밧줄에 운반기를 달아 여객 등을 운송하는 것이다.
15 대형차를 선호하는 이들에게 자동차의 전고(全高)와 전장(全長), 전폭(全幅)은 매우 중요하다.
16 '개폐 시 "딱" 소리가 나야 기계가 정상적으로 작동하고 있다는 뜻입니다.'
17 '이 지역에서는 어로(漁撈) 행위가 전면 금지돼 있습니다.'
18 부호들에게는 '무엇을 입느냐' 보다 '무슨 브랜드를 걸치느냐'가 더 중요하다.
19 "낙찰자가 제때에 구입하지 않으면 차순위자가 구입할 수 있는 자격을 획득하게 됩니다."
20 아이의 제대(臍帶)를 끊자 한 아이의 아버지라는 사실이 비로소 실감나기 시작했다.
21 보험에 가입할 때는 여러 조건과 함께 연납(年納) 보험료가 얼마인지도 꼼꼼하게 챙겨야 한다.
22 "이 분야에 오래 계셨던 만큼, 일에 대한 팁을 주신다면 큰 도움이 되겠습니다."
23 환자가 호흡곤란 증세를 일으키면 바로 CPR을 행할 수 있는 일반인들이 얼마나 될까?
24 자동차의 고장 난 마후라를 장기간 방치할 시, 자동차의 수명을 단축시킬 수 있다.
25 "본 엘리베이터의 정격 속도는 45m/min입니다."
26 고속도로의 인터체인지가 하도 복잡해 어디서 빠져나가야 하는지 알 수가 없다.

나. 중문연습

■ 어렵거나 이해하기 어려운 단어는 사전이나 인터넷의 지식 백과에서 직접 찾아본 후 쉬운 단어로 대체해 보기 바랍니다. 만일 적당한 단어가 떠오르지 않으면 해당 단어를 그냥 삭제해 버리기 바랍니다.

1 아파트 실내에 정원을 꾸미는 것이 유행인 요즘, 키가 작으면서도 꽃잎은 풍부해서 식재(植栽)하기에 좋은 관상용 식물들이 불티나게 팔리고 있다.

2 "아리아는 많은 예술가들-원작자, 대본가, 작곡가, 지휘자, 오케스트라, 그리고 성악가-이 여러 단계를 거치면서 함께 또는 단계적으로 정교하게 빚어내는 완벽한 조탁(彫琢)의 예술품이다.

3 일이 뜻대로 풀리지 않자 물건을 내던지며 가족들을 협박했지만, 실은 위악(僞惡)을 가장한 행동이었기에 식구들은 겁에 질린 것처럼 상황에 맞춰 알맞게 행동하고 있었다.

4 "복용제 처방과 달리 외용제(外用劑) 처방의 경우에는 1회 투여량, 1일 투여 횟수, 총투약 일수를 의사와 상담해 정하시기 바랍니다."

5 한국 근대사에서 큰 비중을 차지하고 있는 이 사람의 사상을 '인본적 사회주의'로 규정해 "조야(粗野)하고 도식(圖式)적인 인본적 사회주의는 우리 시대를 미몽(迷夢)에 빠뜨렸다"는 주장이 있다.

6 "본 제품에는 방부제가 첨가되지 않았으므로, 먹다 남은 것은 반드시 15°C 이하의 냉암소(冷暗所)에 보관해 주시기 바랍니다. 만일, 이 같은 경고문을 무시해서 식중독 등의 사건이 발생할 경우, 당사에서는 일체의 책임도 지지 않을 것입니다."

연습문제

7 악보가 공개되지 않는 팔레스트리나의 미사곡을 듣고서 바로 채보(採譜)한 모차르트의 일화는 그의 능력이 어느 정도였는지를 단적으로 보여주고 있다.

8 교육인적자원부가 대입 수험생들을 응원하는 이벤트를 벌이면서 잘못된 단어를 사용하는 바람에 톡톡히 망신살을 당했다. 교육부는 지난 2007년 11월 6일부터 30일까지 홈페이지를 통해 '싸이월드와 함께하는 교육부 타운홈피 으라차차 기운 만땅' 행사를 진행한 바 있다. 그렇다면, 문제의 단어는 과연 무엇이었을까?

9 장기적인 자기혁신 전략의 첫 단계는 핵심가치를 발견하는 것인데, 엄밀히 말해 정량(定量)할 수 없는 핵심가치를 발견하는 것은 말처럼 그리 쉽지 않다.

10 65세 김모 할머니는 빙판에서 가볍게 미끌어져 엉덩방아를 찧은 후에 요통이 심해졌다며 가족들에 의지해 내원(內院)한 후, 2주 동안 병상에서 가료했다.

다. 장문연습

■ 다음 글에서는 전문용어와 외래어, 한자어 등이 독자들의 눈을 어지럽히며 쉽게 이해되는 것을 방해하고 있습니다. 때문에, 익숙하지 않은 단어는 사전과 인터넷 지식 백과 등에서 직접 찾아본 후 쉬운 단어와 우리말로 바꿔 보도록 하세요. 만일 적당한 단어가 떠오르지 않으면 해당 단어를 아예 삭제해 버리기 바랍니다.

1 물을 저장하는 데 있어 댐 못지 않은 기능을 수행해 '녹색 댐'이라고까지 일컬어지는 나무 숲으로는 침엽수림과 활엽수림 중 어느 쪽이 더 효율적일까?
   단위 면적 당 잎의 면적 합계는 침엽수림이 활엽수림보다 많아 잎이나

가지에 맺혔다가 땅에 도달하지도 못하고 공중으로 증발되는 수관(水管)차단 현상이나 나무 안의 수분이 수증기가 되어 공기 중으로 나오는 증산(蒸散)에 의한 물 손실량은 침엽수림 51%, 활엽수림 38%로 침엽수림이 활엽수림보다 월등히 많다. 또한 침엽수림은 낙엽분해 속도가 활엽수림보다 느려 토양에 공극(孔隙)이 발생하는데 상대적으로 장기간이 소요되며, 바늘처럼 폭이 좁은 낙엽들은 빗방울 충격으로부터 토양의 공극들을 잘 보호하지 못한다. 특히, 리기다 소나무 숲과 같은 침엽수림의 계곡이 건조한 것은 낙엽이 잘 분해되지 않는데다 잎에 함유돼 있는 '큐틴'이란 물질이 빗물의 땅 속 침투를 방해하기 때문이다. 또한 잎이 나무에 달려있는 기간을 보면 활엽수는 6개월에 불과하나 침엽수는 1년 내내 달려있기 때문에 증산(蒸散) 손실량도 활엽수림보다 침엽수림이 훨씬 많아지게 된다. 따라서 녹색 댐 기능은 침엽수림보다 활엽수림이 높다.

2   자동차를 별 탈 없이 오랫동안 잘 몰려면 먼저 자동차의 핵심 장치들을 이해하는 것이 중요하다. 예를 들어, 속도를 조절하는 변속 장치인 트랜스미션(transmission)은 엔진의 동력을 잠시 끊어주거나 이어주는 장치인 클러치(clutch)의 조작 여부에 따라 스틱(stick)과 오토(auto)가 있지만, 요즘에는 오토가 대세를 이루고 있는 실정이다. 복잡한 대도시에서 자동차로 출퇴근을 하게 되면 도심 정체로 잦은 서행(徐行)을 피할 수 없기에 변속할 필요가 없는 오토가 훨씬 편하기 때문이다. 더불어, 기술이 향상되면서 과거와 달리 기어 변속 시 발생하는 노이즈와 진동도 거의 없어 오토 트랜스미션 대세론은 더욱 힘을 얻고 있다.

    한편, 노면에서 발생하는 충격을 흡수하는 현가장치(懸架裝置)인 서스펜션(suspension)은 타이어를 노면에 확실하게 접지시키는 기능도 지니고 있다. 따라서 이 장치는 탑승자의 승차감과 차량의 조종성 및 안전성에 큰 영향을 미친다. 더불어, 조향장치(操向裝置)인 스티어링 시스템은 기술의 진보와 더불어 조향 바퀴 자체를 구동시키는 전륜 구동 방식을 일반 승용차에 채택하는 경우가 대부분이다.

연습문제

> 이와 함께, 백미러와 사이드 미러는 옆과 뒤에 사람 또는 차량 등이 있는지를 알려주는 장치들로, 있으면 모르지만 없어지면 엄청난 불편을 초래하는 것들이다. 하지만, 이러한 모든 장치들도 핸들이 없으면 말짱 헛것일 터. 실제로 핸들 없이 자동차를 드라이브하는 것은 본 적도 들은 적도 없다.

3 "지방세 자동이체 신청 제도란 한 번의 신청만으로 수납은행을 직접 방문하지 않고 납기말일에 본인이 지정한 계좌에서 세금이 자동으로 인출되도록 하는 편리한 제도입니다. 또한 납세고지서의 미수령 또는 반송으로 인하여 납기 내 세금을 납부하지 못해 가산금을 재차 부담하는 사례를 줄일 수 있어 납세자의 부담도 덜어 드릴 수 있는 매우 편리한 시책입니다. 이와 함께 거동이 불편한 부모님이 세금 납부를 위해 수납 기관을 직접 방문해야 하는 불편을 최소화하고, 효 실천을 통한 부모님과 자식 간의 따뜻한 사랑으로 화목하고도 단란한 가정을 만들기 위한 일환으로, 고향에 계신 부모님의 지방세를 출향(出鄕)한 자녀가 자동이체를 통해 대신 납부하는 '고향 부모 세금 대신 납부하기 운동'을 추진하고 있음을 알려드리오니 적극적인 참여를 부탁 드립니다."

'읽어 봅시다' – "과학 논문 난해해 과학자들도 읽기 어렵다"

'사이언스' 편집장 케네디, 쉽게 풀어쓴 '저자 요약문' 싣기로

현대 과학이 갈수록 세분화하고 전문화해 연구논문도 이제 관련 분야의 과학자들조차 이해하기 어려울 지경에 이르렀다며, 저명한 과학저널 〈사이언스〉가 과학 소통(커뮤니케이션)의 새로운 변화를 모색하는 '실험'을 시작했다.

〈네이처〉, 〈셀〉과 더불어 3대 과학저널로 꼽히는 미국 〈사이언스〉의 편집위원장 도널드 케네디는 최신호에서 사설을 통해 이런 과학 언어의 문제를 제기하면서 "〈사이언스〉가 새로운 실험에 나선다"고 밝혔다. 이 저널은 이번 호와 다음 호에 연구논문과는 별개로 저자들한테 논문을 좀더 쉽게 풀어 설명하는 '저자의 요약문'을 따로 받아 싣고 과학자 독자들의 호응을 조사하기로 했다. 저자의 요약문은 논문의 내용이 무엇이며 결론이 무엇인지 다시 풀어 쓴 것이어서, 요약문 게재는 난해한 연구논문의 가독성을 높이려는 고육책으로 풀이된다.

케네디 편집위원장은 과학 연구가 점점 더 세부 주제로 파고들고 약칭과 기호들이 어느 때보다 더 많이 쓰이면서 "보고서와 연구논문의 전문적이고 난해한 언어를 관련 분야의 사람들조차 이해하기 힘들게 됐다"고 진단했다. 그는 과학의 언어를 이처럼 이해하기 힘들면 관련 정책의 결정도 그르칠 수 있다고 경고했다. 그는 "우리 계획은 앞으로 물리학 논문을 생물학 편집위원도 평할 수 있게 하려는 것"이라고 말했다.

오철우, "과학 논문 난해해 과학자들도 읽기 어렵다" 〈한겨레 신문〉 28면.

해답

가. 단문연습

1. '전국, **다음날** 배달됩니다.'
   ※ '익일'(翌日)이란 '다음날' 또는 '이튿날'을 뜻하는 한자어임. 전문용어와 외래어가 '피해야 할 단어들'의 1, 2번이라면 3번으로는 어려운 한자어를 들 수 있다. 참고로, '작일'(昨日)은 어제, '금일'(今日)은 오늘, '명일'(明日)은 내일을 일컫는 말임.

2. "특별조치법의 규정에 **따라**, 확인서 발급 신청 사실을 **알려드립**니다."
   ※ 굳이 쓸 필요가 없는 한자어는 가급적 쉬운 우리말로 대체해 주는 것이 좋다.

3. 미국 **정부와 민간단체**는 정파를 초월해 보다 강력한 보호무역 정책을 펴기로 합의했다.
   ※ '조야'(朝野)란 조정과 민간을 뜻하는 한자어임.

4. 지난 겨울에는 솜이나 털을 넣어 만든 **누비** 조끼가 선풍적인 인기를 끌었다.
   ※ '패딩'(padding)이란 누비를 이르는 영어.

5. 시인, 이상(李箱)은 근대를 **뛰어넘은** 사상가라는 것이 국문학계의 일반적인 평가다.
   ※ '초극'(超克)이란 어려움 따위를 넘어 극복해 낸다는 의미의 한자어임.

6. (**탈 없이**) 건강하시고 집안의 모든 일이 뜻과 같이 잘 이뤄지길 바라옵나이다. 김 아무개 **올림/드림**.
   ※ '건승'(健勝)이란 탈 없이 건강함을, '형통'(亨通)은 모든 일이 뜻과 같이 잘 되어감을, '배상'(拜上)은 절하며 올린다는 뜻의 한자어이다. 공식적인 편지나 이메일에 숱하게 등장하는 '건승'과 '배상'이라는 단어는 일상생활에서 거의 쓰이지 않기에 가급적 사용을 자제하는 것이 좋다.

7. 새 제도가 제대로 **뿌리 내리기** 위해서는 시민들의 절대적인 협조가 필요하다.
   ※ '착근'(着根)이란 옮겨 심은 식물이 제대로 뿌리를 내리는 것을 일컫는 한자어임. 필자가 언론사에 재직하던 시절, 하루는 부장이 고참 선배에게 '착근'이란 단어를 기사에서 사용한 것에 대해 엄청나게 꾸짖은 것을 목격한 일이 있다. 어떠한 것이 기반을 잡는다는 것을 비유조으로 이르는 착근의 의미를 얼마나 많은

독자들이 이해할 수 있겠냐는 이유에서였다.

8 '어제 눈이 내리는 바람에 거리에 **얼어붙은** 구간이 많으니 **걸을** 때 주의하시기 바랍니다.'
   ※ '작일,' '강설,' '결빙,' '보행' 모두 쉬운 우리말로 바꿀 수 있는 단어들이다.

9 **참살이** 열풍이 식을 줄 모르며 오히려 그 영역을 점점 넓혀가고 있는 실정이다.
   ※ '웰빙'의 순 우리말은 '참살이'임. 만일, '참살이'라는 단어가 거의 쓰이지 않는다면 '웰빙'으로 써도 무방하지만, '참살이'가 자주 쓰인다는 사실을 감안하면 우리말로 바꿔주는 것이 훨씬 좋다.

10 현장에서 어떻게 생산되는지를 **눈으로 확인한/목격한** 그녀는 분노가 치솟아 올랐다.
   ※ '목도'(目睹)라는 한자어는 어려울 뿐만 아니라 낯설기까지 하다. 한자어를 택하더라도 자주 사용하는 것으로 바꿔주는 것이 낫다.

11 "의학박사 학위 **받으신** 것을 축하드립니다."
   ※ '영득'(領得)이란 '취득하여 제 것으로 만든다'는 의미의 한자어이다. 가급적 쉬운 말로 대체하도록 하자.

12 봄, 가을의 한강 **둔치**는 가족나들이로 인기가 있는 장소다.
   ※ '고수부지'는 일본 용어로 이에 해당하는 순 우리말은 '둔치'이다.

13 '내용을 둘러본 후에는 반드시 **댓글**을 달아주세요.'
   ※ 기왕이면 순 우리말을 사용하는 것이 어감과 운율 면에서도 훨씬 부드럽고 정겹다.

14 케이블 사업은 공중에 설치한 밧줄에 운반기를 달아 **사람 또는 물건 등을 실어 나르는** 것이다.
   ※ '삭도'(索道)란 케이블을 일컫는 순 한자어임. 새끼 꼴 '삭'(索), 길 '도'(道). 마찬가지로 '여객,' '운송' 등과 같은 한자어도 우리말로 풀어 쓸 수 있다.

15 대형차를 선호하는 이들에게 자동차의 **높이**와 **길이**, **폭/넓이**는 매우 중요하다.
   ※ 많은 경우, 설명서와 안내서에는 한자어와 전문용어들이 가득하다. 가급적 우리말로 바꿔주는 노력이 필요하다.

16 '열고 닫을 때 "딱" 소리가 나야 기계가 정상적으로 작동하고 있다는 뜻입니다.'

17 '이 지역에서는 물고기를 낚는 행위가 전면 금지돼 있습니다.'
   ※ '어로'(漁撈) 행위란 물고기를 낚거나 수산물을 거둬들이는 일을 말하나, 도심 하천에 이 같은 경고문이 설치돼 있다는 점을 감안하면, 낚시 행위로 이해해도 무난할 듯함.

해 답

18 부호들에게는 '무엇을 입느냐' 보다 '무슨 **상표를** 걸치느냐' 가 더 중요하다.
   ※ 역시, 영어 단어도 우리말로 바꿀 수 있다.

19 "낙찰자가 제때에 구입하지 않으면 **다음** 순위자가 구입할 수 있는 자격을 얻게 됩니다."
   ※ '차,' '획득' 모두 우리말로 바꿀 수 있다.

20 아이의 탯줄을 끊자 한 아이의 아버지라는 사실이 비로소 실감나기 시작했다.
   ※ '제대'(臍帶)란 '탯줄'을 가리키는 의학 용어임.

21 보험에 가입할 때는 여러 조건과 함께 매년 내야 하는 보험료가 얼마인지도 꼼꼼하게 챙겨야 한다.
   ※ 보험 용어도 어려운 것으로 유명하다. 가급적 소비자들에게 가까이 다가갈 수 있도록 말을 쉽게 고치는 노력이 필요하다.

22 "이 분야에 오래 계셨던 만큼, 일에 대한 **도움말/조언/충고를**(을) 주신다면 큰 도움이 되겠습니다."
   ※ '팁'(tip)이란 조언, 충고를 뜻하는 영어임.

23 환자가 호흡곤란 증세를 일으키면 바로 **심폐소생술을** 행할 수 있는 일반인들이 얼마나 될까?
   ※ 'CPR' 이란 심폐소생술을 뜻하는 의학 용어임. 참고로 심폐소생술에는 인공 호흡법과 심장압박법 등 두 종류가 있다.

24 자동차의 고장 난 소음기를 오랫동안 그냥 놓아둘 경우, 자동차의 수명을 단축시킬 수 있다.
   ※ '마후라' 란 소음기(消音器)를 뜻하는 영어, muffler의 일본식 외래어임. 이와 함께, '장기간,' '방치할 시,' 모두 쉬운 우리말로 바꿀 수 있다. '단축' 은 우리말 '줄인다' 로 바꿔 줄 경우, 그 의미가 긍정적인 방향으로 달라질 수 있기에 그냥 놓아두는 것이 낫다.

25 "본 엘리베이터의 **최고(한계)** 속도는 45m/min입니다."
   ※ 정격 속도(正格 速度)란 '전기 설비에서 규정된 한계 속도'를 말한다. 일반인들을 위해 쉽게 풀어 쓰기 위해 '최대 속도' 로 대체해도 무방하다.

26 고속도로의 **나들목이** 하도 복잡해 어디서 빠져나가야 하는지 알 수가 없다.
   ※ '나들목' 이란 '나가고 들고 하는 길목' 이란 뜻의 순수 우리말이다.

나. 중문연습

1 아파트 실내에 정원을 꾸미는 것이 유행인 요즘, 키가 작으면서도 꽃잎은 풍부해서 심기에 좋은 관상용 식물들이 불티나게 팔리고 있다.
   ※ '식재'(植栽)란 '초목을 심어 재배한다'는 의미의 한자어임. 쉽게 바꿀 수 있다면 바꿔주는 것이 가장 좋은 글쓰기이다.

2 아리아는 많은 예술가들-원작자, 대본가, 작곡가, 지휘자, 오케스트라, 그리고 성악가-이 여러 단계를 거치면서 함께 또는 단계적으로 정교하게 빚어내는 완벽한 ~~조탁(彫琢)~~의 예술품이다.
   ※ '조탁'(彫琢)이란 '글이나 문장 따위를 매끄럽게 다듬는다'는 뜻. 대체할 만한 적당한 말이 없는데다 앞에서 이미 '정교하게 빚어내는 완벽한'이란 수식어구가 있기에 아예 빼 버려도 무방하다.

3 일이 뜻대로 풀리지 않자 물건을 내던지며 가족들을 협박했지만, 실은 악함을 가장한/악한 척한 행동이었기에 식구들은 겁에 질린 것처럼 상황에 맞춰 알맞게 행동하고 있었다.
   ※ '위악'(僞惡)이란 '짐짓 악한 체함'을 뜻하는 한자어임.

4 "복용제 처방과 달리 **몸의 외부에 사용하는** 외용제 처방의 경우에는 1회 투여량, 1일 투여 횟수, 총투약 일수를 의사와 상담해 정하시기 바랍니다."
   ※ '외용제'(外用劑)란 전문용어를 이해하지 못하는 환자들을 위해 앞에 간단한 설명으로 말을 풀어 줄 필요가 있음.

5 한국 근대사에서 큰 비중을 차지하고 있는 이 사람의 사상을 '인본적 사회주의'로 규정해 "**천하고 상스러우며** 도식(圖式)적인 인본적 사회주의는 우리 시대를 미몽(迷夢)에 빠뜨렸다"는 주장이 있다.
   ※ '조야'(粗野)란 '천하고 상스러움'을 뜻하는 한자어임. 그 밖에 '도식'과 '미몽'은 각각 '사물의 구조 등을 일정한 양식으로 나타낸 그림'과 '헛된 꿈'을 뜻하는 단어임. 하지만 이들 단어는 자주 쓰이기에 굳이 다른 말로 대체할 필요는 없다는 생각이다.

6 "본 제품에는 방부제가 첨가되지 않았으므로, 먹다 남은 것은 반드시 15°C 이하의 **어둡고 차가운** 장소에 보관해 주시기 바랍니다. 만일, 이 같은 경고문을 무시해서 식중독 등의 사건이 발생할 경우, 당사에서는 일체의 책임도 지지 않을 것입니다."
   ※ '냉장고'처럼 '냉암소'란 제품이 존재하는지도 모르겠으나, 설령 그와 같은 제품이 있다손 치더라도 '냉암소'를 지니고 있는 가정들이 얼마나 있을지도 의문이다. 그런 의미에서 본 단어를 풀어써도 하등의 문제가 없다는 생각이다.

7 악보가 공개되지 않는 팔레스트리나의 미사곡을 듣고서 바로 **악보로 만든** 모차르트의 일화는 그의 능력이 어느 정도였는지를 단적으로 보여주고 있다.

해 답

※ '채보'(採譜)란 '곡조를 듣고 그것을 악보로 만든다'는 뜻의 한자어이다. 쉽게 풀어 줄 수 있으면 굳이 한자어를 쓰지 않는 것이 좋다.

8 교육인적자원부가 대입 수험생들을 응원하는 이벤트를 벌이면서 잘못된 단어를 사용하는 바람에 톡톡히 망신살을 당했다. 교육부는 지난 2007년 11월 6일부터 30일까지 홈페이지를 통해 '싸이월드와 함께하는 교육부 타운홈피 으라차차 기운 **가득**' 행사를 진행한 바 있다. 그렇다면, 문제의 단어는 과연 무엇이었을까?
   ※ '만땅'은 '가득'이라는 뜻으로 쓰이는 일본식 외래어이다. 이와 관련해, 교육부 관계자는 후에 "홍보문구를 만드는 과정에서 미처 생각지 못했다. 문제가 제기돼 해당 문구를 바로 삭제했다"고 밝혔다.

9 장기적인 자기혁신 전략의 첫 단계는 핵심가치를 발견하는 것인데, 엄밀히 말해 **양을 헤아려 정할 수 없는** 핵심가치를 발견하는 것은 말처럼 그리 쉽지 않다.
   ※ '정량'(定量) 역시, 일상생활에서는 그다지 많이 쓰이지 않는 한자어이다.

10 65세 김모 할머니는 빙판에서 가볍게 미끄러져 엉덩방아를 찧은 후에 요통이 심해졌다며 가족들에 의지해 **병원을 방문**한 후, 2주 동안 병상에서 **치료를** 받았다.
   ※ '가료'(加療)란 '병이나 상처 따위를 낫게 한다'는 뜻의 의학 용어임. 치료, 병 고침 등으로 순화시키고 있는 단어다.

다. 장문연습

1 물을 저장하는 데 있어 댐 못지 않은 기능을 수행해 '녹색 댐'이라고까지 일컬어지는 나무 숲으로는 침엽수림과 활엽수림 중 어느 쪽이 더 효율적일까?
   단위 면적 당 잎의 면적 합계는 침엽수림이 활엽수림보다 많아 잎이나 가지에 맺혔다가 땅에 도달하지도 못하고 공중으로 증발되는 수관(水管)차단 현상이나 나무 안의 수분이 수증기가 되어 공기 중으로 나오는 증산(蒸散)에 의한 물 손실량은 침엽수림 51%, 활엽수림 38%로 침엽수림이 활엽수림보다 월등히 많다. 또한 침엽수림은 낙엽 분해 속도가 활엽수림보다 느려 **흙에 작은 구멍이나 빈틈이 생기는데** 상대적으로 **오랜 시일이 걸리고**, 바늘처럼 폭이 좁은 낙엽들은 빗방울 충격으로부터 흙의 성긴 틈새들을 잘 보호하지 못한다. 특히, 리기다 소나무 숲과 같은 침엽수림의 계곡이 건조한 것은 낙엽이 잘 분해되지 않는데다 잎에 함유돼 있는 '큐틴'이란 물질이 빗물의 땅속 침투를 방해하기 때문이다. 또한 잎이 나무에 달려 있는 기간을 보면 활엽수는 6개월에 불과하나 침엽수는 1년 내내 달려 있기 때문에 증산(蒸散) 손실량도 활엽수림보다 침엽수림이 훨씬 많아지게 된다. 따라서 녹색 댐 기능은 침엽수림보다 활엽수림이 높다.

※ 토양 → 흙
공극(孔隙) → 작은 구멍이나 빈틈.
장기간 → 오랜 시일
소요되다 → 걸리다

※ 비록 정확하게 찾아내 위에서 제시한 대체어로 바꿔주지 못해도 큰 상관은 없습니다. 어차피 중요한 사실은 피해야 할 단어들이 무엇인지 인식하며 하나씩 찾아 고쳐나가려고 하는 노력이니까요. 그런 의미에서 피해야 할 단어들은 피해야 하는 버릇을 기르는 것이 가장 중요합니다.

2   자동차를 별 탈 없이 오랫동안 잘 몰려면 먼저 자동차의 핵심 장치들을 이해하는 것이 중요하다. 예를 들어, 속도를 조절하는 변속 장치인 트랜스미션(transmission)은 엔진의 동력을 잠시 끊어주거나 이어주는 장치인 클러치(clutch)의 조작 여부에 따라 **수동**과 **자동**이 있지만, 요즘에는 **자동**이 대세를 이루고 있는 실정이다. 복잡한 대도시에서 자동차로 출퇴근을 하게 되면 도심 정체로 잦은 서행(徐行)을 피할 수 없기에 변속할 필요가 없는 **자동**이 훨씬 편하기 때문이다. 더불어, 기술이 향상되면서 과거와 달리 기어 변속 시 발생하는 **소음**과 진동도 거의 없어 **자동** 트랜스미션 대세론은 더욱 힘을 얻고 있다.

한편, **길 위**/노면에서 발생하는 충격을 흡수하는 현가장치(懸架裝置)인 서스펜션(suspension)은 타이어를 **길 위**/노면에 확실하게 **붙이는** 기능도 지니고 있다. 따라서 이 장치는 탑승자의 승차감과 차량의 조종성 및 안전성에 큰 영향을 미친다. 더불어, 조향장치(操向裝置)인 스티어링 시스템은 기술의 진보와 더불어 조향 바퀴 자체를 **움직이게 하는** 전륜 구동 방식을 일반 승용차에 채택하는 경우가 대부분이다.

이와 함께, **뒷거울**과 **옆거울**은 옆과 뒤에 사람 또는 차량 등이 있는지를 알려주는 장치들로, 있으면 모르지만 없어지면 엄청난 불편을 초래하는 것들이다. 하지만, 이러한 모든 장치들도 **운전대**가 없으면 말짱 헛것일 터. 실제로 **운전대** 없이 자동차를 **모는/운전**하는 것은 본 적도 들은 적도 없다.

※ 일상생활에서 대화를 통해 영어를 사용하는 것은 별 문제가 없다 하더라도 한글로 고쳐 표현할 수 있는 단어들을 글에서도 그대로 쓴다는 것은 분명 문제가 있다. 그런 의미에서, '스틱,' '오토,' '노이즈,' '백미러,' '사이드미러,' '핸들,' '드라이브' 등과 같은 '영어'와 '노면,' '접지,' '구동' 등과 같은 한자어는 한글로 바꾸도록 하자.

해 답

3 "지방세 자동이체 신청 제도란 한 번의 신청만으로 수납은행을 직접 방문하지 않고 납기말일에 본인이 지정한 계좌에서 세금이 자동으로 **빠져나가도록** 하는 편리한 제도입니다. 또한 납세고지서를 **받지 못하거나** 반송되는 **바람에** 납기 내 세금을 **내지 못해** 가산금을 다시 부담하는 사례를 줄일 수 있어 납세자의 부담도 덜어 드릴 수 있는 매우 편리한 시책입니다. 이와 함께 거동이 불편한 부모님이 세금 납부를 위해 수납 기관을 직접 방문해야 하는 불편을 최소화하고, 효 실천을 통한 부모님과 자식 간의 따뜻한 사랑으로 화목하고도 단란한 가정을 만들기 위한 일환으로, 고향에 계신 부모님의 지방세를 ~~출향(出鄕)~~한 자녀가 자동이체를 통해 대신 내는 '고향부모 세금 대신 납부하기 운동'을 추진하고 있음을 알려드리오니 적극적인 참여를 부탁 드립니다."

※ 용어가 어려운데다 반복적으로 사용되고 있어 되풀이를 방지하는 차원에서라도 몇몇 표현들을 쉬운 우리말로 바꿀 필요가 있는 글이다. 이에 따라, 인출, 미수령, 납부, 재차와 같은 용어들은 얼마든지 표현을 달리할 수 있다. 더불어, '출향'이라는 단어의 경우는 사전에도 나와있지 않는데다 앞에서 이미 '고향에 계신 부모님'이라는 표현이 있어 삭제해도 별 무리가 없다. 하지만, 수납은행, 납기말일 등과 같은 용어는 필자 개인의 힘만으로는 바꿀 수 없는 전문용어들이다.

해 답

5. 필요 없는 '본야스키'＊의 경호

잘못된 단어 배치는 왜곡된 뜻 부를 수 있어
'꾸미는 말'과 '꾸밈 받는 말'은 바로 붙여 써야

"서른 살의 아들을 둔 어머니입니다."

얼마 전, 어느 라디오 프로그램에서 흘러나온 청취자의 사연(事緣)은 이렇게 시작됐다. 그런데, 웬걸. 라디오에 귀를 기울이던 필자는 이야기가 진행됨에 따라 뭔가 앞뒤가 맞지 않음을 느끼기 시작했다. "한시라도 짬을 낼 수 없다.", "하루 종일 집에서 라디오만 듣는다"는 등 무슨 사연을 이야기하는 것인지 도무지 이해가 되지 않았다. 결국, 뒤에 가서야 아들은 두 살배기였고 사연을 보낸 당사자의 나이가 서른이었던 것으로 밝혀졌다. 처음부터 "아들을 둔 서른 살의 어머니입니다"라고 운＊(云)을 뗐더라면 오해의 소지가 훨씬 줄어들었을 텐데 단어 순서가 잘못되는 바람에 애꿎은 청취자만 헛갈렸던 셈이다.

별것 아닌 것 같지만, 자칫 소홀히 할 경우 읽는 이에게 혼동과 당혹감을 불러일으키는 것. 바로, 수식어구의 위치이다. 사실, 잘못 배치된 수식어구는 오히려 독자가 글쓴이에게 상황을 물어야 하는 황당함을 야기하는 대상이다.

＊**본야스키** 이종(異種)격투기 K-1의 前 챔피언.
＊**운(云)** 이를 '운.'

그럼에도 불구하고, 어느 정도 글을 쓴다는 사람들의 문장에서 그러한 현상이 한두 개씩은 꼭 발생하는 것을 보면, 분명 만만찮은 대상임에 틀림없다. 실제로 잘못된 수식어구의 배치는 비단 글뿐만이 아니라 우리의 대화에서도 넘쳐나고 있다. 이유는 강조에 해당하는 꾸밈말을 먼저 내뱉은 후, 꾸밈 받는 말을 다른 수식어와 함께 나중에 내놓는 언어적 습관 때문이다. 예를 들어, 필자가 똥 밟을 뻔한 상황을 주변에 이야기할 때 '큰일날 뻔했다는 상황을 강조하기 위해 "하마터면"이라는 부사어를 먼저 내뱉고 나서 "학교 오는데 똥 밟을 뻔했어"라고 말하는 것과 같은 이치다. 따라서, 이 같은 구어체적 습관이 종이로 전이*(轉移)되는 것을 바로잡기 위해서는 먼저 잘못된 문장을 발견하는 능력부터 고양*(高揚)해야 한다. 역시 어느 일간지에 실렸던 또 다른 예.

  '본야스키'는 영화에서 대단한 무술 실력을 지닌 악당 두목의 경호원 역할을 맡았다.

이쯤에서 눈치 빠른 독자들은 무엇이 잘못됐는지를 잡아낼 수 있을 것이다. 글짱으로 인정받는 기자들도 종종 이런 실수를 한다. 그렇다면 어디가 문제일까? .다음의 답을 보자.

  '본야스키'는 영화에서 악당 두목의 경호원으로 대단한 무술 실력을 지닌 역할을 맡았다.

첫 번째 예제에서 독자들은 자칫, 악당 두목이 대단한 무술 실력을 지닌 것으로 오해할 수 있다. 물론, 진실은 글쓴이만이 알 것이다. 악당 두목의 무술 실력이 대단할 수도 있으며, '본야스키'는 단지 권총이나 단검 같은 무기를

---

*전이(轉移) 자리나 위치 따위를 다른 곳으로 옮김. 구를 '전'(轉), 옮길 '이'(移)
*고양(高揚) 높이 쳐들어 올림. 높을 '고'(高), 날릴 '양'(揚)

다루는 데 익숙할 수도 있다. 하지만 이종격투기 챔피언까지 지닌 '본야스키'가 살상(殺傷) 무기를 가지고 장난을 칠 성싶지는 않다. 어쨌든 영화를 접하지 않은 독자들의 오해를 불러일으킬 불씨를 남기고 있는 것은 분명하다. 마지막으로 한 가지만 더. 아래의 문장에서 독자들의 오해를 불러일으킬 만한 부분을 찾아 미연(未然)에 방지하도록 바로잡아 보기 바란다. (정답은 87쪽에)

필리핀의 수도 메트로 마닐라는 태국처럼 생긴 필리핀의 루손 섬 중앙부에 자리 잡고 있다.

참 고 문 헌

임재춘 (2004). 「한국의 이공계는 글쓰기가 두렵다」. 마이넌.
배상복 (2005). 「문장기술」. 랜덤하우스중앙.
배상복 (2007). 「일반인을 위한 글쓰기 정석」. 경향미디어.
윤지현 (2007.11.6). 모유 수유를 가로막는 고정 관념들. 세계일보. 30면.

연습문제

가. 단문연습

■ 다음의 문장들은 모두 수식어(형용사나 부사)나 수식어구를 잘못 배치함으로써, 글맛이 깔끔하지 못하거나 내용면에서 독자의 오해를 불러일으킬 소지가 있습니다. 찾아서 위치를 바로잡아 의미가 좀더 명확한 문장으로 만들어 보기 바랍니다.

1. 루이 16세를 처형했던 로베스피에르는 격정적인 프랑스 혁명기의 인물이었다.
2. 곧잘 모순 어법에서는 앞뒤가 맞지 않는 표현들을 연이어 쓴다.
3. 겨울이 지나야 봄이 오는 것은 당연한 자연의 이치다.
4. 그는 비열한 정권욕에 눈이 먼 정치인이었다.
5. 자신이 꽤 글을 못 쓴다고 자학*(自虐)하는 사람들이 있다.
    *자학(自虐): 스스로를 학대함.
6. 한 달의 시간을 준 후, 다시 평가했지만 전혀 달라진 것이라고는 없었다.
7. 아직도 대학 정문의 육중한 문고리를 잡던 당시의 느낌과 감동이 생생하다.
8. "글의 흐름을 해치지 않는 범위 내에서 최대한 문장 길이를 줄여 보세요."
9. 우연히 지하도에 '통로 암거 이용'이라는 표현이 쓰여 있는 것을 본 적이 있다.
10. 구두쇠에게 있어 고생하며 쉽사리 번 돈을 쓰기란 결코 녹록지 않다.
11. 유일한 만화의 단점이라면 남자주인공이 극단적인 응석받이라는 것이다.
12. 하도 나열된 정보가 많아 말하고자 하는 바가 무엇인지 헷갈리는 문장이다.
13. 성난 부족의 여성들을 달래느라 아껴 두었던 액세서리를 선물할 수밖에 없

었다.
14 '꼭 빌딩에 우산을 털고 들어오세요.'
15 100년 후에도 여전히 자동차는 최고의 운송 수단으로 각광받을 것이다.
16 꼼꼼히 마무리를 신경 쓰지 않고 대충대충 하는 바람에 문제가 생겼다.
17 냉철한 족장(族長)의 판단으로 모두 위험에서 벗어날 수 있었다.
18 A그룹은 국내 기업 중 가장 예술을 사랑한다는 이미지를 갖고 있다.
19 도전 정신은 어느덧 사회인이 되고 보니 온데간데없어져 버렸습니다.
20 '반드시 기계는 끈 후에 퇴실(退室)하기 바랍니다.'
21 그동안 제품 개발에 쏟은 열정은 호의적인 판매업체들의 반응으로 돌아왔다.
22 저자는 시청률 지상주의를 주요한 상업 방송의 패악*(悖惡)으로 지적하고 있다.
    *패악(悖惡): 사람으로서 마땅히 하여야 할 도리에 어그러지고 흉악함.
23 아이들의 눈높이에 맞춰 설명하지 못한 잘못을 대신 필자가 지불한 적이 있다.
24 마을에서 최참판 댁을 아무도 어렵지 않게 생각한 이는 없었다.
25 거들먹거리던 사장의 막내아들이 어제 회사에 와서 직원들에게 행패를 부렸다.
26 한때, 첫 월급으로 직장인이 된 자식이 부모님께 드리는 선물이 빨간 내복이었다.
27 자주 TV를 틀다 보면 여기저기에 등장하는 겹치기 연예인들을 종종 만나게 된다.
28 영화를 보고 난 후, 오히려 누가 범인인지 머릿속이 혼란스러워졌다.
29 현대인들에게 있어 멋진 패션모델의 몸매는 그야말로 선망의 대상이다.
30 시간은 얼마든지 마음먹기에 따라 통제될 수 있는 법이다.

연습문제

나. 중문연습

■ 다음은 수식어구의 위치가 잘못 배치돼 있어 글맛이 깔끔하지 못한 경우들입니다. 더욱 자연스럽게 읽히도록 잘못 배치된 수식어구를 찾아 위치를 바로잡아 보기 바랍니다.

1 그때까지만 해도 조소*(彫塑)에 대한 관련 지식이 전무(全無)했던 까닭에, 찰흙을 잔뜩 사다가 적당히 뭉개기만 하면 쉽사리 30cm짜리 반신상을 완성할 줄 알았다.

    *조소(彫塑): 재료를 깎고 새기거나 빚어서 입체 형상을 만듦. 새길 '조'(彫), 흙을 이겨서 물건의 형체를 만들 '소'(塑).

2 그런 그가 인터넷에서 무선통신클럽을 처음 개설한 것은 지난 1998년. 당시만 해도 인터넷상에서는 거의 무선통신 동아리가 없던 시절이었다.

3 "여러 홍보물과 영화 작품에 선배와 지인들의 소개로 대학교 2학년 때부터 스턴트맨, 조연 등으로 참여할 수 있었습니다."

4 당시, 그 교수는 졸업 논문 수업을 맡고 있었는데, 학생들이 논문을 소화해 내기에 매우 버거워한다는 사실을 접하곤 좀더 학생들에게 신축적인 기회를 주기로 마음먹었다고 한다.

5 읽는 이의 수준과 취향 등을 고려해야 하기에, 먼저 어떤 책을 읽을 것인가를 놓고 전문가들 사이에서도 조금씩 양서(良書)를 고르는 선정기준이 다를 수밖에 없다.

6 요즘 젊은이들은 영화를 보기 위해 영화관을 찾아가거나 비디오방, 비디오가게 등을 방문하기보다 컴퓨터상의 P2P 프로그램을 이용해 직접 집에서 인터넷으로 보고 싶은 영화를 다운받아 감상하고 있는 실정이다.

7 연구 당사자는 내용과 논문 방향을 잘 알고 있겠지만 독자들(특히 필자처럼 이 분야에 대해 잘 모르는 사람들)을 위해서라도 가급적 새로운 용어나 연구 핵심 용어는 그 뜻을 상세하게 풀어 주었으면 합니다.

8 여기에 재치 있는 보조 출연자의 입담과 화려한 무대 의상까지 곁들여져, 나날이 프로그램에 대한 시청률은 높아져 가고 있는 실정이다.

9 그로부터 30년 뒤, 주인공은 명절을 맞이해 고향에 내려가다 기차역에서 수갑을 찬 엄석대와 마주치게 된다.

10 잘못하면 공도동망*(共倒同亡)할 수 있는 인류의 미래를 좀더 독자들에게 강하게 전달하려다 보니 암울하고 비극적인 그림이 나올 수밖에 없다.
   *공도동망 (共倒同亡): 함께 넘어지고 같이 망함.

11 꿈과 희망, 눈물과 감동, 안타까움과 설레임으로 끊임없이 독자 자신의 감성을 키워주는 문학은 분명, 독서라는 신체의 '가슴'에 해당한다 볼 수 있다.

다. 장문 연습

■ 뒤의 문단에서 잘못 배치된 수식어구를 바로잡아 보거나 쉼표를 이용해 그 뜻을 보다 명확히 해보기 바랍니다. 괄호 안의 숫자는 위치를 바꿔야 하는 단어들의 수임.

연습문제

1   사람은 가까운 말들을 함께 묶어서 이해하려는 속성을 지니고 있다. 하느님이 아닌 이상, 인지(認知) 역량에 한계가 있기에 문장 전체를 파악하는 능력이 떨어질 수밖에 없는 까닭에서다. 해서 가급적 꾸며주는 말과 꾸밈을 받는 말 사이의 거리는 가까워야 한다. 서로 간의 거리가 짧을수록, 글에서 전달하고자 하는 뜻은 보다 명료해지며, 독자와 작가 간의 거리 역시 가까워지게 마련이다. 하지만, 결코 이러한 작업이 말처럼 쉬운 것은 아니다. 앞서 누누이 강조했지만, 좋은 글을 지니기 위해 챙겨야 할 것들이 한두 개가 아니기 때문이다. 우선, 문장 하나하나 안에서 주-술-목적어 호응을 매끄럽게 이루는 것도 만만찮고, 문장 길이를 짧게 줄여 쓰는 것도 녹록하지 않다. 반복 어구를 자제해야 함은 물론, 귀찮은 독자의 유추를 강요하는 글도 지양(止揚)해야 한다. 그러한 가운데 오해의 소지를 줄이고 더욱 글을 매끄럽게 하기 위한 수식어구의 배치까지 신경 써야 하니, '차라리 안 쓰고 말지'라는 자포자기(自暴自棄)의 분노가 치솟는 것이 어찌 보면 당연하다 하겠다. (4)

2   애니메이션 감독 '쿠로다 요시오'가 1975년 내놓은 영화 '플란더스의 개'는 역대 애니메이션 사상 최고의 라스트 씬으로 더욱 유명하다. '미야자키 하야오'와 함께 저패니메이션*의 양대 산맥을 이루었던 요시오는 당시, 수준 낮은 어린이용 오락물로 치부*(置簿)되던 애니메이션에 대한 세간(世間)의 인식을 송두리째 '라스트 씬' 하나로 바꿔 놓은 장본인이었다.

  간단히 영화 줄거리를 소개하자면, 일찍부터 주인공 '네로'는 부모를 여의고 할아버지와 함께 우유 배달을 하며 어렵사리 살아가는 명랑 소년이다. 그런 그는 동네 유지와 마을 사람들로부터 온갖 구박을 받지만, 언제나 그림 그리기를 좋아하는 착하디 착한 주인공이다. 영화의 마지막 장면은 할아버지마저 돌아가신 후, 세 들어 살던 집에서 나가달라는 집주인의 성화로 애완견 '파트라슈'와 차디찬 눈보라를 뚫고 마을 성당으로 향하는 데서부터 시작된다. 결국, 추위를 견디지 못한 채 '파트라슈'를 부둥켜 안으며 그토록 동경하던 화가 루벤스의 그림 앞에 누웠던 네로는 새벽 무렵, 하늘로 천

사들의 배웅을 받으며 '파트라슈'와 함께 오르는 것으로 영화는 끝난다. (3)
  *저패니메이션: 저팬 애니메이션(Japan Animation)의 준말. 일본 만화 영화를 일컫는 대명사로 쓰이고 있다.
  *치부(置簿): 마음 속으로 그러하다고 보거나 여김.

3 "아가씨, 아기가 젖만 갖다 대면 자지러지게 울어요." 늦둥이 둘째를 낳고 산후조리원에 있던 새언니가 전화기 속에서 흐느끼고 있었다. 새로 태어난 조카가 '유두혼란' 상태를 보인다는 것이었다. '유두혼란'이란 신생아가 엄마 젖꼭지보다 인공 젖꼭지를 선호해서 엄마 젖을 거부하는 현상인데, 갓 태어난 아기가 흔히 빨기 쉬운 엄마 젖보다 분유에 익숙해진 경우에 일어난다. 분유를 먼저 먹었어도 엄마 젖을 잘 빠는 아기들이 있긴 하지만, 열심히 빨아대야 나오는 엄마 젖과 달리 병을 기울이기만 해도 분유가 뚝뚝 떨어지는 인공 젖꼭지를 맛본 신생아들은 열이면 아홉은 모유 수유를 거부하게 마련이다.
  사실, 처음부터 엄마 젖은 젖병의 분유처럼 펑펑 쏟아지지 않는다. 아기가 빨아대는 자극에 반응하며 몸의 구조가 변화하는 데에는 일정 기간의 시간이 필요하다. 하지만 20~30년 전, 젖을 먹여 본 친정어머니와 시어머니에게는 그러한 기억이 온데간데없고 조금만 눌러줘도 물총처럼 젖을 쏟아내던 향수(鄕愁)만이 남아 있을 뿐이다. 때문에, 젖이 눈물방울만큼 맺히는 딸과 며느리의 유방이 비정상이라는 굳건한 믿음 아래, 산모가 우유병을 집어들도록 무언, 유언으로 강요한다. 더욱이, 요즘에는 산후 조리원에서조차 모유 수유를 권장한다는 광고문구와 달리 밤중에 우는 신생아를 달래기 위해 분유 수유를 유도하는 경우가 많아, 엄마 젖으로 크는 아이들이 줄어들고 있다. 새언니의 경우도 예외는 아니어서 산후 초기 적은 양의 젖으로 고군분투하던 당시, 조리사들로부터 여러 번 핀잔을 들어야 했다. 결국 둘째 조카는 '유두혼란'을 겪었고, 그로부터 며칠 후 새언니는 모유 수유를 포기하고 말았다. (2)

윤지현, '모유 수유를 가로막는 고정 관념들,' 〈세계일보〉 30면.

해답

가. 단문연습

1 루이 16세를 처형했던 로베스피에르는 프랑스 혁명기의 **격정적인** 인물이었다.
　※ '프랑스 혁명기'가 격정적인지, '로베스피에르'라는 인물이 격정적인지 헷갈리는 글이다. 일반적으로 혁명기라는 표현에 '격정적'이라는 낱말을 사용하지 않는다는 것을 고려해 볼 때, 수식어구를 인물 앞에 배치하는 것이 자연스럽다.

2 모순 어법에서는 앞뒤가 맞지 않는 표현들을 **곧잘** 연이어 쓴다.
　※ 꾸밈말과 꾸밈을 받는 말 사이의 거리는 가까울수록 좋다. 그런 의미에서 '곧잘'과 '연이어'가 붙어 있는 것이 읽히기에 훨씬 부드럽다.

3 겨울이 지나야 봄이 오는 것은 자연의 **당연한** 이치다.
　※ 2번 참조.

4 그는 정권욕에 눈이 먼 **비열한** 정치인이었다.
　※ 정권욕이 비열한지, 사람이 비열한지 헷갈리는 글이다. 문맥상, 사람이 비열하다는 뜻으로 수식어구를 배치하는 것이 자연스럽다.

5 자신이 글을 못 쓴다고 자학(自虐)하는 사람들이 **꽤** 있다.
　※ 자신이 글을 꽤 못 쓴다는 건지, 자신이 글을 못 쓴다는 사람들이 꽤 많은 건지, 헷갈리는 글이다. 하지만, 관용적으로 볼 때 글을 꽤 못 쓴다는 말은 어색하기에 후자가 훨씬 부드러워 보인다.

6 한 달의 시간을 준 후, 다시 평가했지만 달라진 것이라고는 **전혀** 없었다.
　※ '전혀'가 '없었다'를 수식하기에 어감(語感)은 분명히 위의 것이 나아 보인다.

7 대학 정문의 육중한 문고리를 잡던 당시의 느낌과 감동이 **아직도** 생생하다.
　※ 역시 '생생하다'라는 단어를 수식하는 '아직도'가 뒤로 가는 것이 부드럽다.

8 "글의 흐름을 해치지 않는 범위 내에서 문장 길이를 **최대한** 줄여 보세요."
　※ '최대한'의 대상은 '줄이는 것'이다.

9 지하도에 '통로 암거 이용'이라는 표현이 쓰여 있는 것을 **우연히** 본 적이 있다.
   ※ 우연히 본 것이 중요하다. 만일 '우연히'를 맨 앞에 쓰고자 한다면, '우연히'라는 단어 뒤에 쉼표를 써 줘야 한다.
      예) 우연히, 지하도에 '통로 암거 이용'이라는 표현이 쓰여 있는 것을 본 적이 있다.

10 구두쇠에게 있어 고생하며 번 돈을 쉽사리 쓰기란 결코 녹록지 않다.
   ※ '고생하며 쉽사리 번 돈'이라는 의미가 모순적이다. 글의 흐름상, 고생하며 번 돈을 쉽사리 쓰기가 쉽지 않다는 것을 알 수 있다. .

11 만화의 **유일한** 단점이라면 남자주인공이 극단적인 응석받이라는 것이다.
   ※ '유일한 만화의~'라는 표현 자체가 어색한 글이다.

12 나열된 정보가 **하도** 많아 말하고자 하는 바가 무엇인지 헷갈리는 문장이다.
   ※ '많아'를 꾸미는 말은 부사, '하도'다. 당연히 '하도'를 '많아' 앞에 배치해야 한다.

13 부족의 **성난** 여성들을 달래느라 아껴 두었던 액세서리를 선물할 수밖에 없었다.
   ※ 성난 주체가 '부족'인지, 여성인지 헷갈리는 글이다. 액세서리를 선물한다는 문맥으로 볼 때, 성난 주체는 여성이므로 수식어구의 위치를 바꿔주는 것이 옳다.

14 '빌딩에 우산을 꼭 털고 들어오세요'
   ※ '빌딩에 꼭 우산을 털고 들어오세요'도 나쁘지는 않으나, 반드시 털어야 한다는 상황을 고려해 볼 때, 위의 글이 나아 보인다.

15 100년 후에도 자동차는 **여전히** 최고의 운송 수단으로 각광받을 것이다.
   ※ 여러 조합이 있을 수 있으나, '여전히'가 꾸미는 말은 '최고의 운송 수단'이 가장 무난하다.

16 마무리를 **꼼꼼히** 신경 쓰지 않고 대충대충 하는 바람에 문제가 생겼다.
   ※ '꼼꼼히'와 '신경 쓰지 않고'는 붙어 있어야 자연스럽다.

17 족장(族長)의 **냉철한** 판단으로 모두 위험에서 벗어날 수 있었다.
   ※ 족장이 냉철한지 판단이 냉철한지 확실치 않은 글이다. 문맥상, 판단이 냉철했다는 것을 알 수 있다.

18 A그룹은 국내 기업 중 예술을 **가장** 사랑한다는 이미지를 갖고 있다.
   ※ '가장 예술을 사랑한다'는 말은 없다. '예술을 가장 사랑한다'는 말은 있다.

19 도전 정신은 사회인이 되고 보니 **어느덧** 온데간데없어져 버렸습니다.
   ※ '어느덧 없어져 버렸습니다'가 자연스럽기에 '온데간데' 바로 앞에 '어느덧'

해 답

을 배치하는 것이 좋다.

20 '기계는 반드시 끈 후에 퇴실(退室)하기 바랍니다.'
　　※ 14번 참조.

21 그동안 제품 개발에 쏟은 열정은 판매업체들의 호의적인 반응으로 돌아왔다.
　　※ 판매업체들이 호의적인지, 반응이 호의적인지 확실치 않지만, 글의 흐름상 반응이 좋았다고 써야 자연스럽다.

22 저자는 시청률 지상주의를 상업 방송의 **주요한** 패악(悖惡)으로 지적하고 있다. .
　　※ '주요한 상업방송'이라는 말은 없다.

23 아이들의 눈높이에 맞춰 설명하지 못한 잘못을 필자가 대신 지불한 적이 있다.
　　※ '대신'은 '지불' 앞에 놓여야 한다.

24 마을에서 최참판 댁을 어렵지 않게 생각한 이는 **아무도** 없었다.
　　※ '아무도'는 상태를 나타내는 '없었다' 앞에 놓여야 한다.

25 사장의 **거들먹거리던** 막내아들이 어제 회사에 와서 직원들에게 행패를 부렸다.
　　※ 거들먹거리는 사람이 사장인지, 막내아들인지가 불분명한 글이지만, '어제 회사에 왔다'는 글의 내용으로 보아 건방진 사람이 막내아들이라는 점을 유추해 볼 수 있다.

26 한때, 직장인이 된 자식이 **첫 월급으로** 부모님께 드리는 선물이 빨간 내복이었다.
　　※ '첫 월급으로 직장인이 된'이라는 문장은 어색하다. 마땅히 순서를 바꿔줘야 한다.

27 TV를 **자주** 틀다 보면 여기저기에 등장하는 겹치기 연예인들을 종종 만나게 된다.
　　※ '자주'가 수식하는 단어는 TV가 아니라 '틀다 보면'이다.

28 영화를 보고 난 후, 누가 범인인지 머릿속이 **오히려** 혼란스러워졌다.
　　※ '오히려 머릿속이 혼란스러워졌다'도 나쁘지는 않지만 위의 글이 더욱 나아 보인다.

29 현대인들에게 있어 패션모델의 **멋진** 몸매는 그야말로 선망의 대상이다.
　　※ 패션모델이 멋진 것인지, 몸매가 멋진 것인지 확실치 않지만, 문맥상 '멋진'의 위치가 몸매 앞에 가는 것이 자연스럽다.

30 시간은 마음먹기에 따라 **얼마든지** 통제될 수 있는 법이다.
　　※ '얼마든지 통제할 수 있다'는 사실이 중요한 것이다.

나. 중문연습

1 그때까지만 해도 조소(彫塑)에 대한 관련 지식이 전무(全無)했던 까닭에, 찰흙을 잔뜩 사다가 적당히 뭉개기만 하면 30cm짜리 반신상을 쉽사리 완성할 줄 알았다.
   ※ '쉽사리 완성할 줄 알았다'고 착각한 것이 이 글의 핵심이다. 마땅히 '쉽사리'의 위치를 바꿔줘야 한다.

2 그런 그가 인터넷에서 무선통신클럽을 처음 개설한 것은 지난 1998년. 당시만 해도 인터넷상에서는 무선통신 동아리가 거의 없던 시절이었다.
   ※ '거의 없던 시절'이라는 문구가 더욱 자연스러운 글이다. 연습문제 '가'의 24번 참조.

3 "선배와 지인들의 소개로 대학교 2학년 때부터 여러 홍보물과 영화 작품에 스턴트맨, 조연 등으로 참여할 수 있었습니다."
   ※ 여러 조합이 가능한 글이나 같은 내용끼리 묶어주는 것이 낫다는 의미에서 홍보물과 영화 작품에 어떻게 참여할 수 있었는지를 함께 엮어주는 것이 자연스러운 문장이다.

4 당시, 그 교수는 졸업 논문 수업을 맡고 있었는데, 학생들이 논문을 소화해 내기에 매우 버거워한다는 사실을 접하곤 학생들에게 좀더 신축적인 기회를 주기로 마음먹었다고 한다.
   ※ '좀더 학생들에게' 보다 '좀더 신축적인'이 글 흐름상 부드럽다.

5 읽는 이의 수준과 취향 등을 고려해야 하기에, 먼저 어떤 책을 (먼저) 읽을 것인가를 놓고 전문가들 사이에서도 양서(良書)를 고르는 선정기준이 조금씩 다를 수밖에 없다.
   ※ '먼저'는 '어떤 책을'의 앞과 뒤, 어느 곳에 배치해도 상관없다. 중요한 것은 '조금씩'이 '다를 수밖에 없다' 앞에 와야 한다는 것이다.

6 요즘 젊은이들은 영화를 보기 위해 영화관을 찾아가거나 비디오방, 비디오가게 등을 방문하기보다 컴퓨터상의 P2P 프로그램을 이용해 집에서 인터넷으로 보고 싶은 영화를 직접 다운받아 감상하고 있는 실정이다.
   ※ '직접'이라는 부사의 위치를 어디에 놓아야 하는가에 관한 문제다. 여러 대안들이 있겠지만, 필자가 보기에는 다운받는 행위를 강조하는 것이 가장 적절할 듯하다.

7 연구 당사자는 내용과 논문 방향을 잘 알고 있겠지만 독자들(특히 필자처럼 이 분야에 대해 잘 모르는 사람들)을 위해서라도 새로운 용어나 연구 핵심 용어는 가급적 그 뜻을 (가급적) 상세하게 풀어 주었으면 합니다.
   ※ '가급적'이 '그 뜻을'의 앞과 뒤, 어느 곳에 배치돼도 상관없다.

8 여기에 재치 있는 보조 출연자의 입담과 화려한 무대 의상까지 곁들여져, 프로그램에 대

한 시청률은 **나날이** 높아져 가고 있는 실정이다.

※ '나날이 높아져 간다'라는 말이 자연스러운 글이다.

9 그로부터 30년 뒤, 주인공은 명절을 맞이해 고향에 내려가다 수갑을 찬 엄석대와 기차역에서 마주치게 된다.

※ 잘못하면 엄석대라는 인물이 기차역에서 수갑을 찬 것으로 오해할 소지가 있는 문장이다. 글의 흐름으로 보건대 이미 수갑이 채워진 상태에서 엄석대가 기차역으로 연행되었을 가능성이 높다.

10 잘못하면 공도동망(共倒同亡)할 수 있는 인류의 미래를 독자들에게 좀더 강하게 전달하려다 보니 암울하고 비극적인 그림이 나올 수밖에 없다.

※ '좀더'는 또 다른 부사, '강하게'를 수식하는 부사이다.

11 꿈과 희망, 눈물과 감동, 안타까움과 설레임으로 독자 자신의 감성을 **끊임없이** 키워주는 문학은 분명, 독서라는 신체의 '가슴'에 해당한다 볼 수 있다.

※ 원래 문장도 나쁘지는 않지만, 위의 글이 어감과 운율 등을 고려해 볼 때 좀더 낫다.

다. 장문연습

1 사람은 가까운 말들을 함께 묶어서 이해하려는 속성을 지니고 있다. 하느님이 아닌 이상, 인지(認知) 역량에 한계가 있기에 문장 전체를 파악하는 능력이 떨어질 수밖에 없는 까닭에서다. 해서 꾸며주는 말과 꾸밈을 받는 말 사이의 거리는 <u>가급적</u> 가까워야 한다. 서로 간의 거리가 짧을수록, 글에서 전달하고자 하는 뜻은 보다 명료해지며, 독자와 작가 간의 거리 역시 가까워지게 마련이다. 하지만, 이러한 작업이 <u>결코</u> 말처럼 쉬운 것은 아니다. 앞서 누누이 강조했지만, 좋은 글을 지니기 위해 챙겨야 할 것들이 한두 개가 아니기 때문이다. 우선, 문장 하나하나 안에서 주어-목적어-술어 호응을 매끄럽게 이루는 것도 만만찮고, 문장 길이를 짧게 줄여 쓰는 것도 녹록하지 않다. 반복 어구를 자제해야 함은 물론, 독자의 <u>귀찮은</u> 유추를 강요하는 글도 지양(止揚)해야 한다. 그러한 가운데 오해의 소지를 줄이고 글을 <u>더욱</u> 매끄럽게 하기 위한 수식어구의 배치까지 신경 써야 하니, '차라리 안 쓰고 말지'라는 자포자기(自暴自棄)의 분노가 치솟는 것이 어찌 보면 당연하다 하겠다.

※ '가급적'은 '가까워야 한다'와, '더욱'은 '매끄럽게'와 붙여 써야 한다. '결코'의 경우는 '말처럼' 뒤에 배치해도 좋고, '귀찮은'은 '유추를'의 앞 또는 뒤에 배치해도 괜찮다.

2 애니메이션 감독 '쿠로다 요시오'가 1975년 내놓은 영화 '플란더스의 개'는 역대 애니메이션 사상 최고의 라스트 씬으로 더욱 유명하다. '미야자키 하야오'와 함께 저패니메이션의 양대 산맥을 이루었던 요시오는 당시, 수준 낮은 어린이용 오락물로 치부(置簿)되던 애니메이션에 대한 세간(世間)의 인식을 '라스트 씬' 하나로 **송두리째** 바꿔 놓은 장본인이었다.

 간단히 영화 줄거리를 소개하자면, 주인공 '네로'는 **일찍부터** 부모를 여의고 할아버지와 함께 우유 배달을 하며 어렵사리 살아가는 명랑 소년이다. 그런 그는 동네 유지와 마을 사람들로부터 온갖 구박을 받지만, 언제나 그림 그리기를 좋아하는 착하디 착한 주인공이다. 영화의 마지막 장면은 할아버지마저 돌아가신 후, 세 들어 살던 집에서 나가달라는 집주인의 성화로 애완견 '파트라슈'와 차디찬 눈보라를 뚫고 마을 성당으로 향하는 데서부터 시작된다. 결국, 추위를 견디지 못한 채 '파트라슈'를 부둥켜 안으며 그토록 동경하던 화가 루벤스의 그림 앞에 누웠던 네로는 새벽 무렵, 천사들의 배웅을 받으며 '파트라슈'와 함께 **하늘로** 오르는 것으로 영화는 끝난다.

 ※ '송두리째'는 '바꿔 놓은' 앞에, '하늘로'는 '오르는' 앞에 놓여 있어야 문장이 자연스럽다. 이와 함께, '일찍부터'는 '부모를'의 앞과 뒤 어느 곳에 있어도 상관없지만, 어감상 '부모를'의 앞에 놓는 것이 훨씬 자연스러워 보인다.

3 "아가씨, 아기가 젖만 갖다 대면 자지러지게 울어요." 늦둥이 둘째를 낳고 산후조리원에 있던 새언니가 전화기 속에서 흐느끼고 있었다. 새로 태어난 조카가 '유두혼란' 상태를 보인다는 것이었다. '유두혼란'이란 신생아가 엄마 젖꼭지보다 인공 젖꼭지를 선호해서 엄마 젖을 거부하는 현상인데, 갓 태어난 아기가 빨기 쉬운 엄마 젖보다 분유에 익숙해진 경우에 **흔히** 일어난다. 분유를 먼저 먹었어도 엄마 젖을 잘 빠는 아기들이 있긴 하지만, 열심히 빨아대야 나오는 엄마 젖과 달리 병을 기울이기만 해도 분유가 뚝뚝 떨어지는 인공 젖꼭지를 맛본 신생아들은 열이면 아홉은 모유 수유를 거부하게 마련이다.

 사실, 엄마 젖은 **처음부터** 젖병의 분유처럼 펑펑 쏟아지지 않는다. 아기가 빨아대는 자극에 반응하며 몸의 구조가 변화하는 데에는 일정 기간의 시간이 필요하다. 하지만 20~30년 전, 젖을 먹여 본 친정어머니와 시어머니에게는 그러한 기억이 온데간데없고 조금만 눌러줘도 물총처럼 젖을 쏟아내던 향수(鄕愁)만이 남아 있을 뿐이다. 때문에, 젖이 눈물방울만큼 맺히는 딸과 며느리의 유방이 비정상이라는 굳건한 믿음 아래, 산모가 우유병을 집어 들도록 무언, 유언으로 강요한다. 더욱이, 요즘에는 산후 조리원에서조차 모유 수유를 권장한다는 광고문구와 달리 밤중에 우는 신생아를 달래기 위해 분유 수유를 유도하는 경우가 많아, 엄마 젖으로 크는 아이들이 줄어들고 있다. 새언니의 경우도 예외는 아니어서 산후 초기 적은 양의 젖으로 고군분투하던 당시, 조리사들로부터 여러 번 핀잔을 들어야 했다. 결국 둘째 조카는 '유두혼란'을 겪었고, 그로부터 며칠 후 새언니는 모유 수유를 포기하고 말았다.

※ '흔히'는 '일어난다'를 꾸미는 수식어다. 이와 함께, '처음부터'는 '젖병의' 앞에 놓는 것이 자연스럽다.

6 '유유상종의 법칙'

한자는 한자, 국어는 국어, 숫자는 숫자끼리
단위, 능동/수동, 존칭 등도 통일해서 써야

　지난 2007년, 비과학자 출신으로 '사이언스'*지에 논문을 발표해 화제가 됐던 최정규 경북대 교수는 '이타성'(利他性) 연구에 남다른 애정을 쏟고 있는 경제학자다. 미국 매사추세츠大 박사과정 시절부터 남을 돕는 행위에 관심을 기울였던 그는 다른 집단에 적대적인 인간이 소속 집단에 대해서는 이타적인 이유가 진화론적 관점에서 설명 가능하다는 논문으로 주목받아왔다. 그런 그가 최근, 자신의 저서, 「이타적 인간의 출현」을 통해, 남을 돕는 사람일수록 또 다른 유형의 이타적 인간을 만날 확률이 높다고 주장한 바 있다. 진화생물학, 인류학, 유전학, 사회심리학 등에서 좀처럼 설명하지 못하고 있는 이타적 인간의 존속(存續)이 사실은 그들 간의 계속적인 만남을 통해 이뤄지고 있다고 본 것이다.

　마찬가지로, 인간을 개별적인 존재로 인식하는 전통 사회학 이론과 달리, 집단을 중심으로 한 동양의 관계론적 시각에서 다루고 있는 '연결망' 이론 역시, 같은 속성을 가진 사람들은 끼리끼리 모이는 현상이 강하다고 설명하고

---

* '사이언스'　미국에서 발행되는 세계적인 과학학술전문지.

있다. 영어로는 호모필리(homophily), 사자성어(四字成語)로는 유유상종(類類相從)이라 부르는 현상이 그것이다. 재미있는 사실은 글에서도 '유유상종의 법칙'이 존재한다는 것이다. 다른 성질의 것들보다는 같은 성질의 것들끼리 모아 놓아야 글 모양도 살고 글 내용도 부드러워지는. 그렇다면 어떤 것이 글쓰기에서의 유유상종에 해당하는 것일까? 한글은 한글끼리, 한자는 한자끼리, 숫자는 숫자끼리 모아 놓아야 하는 것이 그 전형(典型)에 속한다. 다음을 보자.

>자재부의 朴대리는 올해 30살이다.
>2번째 의자가 내 것이다.
>신호가 청색불로 바뀌면 움직여도 좋다.

첫 번째 예제는 한자와 한글, '삼십'으로 읽히는 아라비아 숫자가 부적절하게 섞인 경우를 보여주고 있다. 마찬가지로, 두 번째 글에서는 '이'로 읽히는 아라비아 숫자가 '번째'라는 단어와 불협화음(不協和音)을 내며 공존(共存)하고 있다. 마지막으로, 세 번째 문장에서는 한자어 '청색'과 한글 '불'이 생경한* 결합을 이루고 있다. 무엇이 문제일까? 다음을 보면, 그 답이 나온다.

>자재부의 박대리는 올해 서른 살이다.
>두 번째 의자가 내 것이다.
>신호가 파란불/녹색등(으)로 바뀌면 움직여도 좋다.

이러한 '유유상종의 법칙'은 통일성을 띠어야 하는 모든 단어와 기호, 숫자 등을 대상으로 적용된다. 때문에, 능동은 능동끼리, 존칭은 존칭끼리 통일해야 함은 물론, 각종 수치와 단위까지 동일한 기준을 적용하는 것이 마땅하다.

---

*생경(生硬)하다 글의 표현이 세련되지 못하고 어설프다.

다음을 보자.

> A기업의 성공 요인으로 우수 인력 확보를 들 수 있지만, 막강한 자금력도 거론될 수 있다.
> 매출은 25.3%, 이익은 36.64%가 각각 증가했다.
> "실종된 줄 알았던 할아버지가 돌아오셨다."
> 97년에는 5억 원에 불과하던 매출액이 2000년에는 100억 원을 상회하기에 이르렀다.

그렇다면, 위의 글들은 유유상종의 법칙에 따라 어떻게 바꿔야 할까? (정답은 102쪽에)

|71쪽 정답|

필리핀 전체가 태국처럼 생겼다는 것인지, 루손 섬이 태국처럼 생겼다는 것인지가 분명치 않다. 이 문장은 "필리핀의 수도 메트로 마닐라는 (필리핀의) 태국처럼 생긴 루손 섬 거의 중앙부에 자리잡고 있다"로 고쳐야 명확하게 읽힐 수 있다. 물론, 어휘의 중복을 줄이기 위해 괄호 안을 삭제하면 더욱 좋고.

참 고 문 헌

김용학 (2004). 「사회 연결망 이론」. 박영사.
리처드 도킨스, 홍영남 (2000). 「이기적 유전자」. 을유출판사.
배상복 (2005). 「문장기술」. 랜덤하우스중앙.
오철우 (2007.10.26). "이타적 인간이 살아남은 이유 풀었죠." 동아일보, 29면.
최정규 (2004). 「이타적 인간의 출현」. 뿌리와이파리.

연습문제

가. 단문연습

■ 아래의 문장에서 '유유상종의 법칙'에 어긋나는 부분을 찾아 바로잡아 보기 바랍니다.

1 그로부터 강산이 3번 정도 바뀐 지금, 한국 사회는 엄청나게 변해 버렸다.
2 '300m 앞, 0.7km 길이 터널 있음. 전조등을 켜기 바랍니다.'
3 '본 제품은 얼리는 것은 물론, 해동시키는 기능까지 겸비한 신상품입니다.'
4 위에서부터 10번째 줄을 읽으면 해당 단어를 찾을 수 있습니다.
5 무게가 600g이라면 1백 그램짜리 추를 여섯 개 합친 무게이다.
6 한동안 추운 날씨가 지속되더니 이제는 온난한 걸 보면 봄은 봄인가 보다.
7 저는 부모님과 여동생 등 4식구가 있는 가정에서 태어났습니다.
8 1mm는 10분의 1 센티미터를 의미하는 길이의 단위이다.
9 아침에는 빵과 우유로 간단히 때웠지만, 중식으로는 프랑스 정식을 먹었다.
10 "일주일에 적게는 2번, 많게는 3번 정도 PC방에 갑니다."
11 자동차의 출력이 300마력이라면 말 3백 마리의 힘을 낼 수 있다는 것이다.
12 영화는 소설의 결말을 그대로 살렸지만 인물들의 묘사는 조금 다르게 각색됐다.
13 스페인이 '사회적 합의'를 바탕으로 6달 새 61만 명을 정규직화하는 데 성공했다.
14 태어나고 늙으며 병들어 죽는 것은 영고성쇠(榮枯盛衰)와 더불어 영원한 자연법칙이다.
15 너무 열심히 망치질을 하다가 힘 조절을 잘못하는 바람에 못이 구부러지고

말았다.
16 현재, 농촌에서는 10 가구당 1 가구 정도가 외국인을 배우자로 선택하고 있다.
17 "공개 모임을 하게 되면 좋은 점은 무엇이고 단점은 무엇이라는 거죠?"
18 서울 당구대회는 케이블 TV로 생중계 됐고, 주요 신문과 방송에서도 크게 다뤘다.
19 제작진이 그의 방송 복귀를 설득하는 데 무려 1달이 걸렸다는 후문(後聞)이다.
20 작가는 두 주인공의 만남과 사랑, 이별에 대한 이야기를 담담하게 전달하고 있다.
21 음의 높낮이가 일정해야 함은 물론, 장단도 통일성을 지녀야 제대로 된 음악이다.
22 "모두 합쳐서라면 모를까, 운동화만 10켤레라면 좀 많은 것 아니냐?"
23 "본 점은 7가지 종류에 모두 50개의 음식이 마련돼 있는 고기 뷔페입니다."
24 출시된 지 얼마 되지 않은 신제품은 값이 고가(高價)일 수밖에 없다.
25 21세기의 대한민국 인구는 대략 4500만에서 5천만 명 정도 될 것이다.
26 책을 읽으면 마음의 양식이 채워질 뿐만 아니라, 정신세계에 대해서도 눈을 뜰 수 있게 된다.

나. 중문연습

■ 아래의 문장에서 '유유상종의 법칙'에 어긋나는 부분을 찾아 바로잡아 보기 바랍니다.

1 천재가 아닌 이상, 짧은 시간 동안 머리 속에 담을 수 있는 정보의 수량에는 한계가 있기에 맥락이 다른 이야기들을 중구난방*(衆口難防)으로 만나게 되면 오히려 본질이 놓쳐질 가능성만 높아진다.
     *중구난방(衆口難防): 뭇사람의 말을 막기가 어렵다는 뜻으로, 막기 어려울 정도로 여럿이 마구 지껄임을 이르는 말.

연습문제

2 학교 앞에서의 과속 운전을 방지하기 위해 미국 펜실베니아주에서는 교통 법규상 시속 17km를 넘다가 적발되는 운전자에게는 최고 500달러의 벌금을 부과하며, 두 번 위반할 시에는 2달간 면허가 정지된다.

3 북한 유아의 성장 지연은 연령이 높아질수록 심화되는 양상을 보이는데, 4~5세 유아의 경우는 1/4 이상이 저(低)체중, 그리고 약 1/2이 저(低)신장인 것으로 평가되고 있어, 동일 연령대 유아의 성장지연비율이 3~10%인 한국과 심각한 차이를 보이고 있다.

4 인체를 원활하게 움직이기 위해서는 무려 206개의 뼈가 필요하지만, 좋은 글을 위한 뼈대는 들머리, 펼치기, 마무리 등 3개면 충분하다.

5 우승을 하기 위한 첫 번째 조건은 전술 훈련이 모든 구성원들에게 익숙해지는 것이며, 두 번째로는 훈련장을 언제고 사용 가능하도록 개방하는 것이다.

6 한국 기술진에 의해 이번에 개발된 달나라 탐험 로케트는 높이와 길이, 부피와 중량 등 모든 면에서 기존의 로케트보다 적게는 30%에서 많게는 100%에 이를 정도로 그 수치가 늘어났다.

7 흔히, "가위 바위 보, 3판으로 승부 짓자"고 해 놓으면, 3번 먼저 이기는 것을 뜻하는 것인지, 3판 양승제를 뜻하는 것인지 분명히 하지 않아 나중에 꼭 문제가 발생하곤 한다.

8 중국 경기의 활황에 영향받아 B사의 생산량 역시 대폭적으로 증가하면서, 작년에 비해 판매량은 3배, 수익은 2배 정도가 각각 증가한 것으로 보고됐다.

9 이야기의 호흡이 긴 영화나 소설에서 독자와 시청자들은 인상적인 몇몇 장면과 더불어 이야기의 시작과 끝을 기억하는 경향이 강한데, 아무래도 출발점인 시작보다는 종착역인 끝에 대한 기억이 더욱 오래 가게 마련이다.

다. 장 문 연 습

■ 아래의 문장에서 유유상종의 법칙에 어긋나는 부분을 찾아 바로 잡아보기 바랍니다. 괄호 안의 숫자는 유유상종의 법칙에 어긋나는 단어들의 수임.

1   구직자들이 이력서 및 자기소개서를 작성할 경우, 가장 많이 하는 실수는 띄어쓰기와 맞춤법인 것으로 조사됐다. 취업포털 '스카우트'가 구직자 612명을 대상으로 지난 2005년 말, 이력서 실수에 관해 설문조사를 실시한 결과, 51%에 해당하는 3백12명이 띄어쓰기와 맞춤법을 틀린 적이 있다고 응답했다. 그 다음 순으로 ▲연수·경력기간 13.7% ▲사진 11.3% ▲지원기업명 9.3% ▲지원분야 8.3% ▲학점 6.48%인 것으로 나타났다. 문제는 신입 사원을 뽑는 입장에서 띄어쓰기와 맞춤법도 제대로 모르는 지원자들에게 그다지 관대하지 않다는 사실이다. 회사에서 띄어쓰기와 맞춤법에 대한 교육을 시킬 여유도 없는 데다 하나를 보면 10을 안다는 의미에서 아예 기회조차 주지 않기 때문이다. 그런 연유로 이력서만 보더라도 의외로 많은 것을 평가할 수 있다는 것이 기업들의 입장이다. (3)

2   20세기 후반의 미술가들 중에 가장 비싼 작품을 많이 남긴 이로는 미국의 잭슨 폴록을 들 수 있다. 종국*(終局)에는 알코올 중독으로 사망했던 그는 파티 석상에서 벽난로에 오줌을 싸는 등 평소에도 기행*(奇行)을 일삼아 많은 이들의 입방아에 오르내리곤 했다. 이러한 그의 행적에 대해, 그의 정신세계를 연구하고 있는 심리학자들은 시대적 배경과 함께 그의 가족력(歷)에 대해 주목하고 있다. 예를 들어, 지나치게 독단적이었던 그의 어머니는 잭슨 폴록의 어린 시절에서부터 사춘기를 거쳐, 장년기에 이르기까지 지속적으로 그의 인격 형성에 영향을 미쳤다는 것이다. 이와 함께, 뉴욕이라는 대도시에서 충동적이고 공격적인 그의 성격을 완화시켜 줄 친구들을 두루 사귀지 못한 것도 그의 기행을 설명하는 다른 원인으로 꼽히고 있다. (1)

　　*종국(終局): 마지막 판.

연습문제

*기행(奇行): 기이한 행동.

3 벌써 몇 해 전의 일이다. 대입 수시 2차 시험에 면접관으로 참여한 적이 있다. 필자가 몸담고 있는 언론정보학부의 입학 경쟁률이 높았던 까닭에 지원자들과 하루 종일 씨름할 각오로 면접을 시작했다. 학교 당국에서 전달받은 출제 봉투를 뜯어 보니, 여러 문항 가운데 "18, 19세기 세계의 역사적인 사건을 말해 보시오"라는 질문이 눈에 띄었다. 그날 아침 9시 30분부터 저녁 5시 30분까지 식사 시간 1시간 30분을 제외한 6시간 30분 동안 얼굴을 마주 대한 학생은 모두 72명. 놀랍게도 해동갑하도록* 정답을 맞춘 학생은 1명밖에 없었다. 그러나 정작 더 큰 놀라움은 응시자들과의 대화에서 나타났다. 고등학교 교육에서 '국사'와 '세계사'가 더 이상 필수 과목이 아닌 선택 과목에 불과하다는 사실이었다. 인문계의 경우, 6과목(법, 사회, 한국지리, 세계지리 포함) 가운데 3개를 골라야 하는데 외울 것이 많고 고리타분한 국사와 세계사는 매력적인 선택 대상이 아니라는 사실도 더불어 알게 됐다. (참고: 관행적으로 시간은 아라비아 숫자로 표기하기에 그 부분은 그냥 놓아두기 바람.) (3)

*해동갑하다: 일을 하거나 길을 감에 있어 해가 질때까지 계속하다.

해답

가. 단문연습

1. 그로부터 강산이 **세** 번 정도 바뀐 지금, 한국 사회는 엄청나게 변해 버렸다.
   ※ 읽히는 대로 아라비아 숫자를 한글로 바꿔줘야 함.

2. '300m 앞, **700m** 길이 터널 있음. 전조등을 켜기 바랍니다.' 또는
   '**0.3**km 앞, 0.7km 길이 터널 있음. 전조등을 켜기 바랍니다.'
   ※ 길이에 대한 숫자의 표기 방법을 통일해 줘야 함.

3. '본 제품은 **냉동**은 물론, 해동시키는 기능까지 겸비한 신상품입니다.' 또는
   '본 제품은 얼리는 것은 물론, **녹이는** 기능까지 겸비한 신상품입니다.'
   ※ 한자는 한자끼리, 우리말은 우리말끼리 어울리도록 맞춰주는 것이 필요하다.

4. 위에서부터 열 번째 줄을 읽으면 해당 단어를 찾을 수 있습니다.
   ※ 읽히는 대로 아라비아 숫자를 한글로 바꿔줘야 함.

5. 무게가 600g이라면 **100g**짜리 추를 여섯 개 합친 무게이다. 또는
   무게가 6**백**g이라면 1백**g**짜리 추를 여섯 개 합친 무게이다.
   ※ 숫자 표기 방법 및 단위 표기 방법을 통일해야 한다.

6. 한동안 추운 날씨가 지속되더니 이제는 **따뜻**한 걸 보면 봄은 봄인가 보다.
   ※ 한글은 한글끼리 맞춰주는 것이 자연스럽다.

7. 저는 부모님과 여동생 등 **네** 식구가 있는 가정에서 태어났습니다.
   ※ 읽히는 대로 아라비아 숫자를 한글로 바꿔줘야 함.

8. 1mm는 10분의 1cm를 의미하는 길이의 단위이다. (O) 또는
   1 미리미터는 10분의 1 센티미터를 의미하는 길이의 단위이다. (△)
   ※ 단위 표기 방법을 통일해야 한다.

9. 아침에는 빵과 우유로 간단히 때웠지만, **점심**으로는 프랑스 정식을 먹었다.
   ※ 한글은 한글끼리 맞춰주는 것이 자연스럽다.

10. "일주일에 적게는 **두** 번, 많게는 **세** 번 정도 PC방에 갑니다."

※ 읽히는 대로 아라비아 숫자를 한글로 바꿔줘야 함. PC방은 딱히 대체어가 없음.

11　자동차의 출력이 300마력이라면 말 **300마리**의 힘을 낼 수 있다는 것이다. 또는
　　자동차의 출력이 3백 마력이라면 말 3백 마리의 힘을 낼 수 있다는 것이다.
　　　※ 단위 표기 방법을 통일해야 한다.

12　영화는 소설의 결말을 그대로 살렸지만 인물들의 묘사는 조금 다르게 각색했다.
　　　※ 능동은 능동끼리 어울릴 수 있도록 뒷부분의 피동형을 능동형으로 바꿔줘야 함.

13　스페인이 '사회적 합의'를 바탕으로 **여섯** 달 새 61만 명을 정규직화하는 데 성공했다.
　　　※ 소리 나는 대로 아라비아 숫자를 한글로 바꿔줘야 함.

14　**생노병사**(生老病死)는 영고성쇠(榮枯盛衰)와 더불어 영원한 자연법칙이다.
　　　※ 사자성어(四字成語)는 사자성어(四字成語)끼리 어울리도록 맞춰주는 것이 필요하다.

15　너무 열심히 망치질을 하다가 힘 조절을 잘못하는 바람에 **못을 구부러뜨리고** 말았다.
　　　※ 능동은 능동끼리 어울릴 수 있도록 뒷부분의 피동형을 능동형으로 바꿔줘야 함.

16　현재, 농촌에서는 **열** 가구당 **한** 가구 정도가 외국인을 배우자로 선택하고 있다.
　　　※ 읽히는 대로 아라비아 숫자를 한글로 바꿔줘야 함.

17　"공개 모임을 하게 되면 좋은 점은 무엇이고 **나쁜** 점은 무엇이라는 거죠?" 또는
　　"공개 모임을 하게 되면 **장점**은 무엇이고 단점은 무엇이라는 거죠?"
　　　※ 한자는 한자끼리, 우리말을 우리말끼리 어울리도록 맞춰주는 것이 필요하다.

18　서울 당구대회는 케이블 TV로 생중계 됐고, 주요 신문과 방송에서도 크게 **다뤄졌다**.
　　　※ 피동은 피동끼리 어울릴 수 있도록 뒷부분의 능동을 피동형으로 바꿔줘야 함.

19　제작진이 그의 방송 복귀를 설득하는 데 무려 **한** 달이 걸렸다는 후문(後聞)이다.
　　　※ 읽히는 대로 아라비아 숫자를 한글로 바꿔줘야 함.

20　작가는 두 주인공의 만남과 사랑, **헤어짐**에 대한 이야기를 담담하게 전달하고 있다.
　　　※ 순수 국어는 순수 국어끼리 맞춰줘야 함.

21　음의 **고저**(高低)가 일정해야 함은 물론, 장단(長短)도 통일성을 지녀야 제대로 된 음악이다. 또는
　　음의 높낮이가 일정해야 함은 물론, **길고 짧음/길이**도 통일성을 지녀야 제대로 된 음악이다.

※ 한자는 한자끼리, 우리말은 우리말끼리 어울리도록 맞춰주는 것이 필요하다.

22 "모두 합쳐서라면 모를까, 운동화만 열 켤레라면 좀 많은 것 아니냐?"
※ 읽히는 대로 아라비아 숫자를 한글로 바꿔줘야 함.

23 "본 점은 일곱 가지 종류에 모두 50개의 음식이 마련돼 있는 고기 뷔페입니다."
※ 읽히는 대로 아라비아 숫자를 한글로 바꿔줘야 함.

24 출시된 지 얼마 되지 않은 신제품은 값이 높을/비쌀 수밖에 없다.
※ 순수 국어는 순수 국어끼리 맞춰줘야 함. 더욱이 값과 고가(高價)는 의미가 중복돼 있는 반복어구다.

25 21세기의 대한민국 인구는 대략 4500만에서 5000만 명 정도 될 것이다. 또는
21세기의 대한민국 인구는 대략 4천5백만에서 5천만 명 정도 될 것이다.
※ 숫자의 표기 방법을 통일해야 함.

26 책을 읽으면 마음의 양식을 채울 수 있을 뿐만 아니라, 정신세계에 대해서도 눈을 뜰 수 있다.
※ 능동은 능동끼리 어울릴 수 있도록 앞부분의 피동형을 능동형으로 바꿔줘야 함.

나. 중문연습

1 천재가 아닌 이상, 짧은 시간 동안 머리 속에 담을 수 있는 정보의 수량에는 한계가 있기에 맥락이 다른 이야기들을 중구난방(衆口難防)으로 만나게 되면 오히려 본질을 놓치게 될 가능성만 높아진다.
※ 능동은 능동끼리 어울릴 수 있도록 표현을 맞춰줘야 함.

2 학교 앞에서의 과속 운전을 방지하기 위해 미국 펜실베니아주에서는 교통 법규상 시속 17km를 넘다가 적발되는 운전자에게는 최고 500달러의 벌금을 부과하며, 두 번 위반할 시에는 두 달간 면허를 정지시킨다.
※ 읽히는 대로 아라비아 숫자를 한글로 바꿔줘야 함. 이와 함께, 능동은 능동끼리 맞춰줘야 한다.

3 북한 유아의 성장 지연은 연령이 높아질수록 심화되는 양상을 보이는데, 4~5세 유아의 경우는 25% 이상이 저(低)체중, 그리고 약 50%가 저(低)신장인 것으로 평가되고 있어, 동일 연령대 유아의 성장지연비율이 3~10%인 한국과 심각한 차이를 보이고 있다.
※ 비율 단위를 동등하게 맞춰줘야 한다.

4 인체를 원활하게 움직이기 위해서는 무려 206개의 뼈가 필요하지만, 좋은 글을 위한 뼈대는 들머리, 펼치기, 마무리 등 세 개면 충분하다.

※ 읽히는 대로 아라비아 숫자를 한글로 바꿔줘야 함.

5 우승을 하기 위한 첫 번째 조건은 전술 훈련이 모든 구성원들에게 익숙해지는 것이며, 두 번째로는 훈련장이 언제고 사용 가능하도록 개방되는 것이다. 또는
우승을 하기 위한 첫 번째 조건은 전술 훈련을 모든 구성원들에게 익숙해지도록 **하는** 것이며, 두 번째로는 훈련장을 언제고 사용 가능하도록 개방하는 것이다
※ 피동은 피동끼리, 능동은 능동끼리 어울릴 수 있도록 표현을 맞춰줘야 함.

6 한국 기술진에 의해 이번에 개발된 달나라 탐험 로케트는 높이와 길이, 부피와 **무게** 등 모든 면에서 기존의 로케트보다 적게는 30%에서 많게는 100%에 이를 정도로 그 수치가 늘어났다.
※ 단위 명칭을 순 우리말로 통일해서 맞춰줘야 한다.

7 흔히, "가위 바위 보, 세 판으로 승부 짓자"고 해 놓으면, 세 번 먼저 이기는 것을 뜻하는 것인지, 삼판 양승제를 뜻하는 것인지 분명히 하지 않아 나중에 꼭 문제가 발생하곤 한다.
※ 읽히는 대로 아라비아 숫자를 한글로 바꿔줘야 함. 이와 함께, 삼판 양승제의 경우에는 뒤의 '양승제'라는 한글 표현 때문인지, 관행적으로 '삼판'으로 표시함. 그와 같은 예로는 '삼대 가는 부자 없다.' '서당개 삼 년이면 풍월을 읊는다'와 같은 표현들을 들 수 있다.

8 중국 경기의 활황에 영향받아 B사의 생산량 역시 대폭적으로 증가하면서, 작년에 비해 판매량은 **세** 배, 수익은 **두** 배 정도가 각각 증가한 것으로 보고됐다.
※ 읽히는 대로 아라비아 숫자를 한글로 바꿔줘야 함.

9 이야기의 호흡이 긴 영화나 소설에서 독자와 시청자들은 인상적인 몇몇 장면과 더불어 이야기의 시작과 끝을 기억하는 경향이 강한데, 아무래도 출발점인 시작보다는 종착역인 끝에 대한 기억을 더욱 오래 **갖게/지니게** 마련이다.
※ 능동은 능동끼리 어울릴 수 있도록 표현을 맞춰줘야 함.

해 답

다. 장문연습

1   구직자들이 이력서 및 자기소개서를 작성할 경우, 가장 많이 하는 실수는 띄어쓰기와 맞춤법인 것으로 조사됐다. 취업포털 '스카우트'가 구직자 612명을 대상으로 지난 2005년 말, 이력서 실수에 관해 설문조사를 실시한 결과, 51%에 해당하는 <u>312명</u>이 띄어쓰기와 맞춤법을 틀린 적이 있다고 응답했다. 그 다음 순으로 ▲연수·경력기간 13.7% ▲사진 11.3% ▲지원 기업명 9.3% ▲지원분야 8.3% ▲학점 6.<u>5</u>%인 것으로 나타났다. 문제는 신입 사원을 뽑는 기업들이 띄어쓰기와 맞춤법도 제대로 모르는 지원자들에게 그다지 관대하지 않다는 사실이다. 회사에서 띄어쓰기와 맞춤법에 대한 교육을 시킬 여유도 없는 데다 하나를 보면 <u>열</u>을 안다는 의미에서 아예 기회조차 주지 않기 때문이다. 그런 연유로 이력서만 보더라도 의외로 많은 것을 평가할 수 있다는 것이 기업들의 입장이다.

   ※ 숫자에 대한 표기를 통일해 줘야 한다. 예전에는 신문사의 경우, 백 단위까지는 한글로 써 줬으나, 요즘에는 만 단위만 한글로 써주는 것이 대세다.
      예) 5만6천7백 명 → 5만6700명
   이와 함께, 소수점 단위를 통일하고, 아라비아 숫자는 소리 나는 한글로 대체해야 한다.

2   20세기 후반의 미술가들 중에 가장 비싼 작품을 많이 남긴 이로는 미국의 잭슨 폴록을 들 수 있다. 종국(終局)에는 알코올 중독으로 사망했던 그는 파티 석상에서 벽난로에 오줌을 싸는 등 평소에도 기행(奇行)을 일삼아 많은 이들의 입방아에 오르내리곤 했다. 이러한 그의 행적에 대해, 그의 정신세계를 연구하고 있는 심리학자들은 시대적 배경과 함께 그의 가족력(歷)에 대해 주목하고 있다. 예를 들어, 지나치게 독단적이었던 그의 어머니는 잭슨 폴록의 <u>유년기/유아기</u>에서부터 사춘기를 거쳐, 장년기에 이르기까지 지속적으로 그의 인격 형성에 영향을 미쳤다는 것이다. 이와 함께, 뉴욕이라는 대도시에서 충동적이고 공격적인 그의 성격을 완화시켜 줄 친구들을 두루 사귀지 못한 것도 그의 기행을 설명하는 다른 원인으로 꼽히고 있다.

   ※ 한자어는 한자어끼리 보조를 맞춰줘야 하는 경우이다. 개인적으로는 '유아기'보다 '유년기'를 선호한다. 유아기는 지나치게 어린 나이에만 한정돼 있는 느낌을 주기 때문이다. 2부 3장에서 배웠던 '열거 부등 문장'과도 일맥상통하는 사례다.

해 답

3 벌써 몇 해 전이다. 대입 수시 2차 시험에 면접관으로 참여했을 때의 일이다. 필자가 몸담고 있는 언론정보학부의 입학 경쟁률이 높았던 까닭에 지원자들과 하루 종일 씨름할 각오로 면접을 시작했다. 학교 당국에서 전달받은 시험 출제 봉투를 뜯어 보니, 여러 문항 가운데 "18, 19세기의 세계사를 말해 보시오"라는 질문이 눈에 띄었다. 그날 아침 9시 30분부터 저녁 5시 30분까지 식사 시간 1시간 30분을 제외한 6시간 30분 동안 얼굴을 마주 대한 학생은 모두 72명. 하지만, 놀랍게도 해동갑하도록 정답을 맞춘 학생은 단 **한** 명밖에 없었다. 그러나 정작 더 큰 놀라움은 응시자들과의 대화에서 나타났다. 고등학교 교육에서 '국사'와 '세계사'가 더 이상 필수 과목이 아닌 선택 과목에 불과하다는 사실이었다. 인문계의 경우, **여섯** 과목(법, 사회, 한국지리, 세계지리 포함) 가운데 **세** 개를 골라야 하는데 외울 것이 많고 고리타분한 국사와 세계사는 매력적인 선택 대상이 아니라는 사실도 더불어 알게 됐다.

※ 읽히는 대로 아라비아 숫자를 한글로 바꿔줘야 함.

'한자 이야기'

영어는 52%가 라틴어, 국어는 60%가 한자어라
뜻 모를 단어엔 어원 밝힐 한자 병기*(倂記)해야

    1945년, 서울역 창고에서 먼지를 뒤집어 쓴 국어 '큰 사전'을 발견한 것은 한글 창제 이후, 국문학계가 겪은 사상 최대의 사건이었다. 1919년 3·1 운동 이후, 사그라져 가는 민족 정기를 되살린다는 사명감으로 이극로, 최현배, 이희승 등 기라성 같은 국문학자들이 목숨을 걸다시피 해가며 어렵사리 만들어 나갔지만, 일제 말기의 어수선한 틈바구니 속에서 국어 '큰 사전'이 감쪽같이 사라졌기 때문이었다. 당시, 국어 '큰 사전'은 지금의 기준으로 봐도 입이 쩍 벌어지는 16만4123개의 어휘를 수록한 우리말의 결정체였다. 하지만, 더욱 중요한 사실은 십여 년간 보상 한 푼 받지 못한 채 오로지 애국심만으로 사전을 구축*(構築)해온 국문학자들의 노고(勞苦)가 물거품으로 사라지지 않았다는 것이었다.

    인상적인 점은 당시 발견된 국어 '큰 사전'의 어휘 가운데에서 한자어의 비중이 60%에 달했다는 것. 영어에서 라틴어*의 구성 비율이 52%에 이르는

---

*병기(倂記)   함께 나란히 적음.
*구축(構築)   체제, 체계 따위의 기초를 닦아 세움.
*라틴어(Latin)   인도·유럽 어족(語族)의 하나인 이탈리아 어파(語派)에 속하는 언어.
   그리스어와 함께 전문용어의 원천이 되었으며 아직도 로마 가톨릭 교회의 공용어로 쓰인다.

것을 감안해 볼 때, 우리말에서 한자어가 점유하고 있는 위상(位相)은 그 이상이었던 것이다. 그리고 보면, 국어가 등장하기 이전부터 1천년 이상 한민족의 기록 수단이자 의사소통 수단으로 사용된 한자는 형태만 다를 뿐, 이미 우리말의 또 다른 모습이었다. 해서, 제아무리 시대가 한글 전용으로 바뀌는 추세라지만 한자와 한자어에 대한 대접까지 소홀히 해서는 곤란하다는 것이 필자의 변(辯)이다. 따라서, 오늘의 주제는 갈수록 업시름* 받는 한자와 한자어도 경우에 따라서는 반드시 대접해 줘야 하는 경우에 대한 이야기다.

동양의 세 현자(賢者)가 가상적으로 한자리에 만나 대화를 나눈 「공자, 노자, 석가」라는 책이 있다. 일본의 석학*(碩學)으로 추앙받는 모로하시 데쓰지라는 대학자가 쓴 책으로, 설정에서부터 내용에 이르기까지 버릴 것이 하나도 없는 명저(名著) 중의 명저다. 하지만 필자가 이 책에 대한 소개를 처음 접했던 당시, '도서 소개란'에서는 「공자, 노자, 석가」를 쓴 백수 이야기'라고만 기술돼 있었다. 그러니 내용을 알 리 없는 필자로서는 지은이를 직업도 없는 백수(伯手)로 착각할 수밖에. 모로하시 데쓰지가 99세에 책을 썼다는 의미에서 백수*(白壽)로 칭했다는 사실은 훨씬 후에 책을 구입하고 나서야 알게 됐다. 한자(漢字)만 곁들여 주었어도 불필요한 오해는 피할 수 있었건만, 필요 이상으로 한자를 배제하다 발생한 촌극(寸劇)이었다고나 할까?

사실, 한자는 독(毒)이 있는 약초와 같아서 남용할 경우, 독자에게 치명상을 입힐 수도 있는 양날의 검이다. 그럼에도 불구하고, 애매모호하거나 조어(造語)한 단어의 경우, 뜻을 이해하도록 돕기 위해 적절히 써주는 경우에는 대단히 유용한 것 또한 사실이다. 예를 들어, "그녀는 성녀(性女)인가, 성녀(聖女)

---

*업시름 업신여기어 하는 구박.
*석학(碩學) 학식이 많고 깊은 사람. 앞의 한자는 클 '석'(碩)자임.
*백수(白壽) 99세를 일컫는 한자어. 일백 백(百) 자에서 한 일(一)의 1획을 뺀다는 의미에서 흰 백(白)자로 표기한다. 참고로, 한자 '팔'(八)과 '십'(十)자가 글 안에 포함돼 있기에 팔십을 의미한다는 의미에서 우산 '산'(傘) 자를 쓴 산수(傘壽)는 80세를, '팔'(八) + '십'(十) + '팔'(八)은 88을 의미한다는 뜻에서의 미수(米壽)는 88세를 일컫는 한자어들이다.

인가?"에서와 같이 동음이의어(同音異義語)에서 그 뜻을 분명히 하기 위해서는 한자를 곁들이는 것이 절대적으로 필요하다. 그렇다면, 어느 경우에 한자를 나란히 적어 주는 것이 좋을까? 두말할 필요 없이 독자의 오해를 살 우려가 있거나(앞에서 예시한 '백수'의 경우처럼) 일반인들이 생소해할 경우, 또는 지은이 자신이 조어(造語)한 경우가 그 예에 속한다. 일반인들에게 낯선 단어의 대표적인 예로는 사자성어(四字成語)를 꼽아 볼 수 있다. 예를 들어, 다음의 경우를 보자.

 중국에서는 의료 사고가 나도 병원은 오불관언이다.

 사자성어(四字成語)를 썼지만 한자를 병기(倂記)하지 않았기에 오불관언이란 성어를 모른다면 그야말로 우이독경인 셈이다. 그렇다면, 다음은?

 중국에서는 의료 사고가 나도 병원은 오불관언(吾不關焉)이다.

 비록 정확한 뜻은 모른다 해도 불관(不關)이란 한자어를 통해, 대충 "관계없다"고 시치미 떼는 상황을 짐작해 볼 수 있다. 더욱이 맨 앞에 '나 오'(吾)자가 있는 것을 보면, 맨 뒤의 '언'(焉)자에 대한 쓰임새는 정확히 몰라도, '나와는 관계없다'라는 정도로 90% 이상 그 의미를 유추해 볼 수 있다. 우리말 표기의 상당수가 여전히 한자에 바탕을 두고 있다는 사실을 인정한다면, 독자가 생소해할 한자 없는 한자어는 당연히 지양*(止揚)돼야 한다. 너무 많은 한자를 강제적으로 교육시킬 필요까지는 없다손 치더라도 최소한의 한자 교육이 필요한 까닭이 여기에 있다. 하지만, 한때 한자교육 폐지론을 앞세우며 한자 교과서를 고등학교 교육과정에서 없앤 어느 정치인 덕분에 많은 수의 학생

---

*지양(止揚) 더 높은 단계로 오르기 위하여 어떠한 것을 하지 아니함. 그칠 '지'(止), 날릴 '양'(揚).

들이 지금도 '공산주의'의 '공' 자가 '공'(共)자인지 '공'(公)자인지조차 모르고 있는 실정이다.

이쯤에서 필자가 좋아하는 상황 퀴즈 하나. 위의 글에서는 한자를 챙겨줘야 하는 단어가 하나 있다. 찾아보고 정답을 써보면서 자신의 한자 실력도 점검해보기 바란다. (정답은 120쪽에)

| 87쪽 정답 |

A기업의 성공 요인으로 우수 인력 확보를 들 수 있지만, 막강한 자금력도 거론**할** 수 있다. (능동 + 수동 → 능동 + 능동)

매출은 25.3%, 이익은 36.6%가 각각 증가했다.
(동일한 대상에 대해서는 소수점 단위 통일)

"실종된 줄 알았던 할아버지**께서** 돌아오셨다."
(비존칭 + 존칭 → 존칭 + 존칭)

1997년에는 5억 원에 불과하던 매출액이 2000년에는 100억 원을 상회하기에 이르렀다.(연도의 자릿수를 통일해야 함)

참 고 문 헌

김양수 (2007).「만화 한자 교과서」. 스콜라.
김종수 (2007. 11.22). 시티신문, 6면.
신영복 (2004).「강의」. 돌배게.
이광주 (2001).「아름다운 지상의 책 한 권」. 한길아트.
이기문 (1980).「당신의 우리말 실력은?」. 리더스 다이제스트.
이영섭 (2007.8.8). '어이없는 中 병원.' 한국일보, 2면.
장진한, 후타쓰기 고조 (2003).「글쓰기 잘라서 읽으면 단숨에 통달한다」. 행담.
최경봉 (2005).「우리말의 탄생」. 책과함께.

연습문제

가. 단문연습

■ 다음 문장 가운데 한자를 달아주어야 문맥의 뜻이 더욱 명확하게 전달되는 낱말을 찾아보기 바랍니다. 더불어, 옥편이나 국어사전을 통해 적절한 한자가 무엇인지를 파악한 후, 병기(倂記)해주기 바랍니다.

1. 공약이 되어가는 공약을 감시하는 것이 '메니페스토' 운동이다.
2. 화룡점정의 심정으로 그림을 그리는 화가의 몸가짐이라고나 할까?
3. 문장을 짧게 쓸수록 상대방에게 깊은 인상을 심어주는 파괴력은 배가된다.
4. 결빙시에는 현관 앞이 미끄러우니 주의하시기 바랍니다.
5. 그 문장은 전형적인 사족에 해당한다.
6. 그날 주인공은 미술관에서 하루 종일 예술품을 감상하는 안복을 누렸다.
7. 초로에 접어든 나이인지라 서서히 노안이 오기 시작했다.
8. 대형 사고는 천재보다 인재로 발생하는 경우가 대부분이다.
9. 그림을 그릴 때 수작을 부리지 않는 것이 수작을 만들어 내는 비법이다.
10. 낙화유수를 보고 있자니 세월이 덧없는 것 같아 눈시울이 뜨거워진다.
11. 커피는 생두를 어떤 식으로 볶느냐에 따라 가격과 맛에서 큰 차이가 난다.
12. 함부로 개작하면 오히려 글의 질만 떨어지니 부디 신중하게 고치기 바란다.
13. 독서의 기본으로 문·사·철을 두루 섭렵하라는 것이 글쓰기 고수들의 조언이다.
14. 때로는 촌철살인의 사자성어가 간편하기도 하다.
15. 부정을 저지른 자식을 용서하는 것이 진정한 부정일까?

연습문제

16 그 영화의 백미는 역시 맨 마지막 부분의 극적인 반전에 놓여 있다.
17 나노 기술을 이용해 실의 굵기를 최소화한 상품으로 '극세사'가 있다.
18 글 쓰는 작업은 자신의 생각을 '기술'하는 '기술'에 불과할 뿐이다.
19 "주군의 영을 거역하다니, 참말로 네 목숨이 몇 개인 줄 아느냐?"
20 말과 말씀의 차이는 곧 망언과 명언의 차이로 구분된다.
21 일본어는 한자마다 음독과 훈독이 다르기에 외워야 할 것들이 많다.
22 최종 후보 두 명 가운데 누구를 낙점할지 정말 난감한 상황이다.
23 주인공은 마지막 사자후를 토하더니 그 자리에 주저앉고 말았다.
24 마음 속에 떠오르는 단상을 그때그때 메모하는 습관을 들이도록 하자.
25 자신의 입장을 강변하기보다 상대방의 의견을 들어주는 것이 대화의 첫걸음이다.
26 두보와 이백은 각각 시성과 시선으로 불릴 만큼 뛰어난 시를 선보인 문인들이었다.
27 백문이 불여일견이라고 백 번 들어야 한 번 본 것만 못하다.
28 적어도 동남아시아에서는 한류가 반짝하고 사라지는 일시적인 현상이 아니다.

나. 중문연습

■ 다음 문장 가운데 한자를 달아주어야 문맥의 뜻이 더욱 명확하게 전달되는 낱말을 찾아보기 바랍니다. 더불어, 옥편이나 국어사전을 통해 적절한 한자가 무엇인지를 파악한 후, 병기(倂記)해주기 바랍니다.

1 한자어는 하나하나의 단어를 조어함으로써 자신이 원하는 개념을 만들거나 자신만의 단어를 창조해 낼 수 있다는 점에서 대단히 매력적이다.

2 삼대를 적선해야 남향집에 살 수 있다는 옛말이 있을 정도로 우리 조상들은 남쪽으로 창이 난 집을 얻는다는 것을 큰 행운으로 여겼다.

3 박지원의 「열하일기」는 뛰어난 관찰력, 방대한 지식, 배꼽을 잡게 하는 유머, 조선의 앞날에 대한 염려, 그리고 따스한 인간애가 잘 직조된 기행문이다.

4 인터넷 신문은 인쇄 신문의 뉴스를 온라인으로 고스란히 옮겨온 '연장지'와 독자적으로 뉴스를 취재, 온라인상에서 편집·운영하는 '대안지'로 구분할 수 있다.

5 어려서 집안이 몰락했던 루쉰*은 가정 형편이 여의치 않았기에 관비로 기술자 양성 학교에 들어갔고, 후에 열심히 공부한 덕분에 관비 유학생으로 도일할 수 있었다.
　　*루쉰: 20세기 초의 대표적인 중국 문학가 겸 사상가. '아큐정전'(阿Q正傳)이라는 소설로 유명하다.

6 만년필과 원고지가 글 세상에서 대접받던 시절만 하더라도 문장부호는 '원고지 한 칸당 1 부호 원칙'이라는 대접을 받을 정도로 '원님 덕에 나팔 부는' 호사를 누렸었다

7 컴퓨터 조판이 활성화되기 이전에는 글자 하나하나를 일일이 식자했기에 그 과정이 무척 힘들고 지루했을 뿐만 아니라, 오자와 탈자도 많이 발생했다.

8 좋은 글쓰기를 지향하기 위해 지양해야 할 대표적인 단어들로는 자신을 쉽게 드러내는 "나는~," "내 생각에는~," "나의~" 따위의 1인칭 낱말들을 들 수 있다.

9 소리가 비슷하지도 아니한 외래 지명의 대표적인 음역어*로는 홍콩을 뜻하는 향항, 오스트리아를 뜻하는 오지리, 로스앤젤레스를 의미하는 나성, 워싱턴을 의미하는 화성돈을 들 수 있다.
　　*음역어: 한자를 가지고 외국어의 음을 나타낸 말.

연습문제

10 한자어의 장점으로는 단어 앞에 단어를 추가함으로써 다양한 의미를 덧붙일 수 있다는 것을 꼽을 수 있으며, 대표적인 예로 이름 '명'자 앞에 여러 의미를 붙인 허명, 오명, 악명, 유명, 예명, 필명 등과 같은 단어들을 만들 수 있는 것이다.

11 19세기 말, 벽안의 선교사들이 한반도에 들어오면서 전도를 위해 한글을 익혀야 했다. 이에 따라, 그들은 국어를 쉽게 터득하기 위한 자신들만의 문법서가 필요했고, 한글이 글자 그대로 소리 나는 표음문자라는 데 착안해 띄어쓰기라는 새로운 규칙을 선보였다.

12 사자생은, 서민은 물론 적지 않은 귀족까지도 문맹자였던, 책이 금은보석처럼 희귀한 당시에는 극히 소중한 존재였다. 7, 8 세기 아일랜드에서 사자생 살해는 주교 시해와 동일시됐다. 그러나 사자생의 대다수는 고대 이집트의 '서기'들과 달리, 필사라는 '기술'을 지닌 일개 하급수도사에 지나지 않았다.
이광주,「아름다운 지상의 책 한 권」, 29쪽.

13 홍명희의「林巨正」(임꺽정)을 읽다 보면, 한자를 보지 않고서는 언뜻 이해가 되지 않는 고어들이 많이 나온다. 이를 테면, 미색은 아니어도 반반한 얼굴을 지닌 아낙이나 처녀를 일컬을 때 자주 사용되는 단어로 '추함은 면했다'는 의미의 면추가 있다.

다. 장 문 연 습

- 다음의 문장 가운데 한자를 달아주어야 문맥의 뜻이 더욱 명확하게 전달되는 낱말을 찾아 한자를 달아주기 바랍니다. 이를 위해서는 사전을 준비해 해당 낱말에 적절한 한자를 병기(倂記)해 적어주세요.

1 ……중국의 전통에 이러한 기록의 문화가 있다는 것도 매우 의미 있는 일이지만 이러한 기록이 보전되고 부단히 읽히는 것은 매우 드문 일입니다. 진시황이 천하를 통일하고 난 후에 서적을 불사르고 학자들을 매장하는 문화적 탄압, 이른바 분서경유를 하게 되지만 그는 무엇보다 천하 통일 사업의 일환으로 중국의 문자를 통일합니다. 이 문자의 통일은 엄청난 의미를 가집니다. 그것은 고대 문자와 고대 기록의 해독을 가능하게 한 것입니다. 우치우위(余秋雨)는 그의 '세계문명기행'에서 시저가 이집트를 점령하고 알렉산드리아에 있는 도서관과 '이집트사'를 포함한 장서 70만 권을 소각한 사실, 그리고 그로부터 400여년 후 로마 황제가 이교를 금지하면서 유일하게 고대 문자를 해독할 수 있었던 이집트 제사장들을 추방한 사실을 지적하고 있습니다. 한 사회의 고대 문자 해독 능력이 인멸된다는 것이 얼마나 엄청난 일인지를 이야기하고 있습니다. 그런 의미에서 중국사에 있어서 기록의 의미는 훨씬 더 커지는 것이라 할 수 있습니다. 몇천 년 전의 기록이 마치 며칠 전에 띄운 편지처럼 읽혀지고 있는 유일한 문명이라는 것이지요.

신영복, 「강의」, 69쪽.

2 한자어는 자칫 지루하고 단순해지기 쉬운 글에 생기를 불어넣는 활력소 역할을 하기도 한다. 이는 한글만 장황하게 나열된 글에 괄호와 함께 한자를 삽입함으로써 흑백만이 존재하는 단조로운 그림에 또 다른 색채를 가미하는 것으로 볼 수 있다. 그런 점에서, 진정한 글짱들은 독자들의 오해를 살 소지가 있거나 한자가 궁금한 낱말에 대해서는 친절하게 한자를 병기(倂記)해 주는 수고를 마다하지 않는다. 하지만, 과유불급이라고 언제나 그렇듯이 지나치면 모자람만 못한 법. 해서, 독자가 부담스러워하지 않을 정도로 적절하게 한자어를 달아주는 절제가 필요한 것 또한 사실이다. 필자의 경우에는 열 줄짜리 한 문단의 경우, 많아도 4~5개를 넘어가지 않는 범위 내에서 전달할 가치가 있는 한자 정보만 추리려고 노력하는 편이다.

연습문제

3 신입 직원들의 한자능력에 대한 기업들의 만족도가 100점 만점에 62점으로 D학점 수준에 불과한 것으로 조사됐다. 22일 전국경제인연합회가 국내 주요기업 350개(응답 292개)를 대상으로 조사한 결과에 따르면 신입 직원 채용 시 한자능력을 반영하는 기업은 전체 응답 기업의 20%(59개)였다. 특히 직원의 한자 읽기 능력에 대해 느끼는 만족도는 100점 만점에 66점이고, 쓰기 능력은 49점인 것으로 조사돼 직원의 한자쓰기 능력은 더욱 취약한 것으로 나타났다.

  직원 채용 시 한자능력을 반영하는 기업은 삼성, LG, SK, 현대중공업, 두산 등으로 이들 기업은 자격증 급수 및 한자시험 점수에 따라 가산점을 부여하고 있고, 금호, 아시아나 등은 자체적으로 한자시험을 실시해 직원 채용 시 적용하고 있는 것으로 파악됐다. 기업이 원하는 직원의 한자 능력 수준은 42%가 '3급 수준(약 2500자),' 26%가 '4급 수준(약 1500자)'인 것으로 나타났다. 이는 기업들이 직원들에게 높은 수준의 한자능력을 바라는 것이 아니라, 일상생활을 하는 데 어려움이 없고 의미를 정확히 파악할 수 있는 보통 이상의 수준을 원하는 것이라고 전경련은 분석했다. 전경련 관계자는 "한자자격증 취득 직원에 대한 기업의 만족도가 좋은 편이며 한국과 한자문화권의 교류가 증대되고 있어, 향후 자격증 취득자를 우대하는 기업이 더 증가할 것"이라고 말했다.

김종수, 〈시티신문〉 6면.

✏️ 해 답

가. 단문연습

1 공약(**空約**)이 되어가는 공약(**公約**)을 감시하는 것이 '메니페스토' 운동이다.

　※ 한자어를 이용한 동음이의어를 사용한 것이 이 글의 핵심이다. 당연히 한자를 병행해 제공해 줘야 한다. 앞의 '공약'은 빌 '공'(空)자를 쓴 '공약'이며, 뒤의 '공약'은 공공을 상대로 한 약속이란 의미에서의 '공약'이다.

2 화룡점정(**畵龍點睛**)의 심정으로 그림을 그리는 화가의 몸가짐이라고나 할까?

　※ 사자성어(四字成語)는 독자들의 호기심을 충족시켜주는 차원에서라도 한자를 제공해 주는 것이 좋다. 용 그림을 다 그린 후, 마지막으로 눈 안에 눈동자를 찍어 넣는다는 고사성어다.

3 문장을 짧게 쓸수록 상대방에게 깊은 인상을 심어주는 파괴력은 배가(**倍加**)된다.

　※ 띄어쓰기가 있으면 '두 배(倍)가˅된다'는 의미로 착각할 수 있는 문장이다. 확실히 한자를 챙겨줘야 오해의 소지를 줄일 수 있다. 참고로 '배가'(倍加)는 갑절 또는 몇 배로 늘어난다는 의미임.

4 결빙(**結氷**)시에는 현관 앞이 미끄러우니 주의하시기 바랍니다.

　※ 평소에 잘 쓰이지 않는 한자어이기에 사용하게 될 경우에는 한자를 병기(倂記)해주는 것이 좋다.

5 그 문장은 전형적인 사족(**蛇足**)에 해당한다.

　※ 유래가 있는 한자어는 그 어원에 속하는 한자를 병기해 주는 것이 예의다. 참고로, 사족(蛇足)은 뱀의 그림에 다리를 그려 넣는다는 뜻으로 쓸데없는 일을 의미하는 말이다. 이와 관련해서는 뱀을 빨리 그린 사람이 떡을 다 차지하기로 내기한 가운데 가장 먼저 뱀을 그린 사람이 장난 삼아 다리까지 그렸다가 다리가 있는 것은 뱀이 아니라는 이의 제기로 떡을 먹지 못하게 됐다는 이야기가 있다.

6 그날 주인공은 미술관에서 하루 종일 예술품을 감상하는 안복(**眼福**)을 누렸다.

　※ 한자어를 병기하지 않는다면 무슨 뜻인지 짐작하기 힘든 단어이다. 뜻을 풀이해 준다는 의미에서 마땅히 한자를 달아줘야 한다. 눈(眼)이 복을 누린다는 의

미로 '눈이 즐거운 상태'를 의미하는 말이다.

7 초로(初老)에 접어든 나이인지라 서서히 노안(老眼)이 오기 시작했다.
   ※ '초로'는 필자의 기사 쓰기 수업에서 11명 가운데 5명이 그 뜻을 몰랐던 단어이다. 만일 한자를 같이 제공해 주었더라면 대부분 전반적인 뜻은 이해하지 않았을까? 참고로, 초로(初老)란 40세를 달리 이르는 말이다. 이와 함께, 노안(老眼) 역시 눈이 침침해져서 안경을 써야 하는 현상을 일컫는 말이다.

8 대형 사고는 천재(天災)보다 인재(人災)로 발생하는 경우가 대부분이다.
   ※ 천재(天災)를 천재(天才)로 혼동하는 사람들은 없겠지만, 그래도 각운(脚韻)을 살린 단어의 배치인지라 한자를 병기해 주는 것이 보기에도 훨씬 편하다.

9 그림을 그릴 때 수작(酬酌)을 부리지 않는 것이 수작(秀作)을 만들어 내는 비법이다.
   ※ 매우 어려운 한자어가 사용됐다. 동음이의어를 사용한 의미를 살리기 위해서라도 어원을 밝혀줄 수 있는 한자를 병기해 주는 것이 필요하다. 참고로, 앞의 '수작'은 원래 '술잔을 주고받는다'는 의미이나 '말을 주고받는다'는 뜻으로 의미가 변해가고 있는 낱말이다.

10 낙화유수(落花流水)를 보고 있자니 세월이 덧없는 것 같아 눈시울이 뜨거워진다.
   ※ 사자성어(四字成語)는 독자들의 호기심을 충족시켜 주는 차원에서라도 한자를 제공해 주는 것이 좋다. 말 그대로 떨어지는 꽃잎과 흐르는 물을 뜻하는 한자어다. 2번의 정답 참조.

11 커피는 생두(生豆)를 어떤 식으로 볶느냐에 따라 가격과 맛에서 큰 차이가 난다.
   ※ 여느 독자들에게 생경할 수 있는 단어이기에 보다 명확하게 의미를 전달하기 위해서는 한자를 달아주는 것이 좋다. 말 그대로 어떤 가공 처리도 하지 않는 콩을 일컫는 단어다.

12 함부로 개작(改作)하면 오히려 글의 질만 떨어지니 부디 신중하게 고치기 바란다.
   ※ 말의 어감이 그다지 부드럽지 않지만 한자를 달아주면 글이 훨씬 부드럽게 읽힌다.

13 독서의 기본으로 문(文)·사(史)·철(哲)을 두루 섭렵하라는 것이 글쓰기 고수들의 조언이다.
   ※ 문(文)·사(史)·철(哲)이란 문학과 역사, 철학의 약자(略字)로 약어(略語)에는 한자를 달아주는 것이 절대적으로 필요하다.

14 때로는 촌철살인(寸鐵殺人)의 사자성어(四字成語)가 간편하기도 하다.
   ※ 2번과 10번 참조. 참고로 촌철살인(寸鐵殺人)이란 한 치에 불과한 쇠붙이로도 사람을 죽일 수 있다는 뜻으로, 정곡을 찌르는 표현을 일컫는 말이다.

15 부정(不正)을 저지른 자식을 용서하는 것이 진정한 부정(父情)일까?

※ 동음이의어를 이용한 문장이다. 글의 문맥상, '잘못을 저지른 자식을 용서하는 것이 아버지의 정인가?'라는 내용을 짐작할 수 있다. 1번 참조.

16 그 영화의 백미(白眉)는 역시 맨 마지막 부분의 극적인 반전(反轉)에 놓여 있다.
※ 유래가 있는 한자어는 그 어원에 속하는 한자를 병기해 주는 것이 예의다. 이와 함께, 마지막의 반전이라는 한자어도 한자를 병기해 주는 것이 좋다. 5번 참조.

17 나노 기술을 이용해 실의 굵기를 최소화한 상품으로 '극세사'(極細絲)가 있다.
※ 한자어를 병기해 줌으로써 상품의 이름에 대한 어원을 이해하는 데 도움을 줄 수 있다. 한자어를 안다면 그 어원을 짐작하는 것 역시 어렵지는 않을 것이다. 다할 '극'(極), 가늘 '세'(細), 실 '사'(絲).

18 글 쓰는 작업은 자신의 생각을 '기술'(記述)하는 '기술'(技術)에 불과할 뿐이다.
※ 한자어를 이용한 동음이의어를 사용한 것이 이 글의 핵심이다. 당연히 한자를 병행해 제공해 줘야 한다. 참고로 앞의 '기술'(記述)은 적어 나감을, 뒤의 '기술'(技術)은 테크닉을 의미하는 한자어임. 1번, 15번 참조.

19 "주군(主君)의 영(令)을 거역하다니, 참말로 네 목숨이 몇 개인 줄 아느냐?"
※ 보다 명확하게 문장의 의미를 전달하기 위해 한자를 제공해 주는 것이 좋다.

20 말과 말씀의 차이는 곧 망언(妄言)과 명언(名言)의 차이로 구분된다.
※ 한자어의 각운을 살린 단어를 이용한 문장이기에 한자를 병기해 주는 것이 좋다.

21 일본어는 한자마다 음독(音讀)과 훈독(訓讀)이 다르기에 외워야 할 것들이 많다.
※ 음을 읽는 것이 '음독'(音讀)이며, 뜻을 읽는 것이 '훈독'(訓讀)이다. 20번 참조.

22 최종 후보 두 명 가운데 누구를 낙점(落點)할지 정말 난감한 상황이다.
※ 어원이 있는 한자어이다. 낙점의 의미는 1장, '글은 요리다'의 3쪽을 참조할 것.

23 주인공은 마지막 사자후(獅子吼)를 토하더니 그 자리에 주저앉고 말았다.
※ 인도에서 불교와 함께 전래된 표현으로 글자 그대로 사자(lion)가 부르짖는 소리를 일컬음. 단어의 의미를 명확히 전달하기 위한 한자어 제시가 필요하다.

24 마음 속에 떠오르는 단상(斷想)을 그때그때 메모하는 습관을 들이도록 하자.
※ '단상'이란 단어가 낯선 독자들을 위해 한자를 제공해 주는 배려가 필요하다. '단상'이란 한자어가 암시하는 대로 '단편적인 생각'을 일컫는 낱말임.

25 자신의 입장을 강변(强辯)하기보다 상대방의 의견을 들어주는 것이 대화의 첫걸음이다.

해 답

※ '강변'이란 단어가 낯선 독자들을 위해 한자를 제공해 주는 배려가 필요하다. 한자어대로 강하게 설명한다는 뜻.

26 두보(杜甫)와 이백(李白)은 각각 시성(詩聖)과 시선(詩仙)으로 불릴 만큼 뛰어난 시를 선보인 문인들이었다.
※ 한자어를 쓰는 중국이나 일본의 위인, 인물들을 소개할 경우, 한자를 병기해 주는 배려가 필요하다. 마찬가지로 시성과 시선이 의미하는 바를 정확히 전달하기 위해 한자로 풀이해 주는 것이 필요하다.

27 백문(百聞)이 불여일견(不如一見)이라고 백 번 들어야 한 번 본 것만 못하다.
※ 사자성어(四字成語)가 됐든 속담이 됐든 한자어를 이용한 금언(金言)이나 격언(格言)은 한자를 밝혀주는 것이 좋다.

27 적어도 동남아시아에서는 한류(韓流)가 반짝하고 사라지는 일시적인 현상이 아니다.
※ 어원이 있는 신조어(新造語)는 한자를 밝혀주는 것이 좋다.

나. 중문연습

1 한자어는 하나하나의 단어를 조어(造語)함으로써 자신이 원하는 개념을 만들거나 자신만의 단어를 창조해 낼 수 있다는 점에서 대단히 매력적이다.
※ 한글만을 썼을 경우, 생경하게 들릴 수 있기에 '조어'에 한자어를 병기(倂記)해 주는 것이 좋다.

2 삼대(三代)를 적선(積善)해야 남향(南向)집에 살 수 있다는 옛말이 있을 정도로 우리 조상들은 남쪽으로 창이 난 집을 얻는다는 것을 큰 행운으로 여겼다.
※ 한글만을 썼을 경우, 무슨 뜻인지 짐작조차 하기 힘든 문장이 될 수 있다. 마땅히 의미하는 바를 확실히 전달하기 위해 한자를 곁들여 줘야 한다.

3 박지원의 「열하일기」(熱河日記)는 뛰어난 관찰력, 방대한 지식, 배꼽을 잡게 하는 유머, 조선의 앞날에 대한 염려, 그리고 따스한 인간애가 잘 직조(織造)된 기행문이다.
※ 한문 도서의 경우, 읽기 어려울 수도 있으나 도서의 원문에 대한 정보를 제공해 주는 것이 좋다. 이와 함께, 역시 일상적으로 잘 쓰이지 않는 '직조'에 대해서도 한자어를 병기해 주어야 읽는 이들이 그 의미를 쉽게 알아챌 수 있다. 참고로, '직조(織造)'란 기계나 베틀 따위로 피륙을 짜는 일을 말한다.

4 인터넷 신문은 인쇄 신문의 뉴스를 온라인으로 고스란히 옮겨온 '연장지'(延長紙)와 독자적으로 뉴스를 취재, 온라인상에서 편집·운영하는 '대안지'(代案紙)로 구분할 수 있다.
※ 필자가 어느 논문을 읽으면서 처음 접했던 '연장지'와 '대안지'라는 단어들

은 한자가 제공되지 않아 의미를 막연하게 유추해 볼 수밖에 없었다. 그런 점에서, 논문 작성자는 분명히 독자를 고려하지 못한 글쓰기를 제공했던 셈이다. 모르긴 해도, 문맥상 오프라인의 내용을 온라인으로 연장한다는 의미의 연장지(延長紙)와, 다른 안으로서의 대안지(代案紙)가 맞지 않을는지.

5 어려서 집안이 몰락했던 루쉰(魯迅)은 가정 형편이 여의치 않았기에 관비(官費)로 기술자 양성 학교에 들어갔고, 후에 열심히 공부한 덕분에 관비(官費) 유학생으로 도일(渡日)할 수 있었다.
　※ 한자어를 쓰는 중국이나 일본의 위인, 인물들을 소개할 경우, 한글 발음과는 상관없이 한자어를 병기해 주는 것이 좋다. 이와 함께, '관의 노비'를 뜻하는 관비(官婢)로 착각할 수도 있는 '관비'는 오해의 소지를 줄이기 위해 한자어를 같이 챙겨줘야 한다. 마지막으로 도미, 도일과 같이 한글만 놓고 보면 생소한 단어들도 한자어를 곁들여 주는 것이 좋다. 참고로, '도'(渡)자를 쓴 '도미,' '도일'이란 미국이나 일본으로 건너간다는 것을 뜻함.

6 만년필과 원고지가 글 세상에서 대접받던 시절만 하더라도 문장부호는 '원고지 한 칸당 1부호 원칙'이라는 대접을 받을 정도로 '원님 덕에 나팔 부는' 호사(豪奢)를 누렸었다
　※ '호사'라는 낱말이 낯선 이들을 위해 한자어를 챙겨주는 것이 좋다.

7 컴퓨터 조판(組版)이 활성화되기 이전에는 글자 하나하나를 일일이 식자(植字)했기에 그 과정이 무척 힘들고 지루했을 뿐만 아니라, 오자(誤字)와 탈자(脫字)도 많이 발생했다.
　※ '조판,' '식자,' '오자,' '탈자' 모두, 분명하게 의미를 전달하기 위해서는 한자어를 병기해 주는 것이 좋다. 참고로, 조판(組版)이란 원고에 따라서 골라 뽑은 활자를 원고의 지시대로 순서, 행수, 자간, 행간 따위에 맞춰 짜는 것을 일컬음.

8 좋은 글쓰기를 지향(指向)하기 위해 지양(止揚)해야 할 대표적인 단어들로는 자신을 쉽게 드러내는 "나는~," "내 생각에는~," "나의~" 따위의 1인칭 낱말들을 들 수 있다.
　※ 이 문장의 핵심은 발음이 비슷한 '지향'과 '지양'을 구분시켜 주는 데 있다. 한자어를 병기함으로써 지정한 곳으로 나간다는 의미의 '지향'과, 더 높은 곳으로 나가기 위해 어떠한 것은 하지 않는다는 의미의 '지양'을 확실하게 구별 지워줘야 한다.

9 소리가 비슷하지도 아니한 외래 지명의 대표적인 음역어(音譯語)로는 홍콩을 뜻하는 향항(香港), 오스트리아를 뜻하는 오지리(墺地利), 로스앤젤레스를 의미하는 나성(羅城), 워싱턴을 의미하는 화성돈(華盛頓)을 들 수 있다.
　※ 우리 귀에 생소한 '음역어,' '향항,' '오지리,' '나성,' '화성돈' 등은 독자의 궁금증을 해소해 주는 차원에서라도 한자어를 소개해 주는 것이 좋다.

10 한자어의 장점으로는 단어 앞에 단어를 추가함으로써 다양한 의미를 덧붙일 수 있다는 것

을 꼽을 수 있으며, 대표적인 예로 이름 '명'(名)자 앞에 여러 의미를 붙인 허명(虛名), 오명(汚名), 악명(惡名), 유명(有名), 예명(藝名), 필명(筆名) 등과 같은 단어들을 만들 수 있다는 것이다.

※ 문장 내용의 핵심인 이름 '명' 자에 관한 단어들에 한자어를 달아줘야 한다. 이름 '명' 자라는 글자 뒤에도 강조와 함께, 뒤의 열거에 대한 해설의 의미로 한자어를 달아주는 것이 핵심.

11 19세기 말, 벽안(碧眼)의 선교사들이 한반도에 들어오면서 전도를 위해 한글을 익혀야 했다. 이에 따라, 그들은 국어를 쉽게 터득하기 위한 자신들만의 문법서가 필요했고, 한글이 글자 그대로 소리 나는 표음문자(表音文字)라는 데 착안해 띄어쓰기라는 새로운 규칙을 선보였다.

※ 일반인들에게 다소 생소한 낱말 '벽안'에 한자어를 달아주는 것이 좋다. 이와 함께, '표음문자'는 독자에 따라 한자어를 병기할 수 있는 대상이다. 참고로, '벽안'의 '벽'(碧)자는 푸르다는 의미이며, '안'(眼)은 눈 '안' 자로서 말 그대로 '푸른 눈'을 뜻하는 말임.

12 사자생(寫字生)은, 서민은 물론 적지 않은 귀족까지도 문맹자였던, 책이 금은보석처럼 희귀한 당시에는 극히 소중한 존재였다. 7, 8 세기 아일랜드에서 사자생(寫字生) 살해는 주교 시해와 동일시됐다. 그러나 사자생(寫字生)의 대다수는 고대 이집트의 '서기'들과 달리, 필사(筆寫)라는 '기술'을 지닌 일개 하급 수도사에 지나지 않았다.

※ 잘 읽었던 양서(良書)의 인상적인 구절이었으나 한자가 제공되지 않았던 바람에 정확한 의미가 궁금해 부득불 사전에서 직접 찾아볼 수밖에 없었다. 참고로, '사자생'이란 글씨를 베끼어 써 주는 일을 직업으로 하는 사람임. '필사' 역시 써줘도 그만, 안 써줘도 그만인 한자어. 하지만, '사자생'이라는 단어에 대한 한자어가 제공돼 있지 않은 경우에는 의미를 보다 정확히 전달한다는 의미에서 챙겨주는 것이 필요한 대상임.

13 홍명희의 「林巨正」(임꺽정)을 읽다 보면, 한자를 보지 않고서는 언뜻 이해가 되지 않는 고어(古語)들이 많이 나온다. 이를테면, 미색(美色)은 아니어도 반반한 얼굴을 지닌 아낙이나 처녀를 일컬을 때 자주 사용되는 단어로 '추함은 면했다'는 의미의 면추(免醜)가 있다.

※ 문맥의 의미로 보아 대충 짐작은 할 수 있지만, 보다 명확한 의미 전달을 위해서는 한자를 달아 주는 것이 좋다.

다. 장문연습

1   ……중국의 전통에 이러한 기록의 문화가 있다는 것도 매우 의미 있는 일이지만 이러한 기록이 보전되고 부단히 읽히는 것은 매우 드문 일입니다. 진시황이 천하를 통일하고 난 후에 서적을 불사르고 학자들을 매장하는 문화적 탄압, 이른바 분서갱유(<u>焚書坑儒</u>)를 하게 되지만 그는 무엇보다 천하 통일 사업의 일환으로 중국의 문자를 통일합니다. 이 문자의 통일은 엄청난 의미를 가집니다. 그것은 고대 문자와 고대 기록의 해독을 가능하게 한 것입니다. 우치우위(余秋雨)는 그의 '세계문명기행'에서 시저가 이집트를 점령하고 알렉산드리아에 있는 도서관과 '이집트사'를 포함한 장서 70만 권을 소각한 사실, 그리고 그로부터 400여년 후 로마 황제가 이교를 금지하면서 유일하게 고대 문자를 해독할 수 있었던 이집트 제사장들을 추방한 사실을 지적하고 있습니다. 한 사회의 고대 문자 해독 능력이 인멸된다는 것이 얼마나 엄청난 일인지를 이야기하고 있습니다. 그런 의미에서 중국사에 있어서 기록의 의미는 훨씬 더 커지는 것이라 할 수 있습니다. 몇천 년 전의 기록이 마치 며칠 전에 띄운 편지처럼 읽혀지고 있는 유일한 문명이라는 것이지요.

※ 모르는 이들에게 눈으로 익혀볼 기회를 준다는 의미에서 사자성어(四字成語)에 한자를 제공해 주는 것이 좋다. 불사를 '분'(焚), 책 '서'(書), 빠질 '갱'(坑), 선비 '유'(儒).

2   한자어는 자칫 지루하고 단순해지기 쉬운 글에 생기를 불어넣는 활력소 역할을 하기도 한다. 이는 한글만 장황하게 나열된 글에 괄호와 함께 한자를 삽입함으로써 흑백만이 존재하는 단조로운 그림에 또 다른 색채를 가미하는 것으로 볼 수 있다. 그런 점에서, 진정한 글짱들은 독자들의 오해를 살 소지가 있거나 한자가 궁금한 낱말에 대해서는 친절하게 한자를 병기(倂記)해 주는 수고를 마다하지 않는다. 하지만, 과유불급(<u>過猶不及</u>)이라고 언제나 그렇듯이 지나치면 모자람만 못한 법. 해서, 독자가 부담스러워 하지 않을 정도로 적절하게 한자어를 달아주는 절제가 필요한 것 또한 사실이다. 필자의 경우에는 열 줄짜리 한 문단의 경우, 많아도 4~5개를 넘어가지 않는 범위 내에서 전달할 가치가 있는 한자 정보만 추리려고 노력하는 편이다.

※ 역시 사자성어(四字成語)에 한자를 제공해 주는 것이 좋다. 지날 '과'(過), 오히려 '유'(猶), 아닐 '불'(不), 미칠 '급'(及).

해 답

3 　신입 직원들의 한자능력에 대한 기업들의 만족도가 100점 만점에 62점으로 D학점 수준에 불과한 것으로 조사됐다. 22일 전국경제인연합회(全經聯)가 국내 주요기업 350개(응답 292개)를 대상으로 조사한 결과에 따르면 신입 직원 채용 시 한자능력을 반영하는 기업은 전체 응답 기업의 20%(59개)였다. 특히 직원의 한자 읽기 능력에 대해 느끼는 만족도는 100점 만점에 66점이고, 쓰기 능력은 49점인 것으로 조사돼 직원의 한자쓰기 능력은 더욱 취약한 것으로 나타났다. 직원 채용 시 한자능력을 반영하는 기업은 삼성, LG, SK, 현대중공업, 두산 등으로 이들 기업은 자격증 급수 및 한자시험 점수에 따라 가산점을 부여하고 있고, 금호 아시아나 등은 자체적으로 한자시험을 실시해 직원 채용 시 적용하고 있는 것으로 파악됐다. 기업이 원하는 직원의 한자 능력 수준은 42%가 '3급 수준(약 2500자),' 26%가 '4급 수준(약 1500자)'인 것으로 나타났다. 이는 기업들이 직원들에게 높은 수준의 한자능력을 바라는 것이 아니라, 일상생활을 하는 데 어려움이 없고 의미를 정확히 파악할 수 있는 보통 이상의 수준을 원하는 것이라고 전경련은 분석했다. 전경련 관계자는 "한자자격증 취득 직원에 대한 기업의 만족도가 좋은 편이며 한국과 한자문화권의 교류가 증대되고 있어, 향후 자격증 취득자를 우대하는 기업이 더 증가할 것"이라고 말했다.

※ 긴 단체명을 약자(略字)로 쓰는 경우에도 괄호와 함께 한자어를 제공해 주는 배려가 필요하다. 본문에서도 처음에는 전국경제인연합회로 단체명이 다 나왔지만, 이후에는 여백을 줄이기 위해 전경련(全經聯)으로 사용하고 있다. 이 경우에는 단체명이 처음 등장할 때, 괄호 안에 한자 약어를 넣어주는 것이 좋다.

8

'열거 3·3의 법칙'과 대구-대조의 미

말과 마찬가지로 글도 운율 갖춰야 흥겨워
열거는 셋, 대구-대조는 둘로 짝패 지워야

"소나기는 쏟아지고, 똥은 마렵고, 허리띠는 옹치고,* 꼴짐*은 넘어가고……."

말이건 글이건 운율을 갖춰야 듣는 이도 흥겹고 읽는 이도 신난다. 대구, 대조와 함께 열거가 글쓰기 미학에서 빠질 수 없는 이유다.

수학에서 무한수(無限數)를 의미하는 표시는 이른바 '쩜,' '쩜,' '쩜.' 한 개도 아니요, 두 개도 아닌 바로 세 개. 열거를 이루기 위해 필요한 최소한의 단위 개수다. 그러고 보면, 여운을 남기기 위해 사용하는 땡, 땡, 땡(…)도 셋,* 글을 구성하는 최소한의 방식도 서론, 본론, 결론의 세 토막이다. 이름하여 '열거 3·3의 법칙'이라고나 할까? 이 같은 법칙은 일상생활 속에서도 적용돼 가위바위보도 삼세판, 패스도 삼단 패스가 맞아 들어야 승부가 나고, 골이 터진다.

조금 더 들어가면 '열거 3·3의 법칙'은 또다시 세 가지 종류의 열거에 적

---

*옹치다 뭉치다.
*꼴짐 소나 말이 먹을 꼴을 싣거나 꾸려 놓은 짐.
*한글맞춤법 통일안에 따르면, 말줄임표는 여섯 개의 점을 사용해야 옳다. 하지만, 현실에서는 관행적으로 세 개를 쓰고 있는 실정이다.

용될 수 있다. 첫 번째는 3·3 법칙이 단어들 사이에 적용되는 것으로 문장 내에서 '가,' '나,' '다'의 낱말들이 연달아 등장하는 것이다.(여기서는 편의상 '가' 형 삼단 열거로 칭하겠다.) 이를테면, '문학 장르로는 시, 소설, 수필 등이 대표적이다'라든가 '가을철의 대표적인 과일로는 사과, 배, 포도 등을 들 수 있다' 따위가 그 예에 속한다. 두 번째로는 문장 간의 3·3 법칙으로 '가는 A요, 나는 B며, 다는 C다' 등을 들 수 있다.('나' 형 삼단 열거) 역시 '하늘이 알고, 땅이 알고, 내가 아는 일이다'라든가 '먹이사슬이란 사마귀가 나비를, 개구리가 사마귀를, 뱀이 개구리를 먹는 것을 의미한다' 등이 그 예에 속한다. 명심해야 할 사실은 셋이 아닌 둘만 쓸 경우, 열거가 아닌 대구 또는 대조가 된다는 사실이다. 마지막 세 번째는? 바로, 같은 맥락의 내용을 지니는 문장 셋(또는 그 이상)을 3·3 법칙에 따라 연달아 사용하는 것이다. 예를 들어 다음을 보자.

> 아시아에서 가장 큰 나라는 중국이다. 마찬가지로 유럽에서는 러시아가 최대의 국토 면적을 자랑한다. 더불어 아메리카 대륙에서는 캐나다가 가장 넓은 영토를 지니고 있다. ('다' 형 삼단열거)

이러한 열거는 분명, 평이할수록 늘어지기 쉬운 글에 생기와 활력을 불어넣는 감초 역할을 톡톡히 한다. 마찬가지로, 또 다른 열거의 일종인 대구와 대조 역시 잘만 사용하면, 범문*(凡文)을 명문(名文)으로 탈바꿈시킬 수 있는 효자(孝子)들이다. 그렇다면, 대구와 대조를 적절히 활용할 수 있는 요령으로 무엇을 들 수 있을까?

글을 쓸 때 중문*(重文) 대신 단문*(單文)을 적극 사용하라는 말이 있다. 그

---

*범문(凡文) 평범한 글.
*중문(重文) 둘 이상의 홑문장이 대등하게 이어진 문장. 쉽게 말하자면, 사과는 빨갛고, 배는 노랗다'와 같은 문장을 예로 들 수 있다.
*단문(單文) 주어와 서술어가 각각 하나씩 있어서 둘 사이의 관계가 한 번만 이루어지는 문장.

러나 이는 어디까지나 기초가 부실한 이들을 대상으로 하는 말일 뿐, 어느 정도 공력이 쌓인 이들에게는 결코 필요가 없는 조언(助言)일 뿐이다. 대구, 대조를 만들기 위해서는 중문을 사용할 수밖에 없기 때문이다. "내가 너를 모르는데, 넌들 나를 알겠느냐.", "개인적으로는 찬성이지만, 공식적으로는 반대다"과 같은 중문들은 그래서 자주 활용될수록 운율도 살리고 글에도 감칠맛을 더하게 마련이다. 그런 면에서 볼 때 머리말에서 소개한 바와 같은 우리나라 속담들은 대구와 대조, 열거를 사용하고자 하는 이에게 있어 보물창고나 다름없다.

마지막으로, 이전에도 종종 그랬듯이 글의 들머리 부분에 열거와 대조, 대구를 넣어 보려고 애썼다. 어디에 있는지, 무엇에 속하는지 찾아가며 밑줄 한 번 쳐 보지 않겠는가? (첫 형식문단에서부터 "~승부가 나고 골이 터진다"까지) (정답은 137쪽에)

참 고 문 헌

시오노 나나미 지음, 김석희 옮김. (1996). 「로마인 이야기」. 한길사.
앙드레 모로아 지음, 신용석 옮김. (1990). 「미국사」. 한길사.
이효석 (1993). 「메밀꽃 필 무렵」. 범우사.
조정래 (1989). 「태백산맥」. 한길사.
철학 아카데미 지음 (2006). 「철학, 예술을 읽다」. 동녘.
한효석 (2006). 「너무나도 쉬운 논술」. 한겨레신문사.

> **'읽어 봅시다'**
>
> 　열거와 함께 대구, 대조의 감각을 키우기 위해서는 평소 속담을 가까이 하는 것이 중요합니다. '가재 뒷걸음이나 게 옆걸음이나.' '이전에는 개 차반이더니 지금은 명주고름이다.' '둘러치나 메치나.' '간에 가 붙고, 염통에 가 붙는다' 등과 같은 속담들을 늘 가까이하다 보면 어느 날 대구, 대조를 흥얼거리며 모자란 운율을 채우려 드는 여러분들을 발견할 테니까요. 그런 의미에서, 조정래의 대하소설, 「태백산맥」은 대구와 대조, 열거의 진수(眞髓)를 느낄 수 있는 보물창고라는 것이 필자의 생각입니다.

| 102쪽 정답 |
101쪽 중간의 우이독경(牛耳讀經)에 한자를 달아 줘야 한다.

연습문제

가. '열거 3·3'의 법칙 단문 연습

■ 아래 문장들이 '가'형 또는 '나'형 '삼단 열거' 가운데 어디에 속하는지 분류해 보고 '열거 3·3의 법칙'에 어긋나는 부분을 찾아 관련 정보를 인터넷에서 얻은 후, 덧글을 붙여 보기 바랍니다.

1 엘리자베스 여왕을 국가 원수로 모시는 영연방 국가로는 캐나다를 들 수 있다.
2 눈이면 눈, 코면 코, 어디 하나 빠지는 데가 없는 인물이다.
3 '아프리카' 하면 떠오르는 대표적인 야생동물로 사자와 기린을 꼽아 볼 수 있다.
4 수출이 활성화돼야 경제가 살고, 나라가 산다.
5 세계적인 경쟁력을 지니고 있는 우리나라의 업종으로는 조선, 자동차 등을 들 수 있다.
6 모든 생물은 태어나면 죽는 운명을 지니고 있다.
7 나쁜 인연은 악연(惡緣), 이상한 인연은 기연(奇緣)이라고 한다.
8 집에서 쉽고 저렴하게 할 수 있는 건강 운동으로는 맨손 체조를 꼽아볼 수 있다.
8 저온(低溫)에서는 고체, 상온(常溫)에서는 액체로 존재하는 것이 물이다.
10 세계 시장을 향한 현대, 대우 등 한국 조선업체들의 약진이 해를 거듭할수록 두드러지고 있다.
11 "글 잘 쓰는 이름으로 필명(筆名)을 날릴지, 무서운 이름으로 악명(惡名)을

연습문제

　　떨칠지는 전적으로 네게 달렸다."
12　소설가 이문열의 대표적인 소설로는「우리들의 일그러진 영웅」,「추락하는 것은 날개가 있다」등을 들 수 있다.
13　흙에서 나서 흙으로 돌아가는 것이 자연의 이치다.
14　방학을 알차게 보내기 위해 영어 공부 등을 계획하고 있다.
15　시, 소설은 국문학의 대표적인 장르들이다.
16　개구리가 파리를, 뱀이 개구리를 잡아먹는 것이 먹이사슬이다.
17　오케스트라의 대표적인 관악기로는 플루트와 오보에를 꼽을 수 있다.
18　우리 주변에서 흔히 볼 수 있는 양서류로는 개구리와 맹꽁이가 있다.
19　육상에서 대표적인 단거리 종목으로는 100m 달리기, 장거리 종목으로는 마라톤이 있다.
20　대륙과 동떨어져 있는 호주에는 캥거루와 같이 특이한 동물들이 많다.
21　새해를 맞은 첫 날과 첫 달을 어떻게 보내느냐에 따라 한 해 농사가 좌우된다.
22　주말에는 하루 종일 거실에서 뒹굴며 먹고 TV 보는 게 그의 일이다.
23　멸종 위기에 놓인 우리나라의 동물들로는 수달, 반달가슴곰이 있다.

나. 대구의 법칙 단문 연습

■ 아래의 단어들을 이용해 "콩 심은 데 콩 나고, 팥 심은 데 팥 난다"와 같이 접속부사 '그리고'로 연결되는 중문(重文) 대구를 만들어 보기 바랍니다.

1　개와 고양이
2　해와 달
3　여름과 겨울
4　TV와 컴퓨터
5　축구와 농구
6　눈과 비

다. 대조의 법칙 단문 연습

■ 아래의 단어들을 이용해 다음과 같은 두 종류의 대조용 중문(重文) 가운데 하나로 만들어 보기 바랍니다.

　예) '술' :
　　적당히 먹으면 약이 되지만, 지나치게 과음하면 독이 되는 것이 술이다.
　　술, 마실 땐 기쁨, 깰 때는 고통인 것.

1 불량식품
2 벚꽃
3 컴퓨터 게임
4 예루살렘
5 핸드폰
6 디지털 카메라

라. '열거 3·3의 법칙' 중문 연습

■ '열거 3×3의 법칙'이나 대구, 대조의 법칙을 이용해 다음 글에 운율을 붙어넣어 보기 바랍니다. 절대 정답은 없으며 독자들의 관점에 따라 한 문장에 '열거 3·3의 법칙'을 적용할 수도, 혹은 대구나 대조의 법칙을 적용할 수도 있습니다.

1 한류(韓流) 열풍이 동남아는 물론, 일본을 휩쓸면서 한국 영화와 드라마에 대한 세계의 관심이 나날이 높아지고 있다.
2 국가가 잘 되는 길은 결코 먼 곳에 있지 않다. 부모가 자식을, 선생이 학생을 존대해야 가정이 살고, 학교가 살며, 이러한 가운데 마침내는 국가가 살기 때문이다.
3 수준 높은 글쓰기는 특정 현상을 바라보며, 스스로에게 "왜," "어떻게"와 같은 질문들을 끊임없이 던지며 보다 깊이 있는 답을 얻어 나가도록 유도하게 마련이다.

연습문제

4 억(億)대를 호가하는 고급 수입차들은 기술적인 면에서는 우수할지 모르지만, 보험, 세금과 같은 유지 비용 면에서는 그다지 매력적이지 않는 것이 사실이다.
5 그다지 빛을 발하지 못하던 연예인들이 톡톡 튀는 '말재주' 하나로 인해, 어느 날 갑자기 뜨는 경우를 수도 없이 보아왔다.
6 한국 스포츠의 위상이 선진국형으로 격상되기 시작하면서 최근 들어 골프, 수영과 같은 운동에서 두각을 나타내는 세계적인 선수들이 하나둘씩 늘고 있다.
7 얼마 전, 학교를 졸업한 제자와 이메일을 주고받았다. 아직 취업하지 못해 여기저기 일자리를 알아보고 있다고 했다. 문득 여러 가지 궁금증들이 머리에 떠올랐다. '지금 그녀의 심정은 어떨까?' '잠자리에 누웠을 땐 어떤 생각을 할까?'
8 우리나라의 유교적 문화는 지식인에 있어 절제된 언행을 미덕으로 삼도록 강제해 온 측면이 있다. 설득보다는 상소문으로, 선동보다는 격문으로 의사를 전달했던 까닭에 말보다는 글이 우리 역사의 곳곳을 장식하고 있다.
9 독서가 앉은 자리에서 과거의 현인(賢人)들과 대화할 수 있는 자리를 마련해 준다면, 여행은 _____ 체험이라고 볼 수 있다.

마. 장문연습

■ 다음 주제를 중심으로 '열거 3·3의 법칙'과 대구, 대조가 어우러진 문장들을 써보기 바랍니다. 분량은 3백 단어 정도로 A4용지의 1/3에 해당하며 200자 원고지로는 3장 정도에 이르는 정도입니다.

1 '개와 고양이'
2 한국인과 일본인
3 여름과 겨울

✎ 해답

가. '열거 3·3'의 법칙 단문 연습

1 엘리자베스 여왕을 국가 원수로 모시는 영연방 국가로는 캐나다, 호주, 뉴질랜드 등을 들 수 있다.
　　※ 단어를 '열거 3·3의 법칙'에 따라 연속해서 나열하는 것이 좋은 '가' 형 삼단 열거이며, 캐나다 이외에 영연방 국가를 두 개 이상 첨가하도록 하자. '등'은 그 이외에도 영연방 국가가 더 있다는 것을 암시하는 '열거 3·3의 법칙'용 마무리 단어임.

2 눈이면 눈, 코면 코, 입이면 입, 어디 하나 빠지는 데가 없는 인물이다.
　　※ 문장을 '열거 3·3의 법칙'에 따라 연속해서 나열하는 것이 좋은 '나' 형 삼단 열거이며, 얼굴 생김새를 언급할 때 가장 많이 얘기하는 눈, 코, 입의 순서대로 나열하는 것이 요령이다.

3 '아프리카' 하면 떠오르는 대표적인 야생동물로 사자, 기린, 얼룩말 등을 꼽아 볼 수 있다.
　　※ '가' 형 삼단 열거로, 동물 둘을 더 동원하는 것이 필요하다.

4 수출이 활성화돼야 경제가 살고, 국민이 살고, 나라가 산다.
　　※ '나' 형 삼단 열거로, 문장을 하나 더 얹어주는 것이 요령이다.

5 세계적인 경쟁력을 지니고 있는 우리나라의 업종으로는 조선업, 자동차, 반도체 등을 들 수 있다.
　　※ '가' 형 삼단 열거. 필요하다면 인터넷을 검색해서라도 '열거 3·3의 법칙'을 완성시키는 수고가 필요하다.

6 모든 생물은 태어나면 자라서 죽는 운명을 지니고 있다.
　　※ '나' 형 삼단 열거. 운율을 맞춰주기 위해서라도 문장을 하나 더 얹어주어야 한다.

7 나쁜 인연은 악연(惡緣), 이상한 인연은 기연(奇緣), 뜻밖의 인연은 우연(偶然), 틀림없는 인연은 필연(必然)이라고 한다.

※ '나' 형 삼단/사단 열거. 세 개까지만 맞춰줘도 좋지만, 2대2의 운율을 맞춰주기 위해서 문장 뒷부분에 글 두 개를 더 얹어주는 것도 나쁘지는 않다.

8 집에서 쉽고 저렴하게 할 수 있는 건강 운동으로는 맨손 체조, **요가**, **줄넘기** 등을 꼽아 볼 수 있다.
※ '가' 형 삼단 열거. 집에서 쉽게 할 수 있는 운동을 두 개 정도 더 동원해야 한다.

9 저온(低溫)에서는 고체, 상온(常溫)에서는 액체, **고온(高溫)**에서는 기체로 존재하는 것이 물이다.
※ '나' 형 삼단 열거를 완성하기 위해 하나를 더 첨가하도록 하자.

10 세계 시장을 향한 현대, 대우, **삼성** 등 한국 조선업체들의 약진이 해를 거듭할수록 두드러지고 있다.
※ '가' 형 삼단 열거를 완성하기 위해 기업명이 한 개 더 필요하다.

11 "글 잘 쓰는 이름으로 필명(筆名)을 날릴지, 무서운 이름으로 악명(惡名)을 떨칠지, **더러운 이름으로 오명(汚名)을 쓸지**는 전적으로 네게 달렸다."
※ '나' 형 삼단 열거를 완성하기 위해 하나를 더 첨가하는 것이 필요하다.

12 소설가 이문열의 대표적인 소설로는 「우리들의 일그러진 영웅」, 「추락하는 것은 날개가 있다」, 「**사람의 아들**」 등을 들 수 있다.
※ 인터넷에서 검색해 보고, 대표작 또는 인기작 순으로 유명도가 높은 것부터 차례대로 세 개 정도를 고르는 것이 '가' 형 삼단 열거의 기본이다.

13 흙에서 나서, **흙에서 자라고**, 흙으로 돌아가는 것이 자연의 이치다.
※ '나' 형 삼단 열거. 운율을 맞춰주기 위해서라도 문장을 하나 더 얹어주는 것이 좋다.

14 방학을 알차게 보내기 위해 영어 공부, **수영**, **독서** 등을 계획하고 있다.
※ 방학을 영어 공부만으로 보낼 리 없다. 최소한 두 가지 정도는 더 챙겨보도록 하자. '가' 형 삼단 열거임.

15 시, 소설, **수필** 등은 국문학의 대표적인 장르들이다.
※ '가' 형 삼단 열거다. 국문학을 대표하는 장르로는 역시, 시, 소설, 수필의 삼총사를 들어야 한다.

16 개구리가 파리를, 뱀이 개구리를, **독수리가** 뱀을 잡아먹는 것이 먹이사슬이다.
※ '나' 형 삼단 열거로 먹이사슬의 구조를 나타내는 전형적인 예제다.

17 오케스트라의 대표적인 관악기로는 플루트와 오보에, **피콜로** 등을 꼽을 수 있다.
※ '가' 형 삼단 열거다. 역시, 오케스트라의 관현악 하면 플루트, 오보에, 피콜

로다.

18 우리 주변에서 흔히 볼 수 있는 양서류로는 개구리와 맹꽁이, 두꺼비가 있다.
　　※ 하나만 더 챙겨서 '가' 형 삼단 열거를 완성시키도록 하자.

19 육상에서 대표적인 단거리 종목으로는 100m 달리기, 중거리 종목으로는 1500m 달리기, 장거리 종목으로는 마라톤이 있다.
　　※ '나' 형 삼단 열거를 완성시키기 위해서는 하나 정도를 더 추가해야 한다.

20 대륙과 동떨어져 있는 호주에는 캥거루, 코알라, 오리너구리와 같이 특이한 동물들이 많다.
　　※ '가' 형 삼단 열거다. 힘들더라도 삼단 열거를 완성시키기 위해서는 인터넷을 돌아다니며 유관(有關) 정보를 얻는 발품이 필요하다.

21 새해를 맞은 첫 날과 첫 주, 첫 달을 어떻게 보내느냐에 따라 한 해 농사가 좌우된다.
　　※ 운율에 맞춰 '가' 형 삼단 열거를 완성시키는 것이 핵심이다.

22 주말에는 하루 종일 거실에서 뒹굴며 먹고, TV 보다 자는 게 그의 일이다.
　　※ 역시 21번과 같은 맥락의 '나' 형 삼단 열거다.

23 멸종 위기에 놓인 우리나라의 동물들로는 수달과 반달가슴곰, 산양 등이 있다.
　　※ '가' 형 삼단 열거다. 여럿 멸종 위기 동물들 가운데 자신이 생각하기에 가장 소중한 동물을 세 종류 나열하는 것이 핵심이다.

나. 대구의 법칙 단문 연습

■ 아래의 표현들은 예제에 불과하니 참조만 하기 바랍니다. 어차피 중요한 사실은 대구를 만들려고 애쓰는 여러분들의 노력이니까요.

1 개는 주인을 모시고, 고양이는 주인이 모신다.
　　※ 개와 고양이의 대조적인 속성을 이용한 대구다.

2 해가 중천에 뜨면 한낮, 달이 한가운데 걸리면 한밤중.
　　※ 역시 비슷한 표현을 이용한 대구이다.

3 여름에는 산을 찾고, 겨울에는 바다 간다.
　　※ 계절에 따라 당연히 가야 하는 행락지를 반대로 표현했다.

4 TV로는 전자오락 하고, 컴퓨터로는 TV 보는 세상.
　　※ 뒤바뀐 세태를 대구로 표현한 문구임.

5 보기에는 축구가 재미있고, 하기에는 농구가 수월하다.

※ 스포츠의 속성을 이용한 대구임.

5　눈은 펑펑 와야 제 맛이고, 비는 좍좍 와야 술 맛이다.
　　※ 운율까지 고려한 대구다.

다. 대조의 법칙 단문 연습

■ 적당히 먹으면 약이 되지만, 지나치게 과음하면 독이 되는 것이 술이다.
　술, 마실 땐 기쁨, 깰 때는 고통인 것.
　　※ 아래의 표현들은 예제입니다. 참조하기 바랍니다.

1　먹을 때는 맛이 있지만, 먹고 나면 탈이 나는 것이 불량식품이다.
　　※ 불량식품, 맛 있기로도 최고, 탈 나기로도 최고.

2　만개(滿開)는 화려하지만, 낙화(落花)는 허무한 꽃이 벚꽃이다.
　　※ 벚꽃, 화사한 기쁨, 처연한 슬픔의 꽃.

3　컴퓨터의 일부지만, 컴퓨터를 일부로 만드는 것도 컴퓨터 게임이다.
　　※ 컴퓨터 게임, 짧은 즐거움, 긴 허탈감의 오락물.

4　순례지의 대명사지만, 테러의 대명사로도 유명한 곳이 예루살렘이다.
　　※ 예루살렘, 종교의 성지, 중동의 화약고.

5　말짱하면 효자지만, 고장 나면 불효자인 것이 핸드폰이다.
　　※ 핸드폰, 사면 큰 기쁨, 고장나면 큰 슬픔.

라. '열거 3·3의 법칙' 중문 연습

1　한류(韓流) 열풍이 동남아는 물론, 일본과 미국 등을 휩쓸면서 한국 영화와 드라마, 음악 등에 대한 세계의 관심이 나날이 높아지고 있다.
　　※ '가' 형 삼단 열거를 적용한 글이다. 앞과 뒤에 각각 한 개씩의 예제를 더 얹어주면 운율이 훨씬 살아난다.

2　국가가 잘 되는 길은 결코 먼 곳에 있지 않다. 부모가 자식을, 선생이 학생을, 사장이 사원을 존대해야 가정이 살고, 학교가 살고, 회사가 살며, 이러한 가운데 마침내는 국가가 살기 때문이다.
　　※ '나' 형 삼단 열거를 적용한 글이다. '사장이 사원을 존대하면' 이에 대한 결과를 문장 뒤에 챙겨주는 것이 핵심.

해　답

3   수준 높은 글쓰기는 특정 현상을 바라보며, 스스로에게 "왜," "어떻게," "앞으로는?" 등과 같은 질문들을 끊임없이 던지며 보다 깊이 있고 만족스러운 답을 얻어 나가도록 유도하게 마련이다.

   ※ '가' 형 삼단 열거와 대구를 적용한 글이다. 확실히 처음보다는 문장의 리듬감이 살아 있는 글이다.

4   억(億)대를 호가하는 고급 수입차들은 외형적인 면, 기술적인 면에서는 우수할지 모르지만, 보험, 세금, 수리비용 등과 같은 유지 비용 면에서는 그다지 매력적이지 않는 것이 사실이다.

   ※ 앞에서는 대구를, 뒤에서는 '가' 형 삼단 열거를 적용한 글이다. 물론, 앞부분에서도 '가' 형 삼단 열거를 적용할 수 있다.

5   그다지 빛을 발하지 못하던 연예인들이 톡톡 튀는 '말재주' 하나로 인해, 어느 날 갑자기 뜨고 여기저기 등장하는 경우를 수도 없이 보아왔다.

   ※ 대구를 적용한 글이다. 물론, 문장 뒷부분에서도 '가' 형 삼단 열거를 적용시킬 수 있다.

6   한국 스포츠의 위상이 선진국형으로 격상되기 시작하면서 최근 들어 골프, 수영, 피겨 스케이팅 등과 같은 운동에서 두각을 나타내는 세계적인 선수들이 하나둘씩 늘고 있다.

   ※ '가' 형 삼단 열거를 완성시키면 훨씬 돋보이는 글이다.

7   얼마 전, 학교를 졸업한 제자와 이메일을 주고받았다. 아직 취업하지 못해 여기저기 일자리를 알아보고 있다고 했다. 문득 여러 가지 궁금증들이 머리에 떠올랐다. '지금 그녀의 심정은 어떨까?' '잠자리에 누웠을 땐 어떤 생각을 할까?' '후배들에게 하고 싶은 말은?' '다시 대학에 돌아온다면?'

   ※ '나' 형 삼단 열거를 적용해, 사단 열거로 끝낸 문장이다. 물론, 삼단 열거도 좋지만, 오단 열거로 지나치게 많이 배열하는 것은 자제해야 한다.

8   우리나라의 유교적 문화는 지식인에 있어 절제된 언행을 미덕으로 삼도록 강제해 온 측면이 있다. 설득보다는 상소문으로, 선동보다는 격문으로, 웅변보다는 포고문으로 의사를 전달했던 까닭에 말보다는 글이 우리 역사의 곳곳을 장식하고 있다.

   ※ '나' 형 삼단 열거로 글에 리듬감을 덧붙인 경우다.

9   독서가 앉은 자리에서 과거의 현인(賢人)들과 대화할 수 있는 자리를 마련해 준다면, 여행은 돌아다니면서 현지인들과 대화할 수 있는 자리를 마련해 주는 체험이라고 볼 수 있다.

   ※ 앞 문장과의 대구를 위해 뒷부분을 앞과 유사하게 채우는 것이 핵심이다.

해 답

'열거 3·3의 법칙'과 대구, 대조의 좋은 예제들

> "지성에서는 그리스인보다 못하고, 체력에서는 켈트인이나 게르만인보다 못하고, 기술력에서는 에트루리아인보다 못하고, 경제력에서는 카르타고인보다 뒤지는" 이탈리아의 조그마한 도시 국가, 로마.
>
> 시오노 나나미, 「로마인 이야기 1」, 서문 11쪽.

> "친애하고 친애하는 읍민 여어러분, 마침내 바야흐로 계엄령이 해제되어 우리 읍내에 고대하고 고대하던 평화와 자유가 찾아왔습니다. 계엄령 해제를 축하하고, 그동안 읍민 여어러분들께서 겪으신 고생과 불편을 위로하기 위하야 당 극장에서는 오늘밤 일곱 시부터 동방 악극단의 「이수일과 심순애」를 무대에 올려 여러분들을 모시기로 한 거딥니다. 돈에 울고 사랑에 울고, 아아, 사랑이란 그다지도 열매 맺기 어려운 쓰라린 형벌이었더란 말이냐. 돈을 따르자니 사랑이 울고, 사랑을 따르자니 돈이 운다. 사랑만으로 살 수 없는 인생, 돈만으로도 살 수 없는 인생, 아아 어차피 인생은 쓰라린 고통이 아니더냐. 눈물 없이는 볼 수 없는 사랑의 거편, 삼막 오장 「이수일과 심수운애」. 오세요, 오세요, 남녀노소 가릴 것 없이 손에 손을 잡고 오시어 이 청춘남녀의 기구하고도 한많은 사랑의 쌍곡선을 감상하시라. 두 번 다시 볼 수 없는 눈물의 호화 무대, 미남미녀 배우들의 애간장 녹이는 명연기, 백문이 불여일견이라, 이번 기회를 놓치면 일생일대의 대실수를 저질러 저승에 가서도 후회하고 또 후회할 거딥니다. 연극만 있느냐, 그렇지 않습니다. 만담도 있고, 노래도 있습니다. 눈물 없이는 볼 수 없는 삼막 오장의 연극, 배꼽 빠지고 오줌 질금거리게 하는 만담, 가슴 사리살짝 녹여주는 노래로 이어지는 다채로운 무대의 입장료는 단독 백원. 계엄령 해제 특별할인요금. 봉사가격 단돈 백 원으로……
> 변사의 사설은 끝도 없이 이어지고 있었다."
> (띄어쓰기와 맞춤법은 원작 그대로 살렸습니다.)
>
> 조정래, 「태백산맥」, 6권 191쪽.

대통령이 동료로서 선택한 해밀톤과 제퍼슨 두 사람은 서로 상충하고 대립하는 정치 철학을 상징하고 있는 대표자들이라고 할 수 있었다. 어느 역사가나 이 두 사람을 평할 때에는 인간성부터가 대조적이었기 때문에 대비해서 묘사하지 않을 수가 없었다. 해밀톤은 저항파를 제퍼슨은 행동파를 대표하고 있었다. 부유한 농원주이며 다수의 노예를 소유하고 있던 제퍼슨은 민주주의자였고, 사생아이며 재산도 노예도 가지고 있지 않던 해밀톤은 귀족주의자였다. 프랑스의 혈통과 프랑스식 논리를 지니고 있던 해밀톤은 영국의 전통을 찬미하였고 프랑스 혈통이 아닌 제퍼슨은 디드로(Denis Diderot, 173~1784: 프랑스 철학가, 백과전서의 편집자-역자 주)와 룻소를 숭배하였다. 모든 귀족주의자들이 그러하듯이 해밀톤은 비관주의자였으며, 사람은 사람을 먹이로 삼는 것이라고 믿고 있었다. 모든 민주주의자가 그러하듯이 제퍼슨은 낙관론자였으며 사람의 천성은 본래 선한 것인데 사회가 이를 타락시킨다고 믿고 있었다. 해밀톤은 강력한 정부가 필요하다고 생각하였고 제퍼슨은 정부는 될 수 있는 한 무력해야 한다고 생각하였다. 성격이 열렬하고 완고한 해밀톤은 무질서를 미워했고, 대범하고 친절하게 보이는 제퍼슨은 다음과 같이 말하였다. "나는 때때로 조그만 난동이 있기를 바란다. 그것은 대기의 비바람과 같은 자연의 조화이다." 해밀톤은 '부자, 현자, 그리고 선한 자'에 의한 통치를 희망하였고 제퍼슨은 평범한 보통 사람이 통치하는 사회를 원하였다. 해밀톤은 인민을 '커다란 짐승'이라고 보고 제퍼슨은 '생각하는 육체'라고 하였다. 성질이 성급하며 약간 꼬여 있고 때로는 횡포했던 해밀톤은 "사람이란 이치를 따지는 동물이기는 하나 이성을 가지고 있지 않다"고 하면서 여론을 무시하였고 제퍼슨은 사람 자신만이 아니라 그들의 여론마저 신뢰하였다. 해밀톤은 합중국을 공업국으로 하려 했고 제퍼슨은 농업국으로 만들려고 하였다. 해밀톤은 합중국의 기반을 특권계급의 충성심에 두려 하였고 제퍼슨은 대중의 애정에 두려고 하였다. 제퍼슨은 자기 출신 주의 독립에 대하여 애착을 가졌었고 해밀톤은 연방정부를 강화하기 위하여는 서슴지 않고 각 주를 약화시키려고 하였다. 가장 기묘한 현상은 자신을 현실주의자라고 믿고 있던 해밀톤은 낭만주의자였고 자신을 이상주의자라고 믿고 있던 제퍼슨은 현실주의자였다는 사실이다. 왜냐하면 해밀톤은 은행가의 지지를 얻으려 애썼고 제퍼슨은 농민의 지지를 바랐다. 그러나 이 세상에는 은행가보다 농민의 수가 많다는 것이 엄연한 현실이다.

앙드레 모로아, 「미국사」, 215-6쪽.

예술에서 테크네는 기교의 문제로, 뮤지케는 영감의 문제로 각기 취급되면서 대조를 이루는 가운데 오늘날까지 이어지고 있다. 근대 예술이 자리를 잡을 무렵에 크게 구분되는 두 유파가 나타났다. 바로 신고전주의와 낭만주의다. 신고전주의는 엄격한 규칙과 그에 따른 기교를 중시하는 반면, 낭만주의는 영감에 의한 신비와 광기와 열정 등을 중시한다. 음악에서는 바흐에서 모차르트에 이르는 것이 고전주의 음악이고, 베토벤에서 브람스에 이르는 것이 낭만주의 음악이다. 그림에서는 르네상스의 고전주의를 이은 다비드에서 앵그르에 이르는 것이 신고전주의 미술이고, 고야에서 들라크루아에 이르는 것이 낭만주의 미술이다.

어떤 예술이건 예술작업을 하려면 기본적으로 필요한 기교를 익혀야 한다. 음악을 작곡하려면 화성학을 배워야 하고, 그림을 그리려면 데생과 채색법을 배워야 한다. 시를 쓰려면 수사학을 배워야 하고, 춤을 잘추려면 기본적인 몸동작을 완전히 체득하지 않으면 안 된다. 하지만 그러한 기법들은 기초적인 작업일 뿐, 어떤 작품을 진정 뛰어난 예술작품으로 만드는 것은 표현하고자 하는 주제와 내용이다.

조광제, '예술 개념, 움직이는 미로,' 「철학, 예술을 읽다」, 23쪽.

"주인 없는 동사에는 주어를 챙겨주세요"

능동 쓰라는 언론이 주어 없는 피동* 선호해
주어 있는 피동은 오히려 놔두는 게 좋아

#1

"왜, 꼭 '~예상된다'라는 말로 문장을 끝내야 하죠?"

"그래야 장사가 되니까. 만일, 섣불리 단언(斷言)하다 틀리면 독자들이 외면할 테고 그러면 신문이 팔릴 리 있겠나?"

신문사 재직 시절, 국제부에서 기사를 쓰면 항상 기사의 마지막 문장 끝을 '예상된다,' '기대된다' 따위로 끝내야 하는 것에 대한 불만을 고참에게 물은 적이 있다. 당시에는 이 단어에 담겨 있는 여러 의미들을 모른 채 던진 물음이지만, 고참 역시 속 시원히 대답해 주지는 못했다. 둘 다 문제의 본질(本質)이 무엇인지 꿰뚫어 보지 못하고 있었다.

#2

"왜 언론사에서는 꼭 '전망된다,' '기대된다,' '요구된다' 따위로만 써야 합니까? 주체를 명백히 밝히지 못하고 '~카더라' 식으로 빗대어서 쓰는 피

***피동** 국문법에서는 수동이라는 영문법 표현 대신 '남의 힘에 의해 움직인다'는 의미의 피동(被動)이라는 용어를 사용한다.

동형, 이제부터는 제가 바꿔나가도록 하겠습니다."

지난 2004년, 일단*(一團)의 언론학자들이 몇몇 언론사를 방문했다. 한국언론학회가 주관한 '언론학자의 언론사 탐방' 프로그램에 따라 학자와 기자 간의 간극*(間隙)을 좁히기 위해 마련된 행사였다. 필자 역시 다른 신문사의 편집국 내부가 궁금해 프로그램 참가를 신청했다. 오전에 C 일보를 방문한 후, 오후에 J 일보에 이르렀을 때였다. 당시, J 일보의 편집국장은 언론학자들에게 꼭 "말씀 드리고 싶은 것이 있다"며 대회의실에서 언론학자들을 상대로 열띤 강연을 벌였다. 그는 언론사의 잘못된 기사 작성 관행을 자성(自省)하며 "이제부터 J 일보는 달라질 것"이라고 공언(公言)했다. 하지만, 이후로도 J 일보의 기사쓰기에는 별다른 변화가 나타나지 않았다. 제3자를 통해 들었거나 자신의 주장을 의뭉스럽게* 내세우기 위해 주어를 제거한 '예상된다,' '기대된다' 따위의 피동형 문장은 어느 한 사람만의 힘으로 고치기 힘든 한국 언론의 관행(慣行)이었던 것이다.

글쓰기 책들이 쏟아져 나오는 가운데, 언론인들이 집필한 책들도 심심찮게 눈에 띄고 있다. 재미있는 사실은 이 같은 책들조차 이구동성(異口同聲)으로 피동형 문장을 쓰지 말라고 되뇌고 있다는 것이다. 문제는 '똥 묻은 개, 겨 묻은 개 나무라는 식'의 주장에 있다기보다 그네들이 들고 나오는 예제에 있다는 것이다. 예를 들어 다음을 한번 보자.

<u>경찰청의 고위 간부들이</u> 하급 간부들로부터 정기적으로 <u>상납 받아온</u> 사실이 드러났다.

---

*일단(一團)   한 집단이나 무리.
*간극(間隙)   사물 사이의 틈. 여기에서는 양 집단 간의 거리를 의미함. 사이 '간'(間), 틈 '극'(隙).
*의뭉스럽다   보기에 겉으로는 어리석어 보이나 속으로는 엉큼한 데가 있다.

위의 문장은 피동형을 피해야 하는 글쓰기의 전형적인 예제로 여러 책에서 자주 거론되어지고 있는 것이다. 여기에서 주목해야 할 점은 '상납 받아온'이라는 동사의 주체가 문장 내에서 '고위 간부들'로 분명히 드러나 있다는 것이다. 네덜란드 언론 학자로서, 「미디어 담론」이라는 학술서를 쓴 페어클로(Fairclough)에 따르면, 피동형 동사의 주어가 있는 문장에는 글쓴이의 의도가 숨어 있다고 한다. 예를 들어 위의 문장을 능동형으로 바꾼 다음 문장을 보자.

경찰청의 <u>하급 간부들이</u> 고위 간부들에게 정기적으로 <u>상납해 온</u> 사실이 드러났다.

첫 문장과는 글맛과 의미가 매우 다른 글이다. 이는 문제 인식의 출발점을 고위 간부의 강요에 의한 상납이었는지, 하위 간부의 자발적인 상납에 의한 것이었는지 보는 데서 비롯된다. 따라서, 위와 같은 문맥까지 고려해 볼 때, 무비판적인 '피동형 문장 피하기'는 지양(止揚)돼야 한다는 것이 필자의 견해다.

그렇다면, 어떤 피동형 문장이 글짱들의 근절(根絶) 대상이 돼야 할까? 간단히 말해, 피동형 동사에 걸리는 주어가 실종된 문장은 무조건 피해야 한다는 것이 필자의 생각이다. 그런 의미에서 볼 때, '전망된다,' '기대된다,' '예상된다,' '요구된다,' '논란이 일고 있다,' '비난이 일고 있다,' '지적이 일고 있다' 따위의 언론사 문장은 이제 신문 지상과 방송 매체에서 사라져야 할 '문제아들'이다.

첨언(添言)하자면, 자신의 주장을 피력할 때 동원되기 쉬운 '이중 피동' 역시 피해야 한다는 점이다. 예를 들어, '새로운 법률의 졸속 추진은 제고<u>돼야</u> 한다'라고 쓸 수 있는데도 '제고<u>되어져야</u> 한다'에서처럼 피동의 의미를 지니는 '돼'에다가 또 다른 피동 어미인 '져'를 겹쳐 쓰는 것은 문장을 늘려놓기 위한 억지춘향*으로밖에 비춰지지 않는다. 이에 대해「문장 기술」의 저자인 중앙일보의 배상복 기자는 아무 의미도 없는 이중 피동이 우리말의 언어 체계를 파괴한다고 주장하고 있다.

여기서 필자가 좋아하는 상황 퀴즈 하나. 본문에서는 마땅히 근절돼야 할 피동형 문장이 하나 있다. 찾아보고 위의 두 경우 가운데 어디에 속하는지 살펴보기 바란다. (정답은 150쪽에)

참 고 문 헌

배상복 (2005).「문장기술」. 랜덤하우스중앙.
배상복 (2007).「일반인을 위한 글쓰기 정석」. 경향미디어.
임재춘 (2004).「한국의 이공계는 글쓰기가 두렵다」. 마이넌.
정희모, 이재성 (2005).「글쓰기의 전략」. 들녘.
Fairclough, N. (1988).「Media Discourse」. London: Edward Arnold.

---

*억지춘향 억지로 어떤 일을 이루게 하거나 어떤 일이 억지로 겨우 이루어지는 경우를 비유적으로 이르는 말.「춘향전」에서 변사또가 춘향에게 억지로 수청을 들라고 강요한 데서 생긴 표현임.

1분에 익힙시다

주어가 없는 피동형 문장을 피하기 위해서는 인간을 제외한 생물과 무생물도 과감하게 주어로 기용해야 합니다. 예를 들어, "보고서에 따르면 ~한 것으로 밝혀지고 있다"라고 쓰기보다, "보고서는 ~라고 밝히고 있다"로 표현을 바꾸라는 것이다.

예) 논문에서는 지구 온난화가 위험 수위에 다다른 것으로 주장되고 있다.
논문은 지구 온난화가 위험 수위에 다다른 것으로 주장하고 있다.

| 119쪽 정답 |

"소나기는 쏟아지고, 똥은 마렵고, 허리띠는 옹치고, 꿀짐은 넘어가고……."
말이건 글이건 운율을 갖춰야 <u>듣는 이도 흥겹고 읽는 이도 신난다</u>.(대구) <u>대구, 대조와 함께 열거가 글쓰기 미학에서 빠질 수 없는 이유다</u>.('가' 형 열거)
수학에서 무한수(無限數)를 의미하는 표시는 이른바 '쩜,' '쩜,' '쩜.' <u>한 개도 아니요, 두 개도 아닌 바로 세 개</u>('나' 형 삼단 열거). 열거를 이루기 위해 필요한 최소한의 단위 개수다. 그러고 보면, 여운을 남기기 위해 우리가 '보통' 사용하는 <u>땡, 땡, 땡(…)도 셋, 글을 구성하는 최소한의 방식도 서론, 본론, 결론의 세 토막이다</u>.(전체적으로는 대구이며, 뒷문장은 '가' 형 삼단 열거임.) 이름하여 '열거 3·3의 법칙'이라고나 할까? 이 같은 법칙은 일상 생활 속에서도 적용돼 <u>가위바위보도 삼세판, 패스도 삼단 패스가 맞아 들어야 승부가 나고, 골이 터진다</u>.(대구+대구)

9. "주인 없는 동사에는 주어를 챙겨주세요"

연습문제

가. 단문연습

■ 아래의 피동형 문장 가운데에서 능동형으로 바꾸는 것이 좋은 것들은 능동형 문장으로 바꿔주기 바랍니다. 이와 함께, 주어가 없을 경우에는 적당한 주어를 찾아 넣어 보세요. 마찬가지로 이중 피동의 경우도 불필요한 피동 어미는 제거하기 바랍니다.

1. 갈수록 대학생들의 높은 경쟁력이 요구되고 있다.
2. 건설 회사들의 횡포로 아파트 가격이 천정 부지로 치솟아지고 있다.
3. 지구 온난화로 인한 개화(開花)시기가 매년 빨라지고 있다.
4. 당뇨병은 식이요법으로 고쳐질 수 있다는 것이 일반적인 믿음이다.
5. 한국은 '조용한 아침의 나라'라고 불리운다.
6. A자동차에 지속적인 피해를 입혀온 산업스파이가 마침내 체포됐다.
7. "우리 조상들의 손으로 만들어진 청자의 아름다움을 한껏 느껴봐라."
8. 정부에 의해 환경 오염이 가중되는, 그린벨트 해제는 되풀이되어져서는 안 된다.
9. 생각지도 못한 곳에서 일이 터지는 바람에 프로젝트가 전면 중단됐다.
10. 이 보고서에서는 한반도 대운하의 경제성이 다뤄진다.
11. 세계적 경제 강국으로 거듭나기 위해서는 먼저 제도적인 기틀이 마련되어져야 한다.
12. 정부가 이익 단체에 휘둘린다면 공정한 정책 집행은 요원할 수밖에 없다.
13. 크리스마스 트리의 불빛으로 거리가 밝게 비춰지고 있다.
14. 상황이 완전히 변해버린 까닭에 세력 판도가 처음부터 다시 짜여져야 한다.

15 진통 끝에 새 정부의 구조조정안이 인수위원회에 의해 발표됐다.
16 작전을 거는 족족 들어맞는 경우가 많아 그는 빨간 장갑의 마술사로 불리운다.
17 말도 많고 탈도 많았던 대운하 사업 추진이 결국에는 전면 중단됐다.
18 이성을 처음으로 사귀는 시기가 세대를 거듭할수록 앞당겨지고 있다.
19 책에서 비춰지는 그녀는 일반적으로 알려진 것과 전혀 다른 모습이다.
20 어젯밤, 잠을 제대로 자지 못해 졸리운지 연신 눈을 비비대고 있었다.
21 핵가족화가 급속도로 진행된 현대사회에서 가족 간의 유대감이 점차 약해지고 있다.
22 감독의 날카로운 조언으로 그의 나머지 기술이 완성됐다.
23 한국의 압승(壓勝)이 예상되어진 터라 관람석은 한산하리만치 텅 비어 있었다.
24 수출이 활성화돼야 나라가 살고, 경제가 살고, 국민이 살 수 있다.
25 그 사무실은 이전부터 임시직 직원에 의해 관리되고 있었다.
26 생태계를 교란시킬 우려가 큰 설악산 케이블카 사업은 전면 재검토돼야 한다.

나. 중문연습

■ 아래의 피동형 문장 가운데에서 능동형으로 바꾸는 것이 좋은 것들은 능동형 문장으로 바꿔주기 바랍니다. 이와 함께, 주어가 없을 경우에는 적당한 주어를 찾아 넣어 보세요. 마찬가지로 이중 피동의 경우도 불필요한 피동 어미는 제거하기 바랍니다.

1 시청률에 의해 운영되어지는 방송 매체에서 보다 많은 시청자를 확보하기 위한 전쟁이 나날이 계속되는 가운데 방송 종사자들은 특종을 만들어내기 위해 몸부림을 친다.

2 드라마에서는 남자와 여자의 애정 행각이 노골적으로 비춰지고 있었으며, 폭력장면도 영화와 비교했을 때 전혀 차이가 없을 정도로 거칠고 잔인하게 묘

연습문제

사되고 있었다.

3 동남아시아를 위시해 전세계적으로 한류(韓流) 열풍이 불어 닥치게 된 데는 노하우의 축적과 함께 탄탄한 시나리오, 연예인들의 수준 높은 연기 등이 원인으로 꼽힐 수 있다.

4 빨, 주, 노, 초, 파, 남, 보 등 7개의 무지개 빛 상의(上衣)를 월요일부터 일요일까지 교대로 입는 바람에 주인공은 주변으로부터 '레인보우맨'이라 불리고 있다.

5 정부 및 기업의 전문가들이 공동으로 향후 10년간의 한국 경제를 예측하며 발표한 보고서에서는 각종 경기 지표들이 대단히 낙관적인 것으로 전망되어지고 있다.

6 기계식 암기와 주입식 교육을 근간으로 하는 현대 자본주의 사회의 공공 교육으로 인해 비판적 사고가 결여된 학생들이 대량으로 양산되고 있다.

7 하나밖에 없는 대운동장이 언제나 5, 6학년 형들에 의해 독점적으로 사용되어지고 있어 같이 뛰놀고 싶은 4학년 이하 동생들의 불만이 이만저만한 게 아니다.

8 21세기 현재, 일명 '바보 상자'라 불리우는 텔레비전은 하루 24시간 내내 집에서부터 자동차와 전철, 버스와 휴대폰 등에 이르기까지 우리를 둘러싼 그 모든 곳에서 막강한 위력을 떨치고 있다.

9 '쉼표'가 작은 따옴표와 함께 사용될 때는 작은 따옴표 안에 넣어지는 것이 좋다. 사실, 엄밀히 말하자면 작은 따옴표가 포함된 단어들이 열거될 경우, 쉼표가 작은 따옴표 안에 넣어져야 하는지, 밖에 놓아져야 하는지에 대해서는 아직 정해진 바가 없다.

다. 장 문 연 습

■ 아래의 피동형 문장 가운데에서 능동형으로 바꾸는 것이 좋은 것들은 능동형 문장으로 바꿔주기 바랍니다. 이와 함께, 주어가 없을 경우에는 적당한 주어를 찾아 넣어 보세요. 마찬가지로 이중 피동의 경우도 불필요한 피동 어미는 제거하기 바랍니다.

> 1 1) 피동형은 어떻게 능동형으로 바꾸어야 할까?
> 2) 피동형은 어떻게 능동형으로 바뀌어야 할까?
>
> 앞 장에서 소개했던 한자 및 한자어와 마찬가지로 피동형도 경우에 따라 적절히 사용하면 약초(藥草)가 될 수 있다. 예를 들어, 위의 두 문장 사이에는 어감(語感)과 의미에 있어 미묘한 차이가 흐르고 있다. 첫 번째 글에서는 '바꾸어야 할까?'라는 동사의 주인으로 '우리들'(독자)을 가정하며 읽는 이들의 참여를 적극 유도하는 반면, 두 번째 문장에서는 질문을 던지는 이가 스스로 답을 제시하기 전에 먼저 물어보는 정도라는 상황이 암묵적으로 깔려 있다. 다시 말해, 1번 문장의 경우, "(우리가) 피동형을 능동형으로 어떻게 바꾸어야 할까?"라며 정답을 적극적으로 유도하는 의미가 강하다면, 2번 문장에서는 "글 자체에 어떤 변화가 일어나야 할까?"라는 수동적인 의미의 내용이 암시되어져 있는 것이다. 물론, 둘 가운데 절대 정답은 없으며 글의 흐름과 분위기, 글쓴이의 입맛에 따라 선택 사항은 바뀔 수 있다. 그렇다면 무조건 피동형을 피하기보다 필자의 의도되는 방향으로 능동, 피동을 써야 한다는 결론이 나온다. 유념해야 할 사실은 앞서 강조한 바와 같이, '이중 피동'과 일반인 또는 우리들 자신을 제외한 주어 없는 문장은 가급적 피하는 것이 좋다는 것이다.

2 주어가 있는 문장이라 하더라도 무조건 능동형으로 쓰는 것 또한 바람직하지는 않다. 능동만으로 구성된 문장은 단순해지기 쉽기 때문이다. 음악을 보면 알 수 있듯이 하나의 곡조, 하나의 음계, 하나의 가락, 하나의 장단만으로 이뤄진 노래는 단조로울 수밖에 없다. 그런 까닭에 못갖춘마디와 갖춘마디, 장조와 단조가 어우러지면서 음의 길이와 높낮이도 적당히 변해야 연주하는 이와 듣는 이 모두 흥이 나기 마련이다. 마찬가지로, 글에서도 짧은 문장과 긴 문장, 능동형과 수동형, 평서법과 반어법, 온점과 쉼표, 물음표와 느낌표, 작은따옴표와 큰따옴표에 의한 조화가 적절히 이뤄져야 글맛과 글멋이 한꺼번에 살게 된다.

이러한 까닭에, 작가에 따라서는 운율의 변화를 위해 피동형을 의도적으로 집어 넣는 경우도 있다. 그런고로, 피동형에 대한 규칙과 법칙이 어느 정도 몸에 익는다면, 경우에 따라서는 피동이 사용되는 것도 그리 나쁘지만은 않다는 생각이다. 남들이 인정하는 탄탄한 글쓰기는 그런 가운데 구축(構築)되기에.

해 답

가. 단문 연습

1 **시대는** 갈수록 대학생들의 높은 경쟁력을 요구하고 있다.
   ※ 주어가 없는 피동 문장이다. 주어를 만들 수 있다면 마땅히 삽입해서 능동으로 만들어 주는 것이 좋다.

2 건설 회사들의 횡포로 아파트 가격이 천정 부지로 치솟~~아지~~고 있다.
   ※ 이중 피동 문장이다. 제거할 수 있는 피동형 어미들은 제거하는 것이 필요하다.

3 지구 온난화로 인한 개화(開花)시기가 매년 빨라지고 있다.
   ※ '개화 시기'라는 주어가 명백히 존재하는 피동 문장이다. 굳이 능동으로 고칠 필요가 없다.

4 당뇨병은 식이요법으로 고쳐질 수 있다는 것이 일반적인 믿음이다.
   ※ 주어가 명백하지 않기에 피동으로 놓아 두어도 별 문제가 없는 문장이다.

5 한국은 '조용한 아침의 나라'라고 불린다.
   ※ 이중 피동 문장이다.

6 A자동차에 지속적인 피해를 입혀온 산업스파이가 마침내 체포됐다.
   ※ 의도적으로 피동을 사용한 문장이다. 그대로 놓아 두는 것이 좋다.

7 "우리 조상들의 손으로 만들어진 청자의 아름다움을 한껏 느껴봐라."
   ☞ "우리 조상들이 만든 청자의 아름다움을 한껏 느껴봐라."
   ※ '손으로 만들어진'이라는 표현을 고치기 전에는 건드리지 않는 것이 나은 피동형 문장이다. 만일 고친다면, 아예 '손으로'라는 표현을 제거하는 것이 자연스럽다.

8 정부에 의해 환경 오염이 가중되는, 그린벨트 해제는 **되풀이돼서는** 안 된다. (△)
   ☞ "환경 오염**을** 가중**시키는** 그린벨트 해제는 되풀이돼서는 안 된다. (○)
   ※ 이중 피동 문장을 포함하고 있는 글이다. 이와 함께, 그다지 큰 의도가 숨어 있지 않은 문장 처음 부분도 피동도 능동으로 고치는 것이 훨씬 자연스럽다.

9 생각지도 못한 곳에서 일이 터지는 바람에 프로젝트가 전면 중단됐다.
   ※ 의도적으로 피동을 사용한 문장이다. 그대로 놓아 두는 것이 좋다.

10 이 보고서(에서)는 한반도 대운하의 경제성을 다루고 있다.
   ※ 과감하게 보고서를 주어로 놓아도 하등의 문제가 없는 문장이다.

11 세계적 경제 강국으로 거듭나기 위해서는 먼저 제도적인 기틀이 마련돼야 한다.
   ※ 이중 피동 문장이다.

12 정부가 이익 단체에 휘둘린다면 공정한 정책 집행은 요원할 수밖에 없다.
   ※ 의도적으로 피동을 사용한 문장이다.

13 크리스마스 트리의 불빛이 거리를 밝게 비추고 있다.
   ※ '크리스마스 트리의 불빛'을 주어로 삼는 것이 자연스런 문장이다.

14 상황이 완전히 변해버린 까닭에 세력 판도가 처음부터 다시 짜져야 한다. (○)
   ☞ 상황이 완전히 변해버린 까닭에 세력 판도를 처음부터 다시 짜야 한다. (○)
   ※ 글쓴이의 의도가 중요한 문장이다. 만일, 글쓴이가 세력 판도를 짤 수 있는 입장이라면 두 번째가, 세력 판도를 짤 수 없는 입장이라면 첫 번째가 옳다.

15 진통 끝에 새 정부의 구조조정안이 인수위원회에 의해 발표됐다.
   ※ 의도적으로 피동을 사용한 문장이다. 물론, 능동으로 써도 아무 문제는 없지만, 글맛이나 의미는 분명 다르다. 만일, 구조조정안에 초점을 맞추고자 한다면, 위의 문장이 낫다.

16 작전을 거는 족족 들어맞는 경우가 많아 그는 빨간 장갑의 마술사로 불린다.
   ※ 이중 피동을 사용한 문장이다. 중복된 피동형 어미를 제거해야 한다.

17 말도 많고 탈도 많았던 대운하 사업 추진이 결국에는 전면 중단됐다.
   ※ 의도적으로 피동을 사용한 문장이다. 17번 참조.

18 이성을 처음으로 사귀는 시기가 세대를 거듭할수록 앞당겨지고 있다.
   ※ 불특정 다수가 주어인지라 그대로 놓아 두는 것이 자연스럽다.

19 책에서 비춰지는 그녀는 일반적으로 알려진 것과 전혀 다른 모습이다.
   ※ 과감하게 '책'을 주어로 놓아도 하등의 문제가 없는 문장이다. 오히려 능동으로 고치면 이상한 글이다.

20 어젯밤, 잠을 제대로 자지 못해 졸린지 연신 눈을 비비대고 있었다.
   ※ 이중 피동 문장이다. 중복된 피동형 어미를 제거해야 한다.

21 핵가족화가 급속도로 진행된 현대사회에서 가족 간의 유대감이 점차 약해지고 있다.
   ※ 의도적으로 피동을 사용한 문장이다. 불특정 다수가 주어인지라 그대로 놓아 두는 것이 자연스럽다.

22 감독의 날카로운 조언으로 그의 나머지 기술이 완성됐다.
   ※ 의도적으로 피동을 사용한 문장이다. 물론, 능동으로 써도 아무 문제는 없지만, 어감이나 의미는 분명 다르다. 만일, '기술'에 초점을 맞추고자 한다면, 위의 문장이 낫다.

23 한국의 압승(壓勝)이 예상된 터라 관람석은 한산하리만치 텅 비어 있었다.
   ※ 이중 피동 문장이다. 중복된 피동형 어미를 제거해야 한다.

24 수출이 활성화돼야 나라가 살고, 경제가 살고, 국민이 살 수 있다.
   ※ 주어가 확실치 않은 까닭에 그대로 놓아 두는 것이 자연스럽다.

25 그 사무실은 이전부터 임시직 직원에 의해 관리되고 있었다.
   ※ 의도적으로 피동을 사용한 문장이다. 22번 참조.

26 생태계를 교란시킬 우려가 큰 설악산 케이블카 사업은 전면 재검토돼야 한다.
   ※ 역시 의도적으로 피동을 사용한 문장이다. 25번 참조.

나. 중문연습

1 시청률에 의해 운영되어지는 방송 매체에서 보다 많은 시청자를 확보하기 위한 전쟁이 나날이 계속되는 가운데 방송 종사자들은 특종을 만들어내기 위해 몸부림을 친다.
   ※ 이중 피동 문장이 포함돼 있다.

2 드라마에서는 남자와 여자의 벌거벗은 애정 행각이 노골적으로 비춰지고 있었으며, 피가 튀는 폭력장면도 영화와 비교했을 때 전혀 차이가 없을 정도로 거칠고 잔인하게 묘사되고 있었다.
   ※ 주어가 확실치 않은 까닭에 그대로 놓아 두는 것이 자연스러운 피동 문장이다.

3 동남아시아를 위시해 전세계적으로 한류(韓流) 열풍이 불어 닥치게 된 데는 노하우의 축적과 함께 탄탄한 시나리오, 연예인들의 수준 높은 연기 등을 원인으로 꼽을 수 있다.
   ※ 주어가 확실치 않지만 능동으로 바꾸는 것이 더욱 자연스러운 문장이다.

4 빨, 주, 노, 초, 파, 남, 보 등 7개의 무지개 빛 상의(上衣)를 월요일부터 일요일까지 교대로 입는 바람에 주인공은 주변으로부터 '레인보우맨'이라 불리고 있다.
   ※ 의도적으로 피동을 사용한 문장이다. 불특정 다수가 주어인지라 그대로 놓아 두는 것이 자연스럽다.

5 정부 및 기업의 전문가들이 공동으로 향후 10년간의 한국 경제를 예측하며 발표한 보고서에서는 각종 경기 지표들이 대단히 낙관적인 것으로 전망되어지고 있다.
   ※ 이미 '정부와 기업이 발표한~'이라는 주어가 있기에 '보고서'를 주어로 하

기에는 무리가 있는 문장이다. 그러기보다 뒤의 이중 피동을 제거하는 것이 낫다.

6 기계식 암기와 주입식 교육을 근간으로 하는 현대 자본주의 사회의 공공 교육으로 인해 비판적 사고가 결여된 학생들이 대량으로 양산되고 있다.
   ※ 의도적으로 피동을 사용한 문장이다. 주어인지라 뚜렷하지 않은 까닭에 그대로 놓아 두는 것이 자연스럽다.

7 하나밖에 없는 대운동장이 언제나 5, 6학년 형들에 의해 독점적으로 사용되~~어지~~고 있어 같이 뛰놀고 싶은 4학년 이하 동생들의 불만이 이만저만한 게 아니다.
   ※ 의도적으로 피동을 사용한 문장이다. 이중 피동은 제거해야 한다.

8 21세기 현재, 일명 '바보 상자'라 불리~~우~~는 텔레비전은 하루 24시간 내내 집에서부터 자동차와 전철, 버스와 휴대폰 등에 이르기까지 우리를 둘러싼 그 모든 곳에서 막강한 위력을 떨치고 있다.
   ※ 이중 피동 문장이다.

9 '쉼표'를 작은따옴표와 함께 사용할 때는 작은따옴표 안에 넣~~어지~~는 것이 좋다. 사실, 엄밀히 말하자면 작은따옴표가 포함된 단어들을 열거할 경우, 쉼표를 작은따옴표 안에 넣어~~져~~야 하는지, 밖에 놓아~~져~~야 하는지에 대해서는 아직 정해진 바가 없다.
   ※ 굳이 능동으로 바꿔도 표현이 어색하지 않은 이상, 전체적인 형식을 능동으로 바꾸는 것이 좋다. 듣기에도 능동이 훨씬 편하다.

다. 장문연습

1\. 앞 장에서 소개했던 한자 및 한자어와 마찬가지로 피동형도 경우에 따라 적절히 사용하면 약초(藥草)가 될 수 있다. 예를 들어, 위의 두 문장 사이에는 어감(語感)과 의미에 있어 미묘한 차이가 흐르고 있다. 첫 번째 글에서는 '바꾸어야 할까?'라는 동사의 주인으로 '우리들'(독자)을 가정하며 읽는 이들의 참여를 적극 유도하는 반면, 두 번째 문장에서는 질문을 던지는 이가 스스로 답을 제시하기 전에 먼저 물어보는 정도라는 상황이 암묵적으로 깔려 있다. 다시 말해, 1번 문장의 경우, "(우리가) 피동형을 능동형으로 어떻게 바꾸어야 할까?"라며 정답을 적극적으로 유도하는 의미가 강하다면, 2번 문장에서는 "글 자체에 어떤 변화가 일어나야 할까?"라는 수동적인 의미의 내용이 암시**돼** 있는 것이다. 물론, 둘 가운데 절대 정답은 없으며 글의 흐름과 분위기, 글쓴이의 입맛에 따라 선택 사항은 바뀔 수 있다. 그렇다면 무조건 피동형을 피하기보다 필자**가** 의도**화**는 방향으로 능동, 피동을 써야 한다는 결론이 나온다. 유념해야 할 사실은 앞서 강조한 바와 같이, '이중 피동'과 일반인 또는 우리들 자신을 제외한 주어 없는 문장은 가급적 피하는 것이 좋다는 것이다.

※ 이중 피동 가운데 불필요한 부분은 제거해야 한다. 이와 함께, 마지막에서 두 번째 문장도 능동으로 바꾸는 것이 좋다.

2\. 주어가 있는 문장이라 하더라도 무조건 능동형으로 쓰는 것 또한 바람직하지는 않다. 능동만으로 구성된 문장은 단순해지기 쉽기 때문이다. 음악을 보면 알 수 있듯이 하나의 곡조, 하나의 음계, 하나의 가락, 하나의 장단만으로 이뤄진 노래는 단조로울 수밖에 없다. 그런 까닭에 못갖춘마디와 갖춘마디, 장조와 단조가 어우러지면서 음의 길이와 높낮이도 적당히 변해야 연주하는 이와 듣는 이 모두 흥이 나기 마련이다. 마찬가지로, 글에서도 짧은 문장과 긴 문장, 능동형과 수동형, 평서법과 반어법, 온점과 쉼표, 물음표와 느낌표, 작은따옴표와 큰따옴표에 의한 조화가 적절히 이뤄져야 글맛과 글멋이 한꺼번에 살게 된다.

이러한 까닭에, 작가에 따라서는 운율의 변화를 위해 피동형을 의도적으로 집어 넣는 경우도 있다. 그런고로, 피동형에 대한 규칙과 법칙을 어느 정도 몸에 익힌다면, 경우에 따라서는 피동**을** 사용**하**는 것도 그리 나쁘지만은 않다는 생각이다. 남들이 인정하는 탄탄한 글쓰기는 그런 가운데 구축(構築)되기에.

※ 아무리 변화를 위해 피동을 사용한다지만, 마지막에서 두 번째 문장은 능동으로 고쳐주는 것이 읽기에도 훨씬 편하다.

해 답

마술사의 '요술봉,' 작은따옴표

건조한 글덩이에 생기 불어넣는 '약방의 감초'
러시아선 글자로 인정하라며 폭동 발생하기도

문 : 문장부호는 세계 만국 공통일까?
답 : 아니다.

스페인에서는 물음표를 해당 문장의 앞뒤에 쓰고, 일본에서는 물음표를 아예 사용하지 않는다. 독일에선 큰따옴표가 문장이 시작되는 글자의 아래에 9자의 형태로, 끝나는 문자의 위에 6자의 형태로 쓰여지며, 프랑스에서는 큰따옴표 대신 겹괄호가 사용된다. 우리나라 신문에서도 한때, 인용구에 큰따옴표 대신 『 』(겹낫표)를 쓴 적이 있다. 당연히 북한도 우리와 문장부호 사용법이 달라, 큰따옴표는 《 》(겹꺽쇠)를, 작은따옴표는 〈 〉(꺽쇠)를 각각 사용하고 있다.

현재, 국어에서 사용되고 있는 문장부호 수는 대략 20여 개 정도. 그 가운데에서 가장 자주 이용되는 것들로는 네다섯 가지를 들 수 있다. 때문에, 사용 빈도가 높은 이들 핵심 부호를 적절히 사용하는 것은 맛깔스런 글쓰기를 위해서도 매우 중요하다. 자칫 건조해지기 쉬운 글에 생기를 불어넣는 '약방의 감초'가 문장부호 본연의 역할이기에. 다음은 알아두면 유용한 문장부호

규칙 가운데 제1탄인 '작은따옴표' 편.

흔히, 작은따옴표는 '어떻게 하면 잘 쓸 수 있을까?'에서와 같이 특정 인물의 생각을 표시하는 경우에만 사용되는 줄 알지만, 이는 천만의 말씀이다. 정작, '강조'와 '환기'를 위해 더욱 자주 쓰이는 게 쉼표다. 바로 앞 문장에서 '강조'와 '환기'라는 단어 위에 작은따옴표를 사용한 것도 '강조'를 하기 위해서다. 작은따옴표는 또, '신조어'나 잘 알려지지 않은 '고유명사'에 사용됨으로써 자칫 헷갈리기 쉬운 사실을 쉽게 구별케 하는 표지판 역할도 수행한다. 그런 면에서 작은따옴표는 적용 대상에 활기를 불어 넣는다는 의미로 무엇이든 건드리기만 하면 빛을 발하게 하는 마술사의 '요술봉'과도 같은 존재다. 다음의 문장을 보자.

  라그나로크라는 게임이 세계의 RPG(롤 플레잉 게임) 시장을 평정할 기세다.

만일, 여러분들이 이 게임을 전혀 모른다고 가정한다면 위의 문장을 읽는 순간, 상당한 껄끄러움을 느낄 것이다. 특히, 게임 이름이 무엇인지를 정확하게 유추해 내기까지는 적어도 두 번 이상 눈을 앞뒤로 훑어가며 정황을 파악해야 한다. 다음 글은 어떨까?

  '라그나로크'라는 게임이 세계의 RPG(롤 플레잉 게임) 시장을 평정할 기세다.

모름지기 '글짱'을 지향하는 사람라면 한 번에 읽히지 않는 글에 대해서는 남들보다 예민하게 반응해야 한다. 예술하는 이들의 미적(美的) 감각이 남다르듯, '글짱'을 지향하는 사람들의 감각도 남달라야 하니까. 작은따옴표는 그러나, 일반인들에게 이미 잘 알려진 고유명사, 이를테면 삼성전자, 남대문 등과 같은 것들에는 쓰이지 않는다는 사실도 알아두자. 어차피, 생소한 단어에 대한 안내 역할을 하는 것이 작은따옴표의 임무이기에.

별것도 아닌 것을 가지고 너무 너스레*를 떤다고? 제정 러시아의 수도, 상트 페테르부르크의 볼셰비키* 식자공(植字工)들은 20세기 초에 파업(罷業)을 벌인 적이 있었다. 문장부호도 글자와 마찬가지로 급료 지불의 기준에 포함시켜 줄 것을 요구해서다. 결국, 이들의 파업은 1905년 제1차 러시아 혁명을 촉발하는 직접적인 도화선이 됐다. 이래도, 설레발*일까?

| 136쪽 정답 |
135쪽 위에서부터 두 번째 줄의 '거론되어지고'가 이중 피동이다. '거론되고'로 바꿔야 한다.

참 고 문 헌

박진욱, 김동기 (2004). 「평범한 글쓰기」. 우리교육.
린 트러스 지음, 장경렬 옮김 (2005). 「먹고 쏘고 튄다」. 문학 수첩
움베르트 에코, 김운찬 옮김 (2003). 「논문 잘 쓰는 방법」. 열린책들.
한글학회, 한글 맞춤법-문장부호: <http://www.hangeul.or.kr/2.htm>

---

*너스레 수다스럽게 떠벌려 늘어놓는 말이나 짓.
*볼셰비키 '다수파'라는 뜻으로, 1903년 제2회 러시아 사회민주노동당 대회에서 레닌을 지지한 급진파를 이르는 말. 후에 골수 공산당원을 의미하는 대명사가 됐다.
*설레발 몹시 서두르며 부산하게 구는 행동

연습문제

가. 단문 연습

■ 아래의 예제들은 작은따옴표의 도움을 받을 경우, 훨씬 생기가 돌 수 있는 글들입니다. 작은따옴표가 첨가돼야 할 자리를 찾아보고, '강조'나 '환기,' '고유명사' 또는 '생각' 가운데 어느 종류에 해당하는지도 함께 기술해 보기 바랍니다.

1. 한강의 기적은 하루아침에 이루어진 것이 아니다.
2. 그건 아닌데라는 것이 철수의 생각이었다.
3. 한국 영화 가운데 필자가 가장 좋아하는 작품은 지구를 지켜라다.
4. 유교의 최고 덕목은 인(仁)이다.
5. "아, 앞으로 쭉 가면 작은 집이라는 간판을 만날 겁니다."
6. 여기가 어디지?하고 주인공은 스스로에게 묻기 시작했다.
7. 천리길도 한 걸음부터란 속담은 시작의 중요성을 강조하는 격언(格言)이다.
8. 음식 이름에 왕(王)자를 붙이면, 대개 용량이나 부피가 큰 것을 의미한다.
9. 달라이 라마는 티베트인들에게 생불(生佛)로 추앙받고 있는 인물이다.
10. 올 가을에 용사의 집에서 결혼식을 올리기로 결정했다.
11. 한국에서는 좋다는 의미에서 시쳇말*로 죽인다라는 표현을 자주 쓴다.
    *시쳇말(時體-) : 그 시대에 유행하는 말.
12. 방귀를 잘 뀐다고 해서 붙은 그의 또 다른 별명은 뿅뿅이다.
13. 어제 방영된 집으로는 할머니와 손자의 사랑을 다룬 한국영화이다.
14. "실패는 성공의 어머니란 말도 들어보지 못했느냐?"
15. 신세대들의 은어인 직쩍이란 직접 찍은 사진의 준말이다.

연습문제

16 쇠는 두들길수록 강해진다라는 격언이 내 좌우명이다.
17 그 기업은 관련업계에서는 작은 거인으로 정평이 나 있다.
18 목련은 잎지는넓은잎큰키나무에 속하는 교목*(喬木)이다.
    *교목(喬木) : 줄기가 곧고 굵으며 높이가 8m를 넘는 나무.
19 무협지에 나오는 전음(轉音)은 텔레파시에 해당하는 무공의 일종이다.
20 이곳에서 왜라는 질문은 통용되지 않는다.
21 대한은행의 내집마련 저축상품이 세간의 화제를 불러일으키고 있다.
22 쉼표가 국어에서 별것 아니다라고 생각한다면 큰 오산(誤算)이다.
23 일찍이 소크라테스는 너 자신을 알라고 말한 바 있다.
24 글 속에서 나라는 인물은 무기력한 소시민의 전형(典型)이다.
25 나는 생각한다. 고로 나는 존재한다라는 명언은 데카르트의 말이다.
26 5월 31일은 세계보건기구가 지난 1987년에 정한 세계 금연의 날이다.
27 한글을 빠르게 터득하기 위해서는 가나다라부터 외우는 것이 좋다.
28 인간의 여러 권리 가운데 자유라는 가치는 근대 유럽에서부터 그 싹이 텄다.
29 19세기 당시, 세계의 정신이었던 마르크스는 역사에서 처참하게 추방당했다.

나. 중 문 연 습 Ⅰ

■ 알맞은 곳에 작은따옴표를 넣어보기 바랍니다. 이와 함께, 작은따옴표의 쓰임새가 '강조' 나 '환기,' '고유명사' 또는 '생각' 가운데 어느 종류에 해당하는지도 함께 기술해 보기 바랍니다.

1 만화영화, 미래소년 코난에서 주인공은 발가락으로 비행기에 매달리는 괴력의 소유자로서 여주인공을 위해 모든 것을 바치는 이상적인 남자로 등장한다.

2 모순 어법에서는 앞뒤가 맞지 않는 표현들을 곧잘 연달아 쓴다. 예를 들어, 찬란한 슬픔이라든지, 오래된 미래, 작은 거인, 점보 새우 등과 같은 표현들이 이에 속한다.

3 미국을 대표하는 현대 미술가 잭슨 폴록의 작품, 넘버 5, 1948이 멕시코의 금융인에게 약 1,330억 원에 팔려, 오스트리아 화가, 구스타프 클림트의 아델레 블로흐 바워1을 제치고 세계에서 가장 비싼 그림에 등극(登極)했다.

4 인터넷 신문은 인쇄 신문의 뉴스를 온라인으로 고스란히 옮겨 온 연장지(延長紙)와 독자적으로 뉴스를 취재, 온라인상에서 편집, 운영하는 대안지(代案紙)로 구분할 수 있다.

5 오는 2010년까지 모두 39만 평 규모로 서울 구로구에 조성되는 푸른 수목원은 서울 최대의 녹지 공간으로 생태 숲, 자연탐방로 등이 테마별로 들어선다.

6 사람의 몸이나 마음이 상해서 맥을 못 출 때는 곯다라는 표현을 쓰는데, 술에 곯았다, 일에 곯았다와 같은 표현이 그 실례(實例)들이다.

7 소련문화궁전만이 홀로 군림하던 과거 바르샤바의 스카이라인은 시 당국의 현대화 노력에 힘입어 이제는 고층 건물들이 숲을 이루면서 폴란드의 기적이란 풍문이 헛소문이 아님을 실감하게 한다.

8 대한민국 자유시 행복구에 있는 양로원, 기쁨의 집에서 7년째 목욕 자원봉사자로 일하고 있는 그녀는 할머니와 할아버지들 사이에서 일명 때 아줌마로 통하는 두 아이의 엄마다.

9 기우(杞憂)란 옛날 중국 기(杞)나라에 살던 한 사람이 만일 하늘이 무너지면 어디로 피해야 좋을 것인가?에 관해 침식도 잊어가며 걱정했다는 데서 유래한 고사성어(故事成語)다.

10 지난 1980년대 말에 제작된 2020 원더키디는 당시 국내 최고의 애니메이터들이 자존심을 걸고 만든 작품이었기에 대단한 완성도를 자랑했지만, 흥행에

서는 참패를 기록했던 불운(不運)의 만화영화였다.

11 지난 1998년 첫선을 보인 이래, 숱한 문화 현상을 양산하며 엄지족이라는 신조어를 낳기도 했던 문자메시지는 그동안 신세대들의 전폭적인 사랑 속에 관련 시장이 급속도로 성장해 왔다.

다. 중 문 연 습 II

■ 알맞은 곳에 작은따옴표를 넣어보기 바랍니다. 이와 함께, 작은따옴표의 쓰임새가 '강조'나 '환기,' '고유명사' 또는 '생각' 가운데 어느 종류에 해당하는지도 함께 기술해보기 바랍니다.

1 이전의 연속극이나 주말 드라마와는 전혀 다른 형식의 미니시리즈는 시청자들을 TV 앞에 잡아 앉히는 흡입력을 인정받아 1987년 최인호 원작의 불꽃을 시작으로 모래시계, 질투 등을 거쳐 파리의 연인, 다모 등에 이르기까지 불멸의 흥행작들을 줄줄이 선보였다.

2 영국에는 문장부호에 관해 친절하게 용례와 사용법을 설명하는 라디오 전문 프로그램이 있다고 한다. 또, 미국과 영국의 초등학교에는 문장부호에 대한 전문 교육 과정이 따로 있는 실정이다. 소유격 표시에 대한 오·남용을 막기 위한 아포스트로피* 보존 협회가 있다는 사실에 대해서는 어떻게 생각하는가?

　　*아포스트로피 : 영어에서 소유격을 표시하기 위해 만든 문장부호.

3 왜 짧은 글이 빠르고 재미있게 읽힐까? 모르긴 해도 문장에 담긴 정보량이 적은 것이 이유일 게다. 뇌에서 해독하고 처리하는 속도가 빠르니 전개 역시 지루할 턱이 없다. 해서, 수많은 글쟁이들 가운데 경쟁력을 갖추려면 길이를 줄여나가는 수밖에 없다. 물론, 길이에 있어 절대 정답은 없다. 굳이 말하자면 다다익선(多多益善)이 아닌 단단익선(短短益善)이라고나 할까?

4 월드 투어를 감행하는 가수, 비는 이미 세계적으로 알려진 한류의 얼굴이 됐다. 삼성전자의 100조 매출 역시 전혀 새로울 것이 없는 세상이 되었다. 현대자동차는 미국 곳곳에 해외 공장을 짓고 있으며, 서울 경복궁 안은 외국인들로 득실득실하다. 한국 영화와 드라마는 이미 해외 곳곳에서 그 주가를 드높이고 있으며, 배틀 댄스를 추는 비보이들의 활약은 이미 익숙한 지 오래다. 5000년 동안, 조용하기만 하던 아침의 나라는 이제 세계에서 가장 주목받는 활력의 나라가 되고 있다.

라. 장 문 연 습

■ 괄호 안에 적혀 있는 숫자만큼의 작은따옴표를 적당한 단어들에 씌워 보기 바랍니다. 이와 함께, 작은따옴표의 쓰임새가 '강조'나 '환기,' '고유명사' 또는 '생각' 가운데 어느 종류에 해당하는지도 함께 기술해 보기 바랍니다.

1 젊은이들에게 있어 당구장은 90년대 초까지 무척이나 유용한 놀이 공간이었다. PC방, 비디오방은 물론, 노래방과 같은 종류의 오락실들이 아직 등장하지 않았던 시절의 일이다. 당시, 국민적 인기를 등에 업고 호황(好況)을 구가(謳歌)하던 당구장은 비단 당구만을 취급하던 단순한 오락 공간이 아니었다. 자장면을 불러 먹으면 중국집, TV를 틀면 비디오방, 포커판을 벌리면 게임방으로 즉시 변신을 꾀하던 복합놀이방이었다. 굳이 말하자면, 한국형 멀티플렉스의 시초라고나 할까? (4)

연습문제

2   몇몇 문법학자들은 문장부호를 바느질에 비유한다. 언어라는 천을 맵시 있게 꿰매는 바느질 같다는 이유에서이다. 또, 어떤 이에게 있어 문장부호는 교통신호와 같다고 한다. 속도를 늦추라는 신호를 보내거나(쉼표나 밑점), 주목하라는 신호(작은따옴표 또는 느낌표), 돌아가라는 신호 또는 멈추라는 신호(마침표)를 전하니까. 반면, 문장부호에 관한「먹고, 쏘고 튄다」라는 책을 써 베스트셀러 작가가 된 린 트러스 (Lynne Truss)는 문장부호의 정의를 독자에 대한 예의라고 내리고 있다. 손님 앞에 음식을 내올 때, 식탁보와 냅킨 정도는 필수적으로 준비하는 것처럼, 문장부호 역시 상대방에게 최대한의 정성과 편의를 제공한다는 의미에서. (3)

3   여섯 줄, 80바이트, 건당 30원.
　우습게 들릴지 몰라도 가뜩이나 띄어쓰기에 약한 신세대에게 철퇴를 가한 주역, 문자메시지(SMS)에 관한 어느 이동통신사의 가격 정보다. 지난 1998년 첫선을 보인 이래, 숱한 문화현상을 양산하며 엄지족이라는 신조어를 낳기도 했던 문자메시지는 그동안 신세대들의 전폭적인 사랑 속에 시장이 급속도로 성장해 왔다. 이에 따라, 지난 2004년 한 해 동안 문자서비스만으로 이통(移通)3사가 벌어들인 돈은 무려 4,060억 원. 티끌 모아 태산이라는 속담이 결코 허언(虛言)이 아님을 보여준 한국판 실례(實例)인 셈이다. 문제는 일정 한도 내에서 문자를 보내야만 건당 몇 십 원으로 인정해 주는 이통사(移通社)들의 방침이 신세대들로 하여금 띄어쓰기를 외면하도록 강제해 버렸다는 사실이다. 비용 절감을 위해 신세대들이 단어들을 다닥다닥 붙여 씀으로써 그네들의 이야기 문화에서 띄어쓰기를 퇴출시켜 버렸기 때문이다. (3)

해답

가. 단문연습

1. '한강의 기적'은 하루아침에 이루어진 것이 아니다. (환기/강조)
   ※ '한강의 기적'이라는 단어 자체가 이미 하나의 관용구로 정착된 '신조어'이다. 신조어의 경우에는 주의를 환기시키기 위해 작은따옴표를 사용한다. 물론, 강조로 보아도 별 무리는 없다.

2. '그건 아닌데'라는 것이 철수의 생각이었다. (생각)

3. 한국 영화 가운데 필자가 가장 좋아하는 작품은 '지구를 지켜라'다. (고유명사)

4. 유교의 최고 덕목은 '인'(仁)이다. (강조)

5. "아, 앞으로 쭉 가면 '작은 집'이라는 간판을 만날 겁니다." (고유명사)

6. '여기가 어디지?' 하고 주인공은 스스로에게 묻기 시작했다. (생각)

7. '천리길도 한 걸음부터'란 속담은 시작의 중요성을 강조하는 격언(格言)이다. (환기)
   ※ '강조'와 '환기'의 차이를 구별하는 것은 결코 쉽지 않다. 그러나 굳이 설명하자면, 강조는 '청각적' 효과가 강해 단어의 소리 자체도 강하게 발음되는 경우로, 전달하고자 하는 주 메시지가 담겨 있을 때가 많다. 반면, 환기의 경우에는 주로 문장 속에 묻혀 버리기 쉬운 단어나 문구들을 요철(凹凸)처럼 도드라져 보이게 하기 위한 '시각적' 목적이 좀더 큰 경우로 이해하면 될 듯하다. 그런 의미에서 속담이나 격언, 명구(名句)에 붙이는 작은따옴표 역시 주의를 환기시키기 위한 목적이 크다고 볼 수 있다.

8. 음식 이름에 '왕'(王)자를 붙이면, 대개 용량이나 부피가 큰 것을 의미한다. (강조)

9. 달라이라마는 티베트인들에게 '생불'(生佛)로 추앙받고 있는 인물이다. (강조)

10. 올 가을에 '용사의 집'에서 결혼식을 올리기로 결정했다. (고유명사)

11. 한국에서는 '좋다'는 의미에서 시쳇말로 '죽인다'라는 표현을 자주 쓴다. (환기 > 강조)

12. 방귀를 잘 뀐다고 해서 붙은 그의 또 다른 별명은 '뿡뿡이'다. (환기 > 강조)

13 어제 방영된 '집으로'는 할머니와 손자의 사랑을 다룬 한국영화이다. (고유명사)

14 "'실패는 성공의 어머니'란 말도 들어보지 못했느냐?" (환기)
    ※ 큰따옴표 속에 격언이 인용됐다.

15 신세대들의 은어인 '직찍'이란 '직접 찍은 사진'의 준말이다. (환기)
    ※ '직찍'은 신조어이다.

16 '쇠는 두들길수록 강해진다'라는 격언이 내 좌우명이다. (환기)

17 그 기업은 관련업계에서는 이미 '작은 거인'으로 정평이 나 있다. (강조)
    ※ '작은 거인'이라는 것 자체가 모순 어법이며, 모순 어법은 강조를 위해 자주 쓰인다.

18 목련은 '잎지는넓은잎큰키나무'에 속하는 교목(喬木)이다. (고유명사)
    ※ '잎지는넓은잎큰키나무' (Magnolia kobus)는 목련의 학명(學名)에 속하는 우리말 고유명사이다.

19 무협지에 나오는 '전음'(轉音)은 텔레파시에 해당하는 무공의 일종이다. (강조/환기)

20 이곳에서 '왜'라는 질문은 통용되지 않는다. (강조 > 환기)

21 대한은행의 '내집마련' 저축상품이 세간의 화제를 불러일으키고 있다.
    대한은행의 '내집마련 저축상품'이 세간의 화제를 불러일으키고 있다. (고유명사)
    ※ 상품의 이름을 어디까지 보느냐에 따라 둘 다 가능하다.

22 쉼표가 국어에서 '별것 아니다'라고 생각한다면 큰 오산이다. (생각 > 환기 > 강조)

23 일찍이 소크라테스는 '너 자신을 알라'고 말한 바 있다. (환기)

24 글 속에서 '나'라는 인물은 무기력한 소시민의 전형(典型)이다. (환기)

25 '나는 생각한다. 고로 나는 존재한다'라는 명언은 데카르트의 말이다. (환기)

26 5월 31일은 세계보건기구가 지난 1987년에 정한 '세계 금연의 날'이다. (환기 > 강조)

27 한글을 빠르게 터득하기 위해서는 '가나다라'부터 외우는 것이 좋다. (환기 > 강조)

28 인간의 여러 권리 가운데 '자유'라는 가치는 근대 유럽에서부터 그 싹이 텄다. (강조/환기)

29 19세기 당시, '세계의 정신'이었던 마르크스는 역사에서 처참하게 추방당했다. (강조 > 환기)

나. 중문연습 I

1 만화영화, '미래소년 코난'에서 주인공은 발가락으로 비행기에 매달리는 괴력의 소유자로서 여주인공을 위해 모든 것을 바치는 이상적인 남자로 등장한다. (고유명사)

2 모순 어법에서는 앞뒤가 맞지 않는 표현들을 곧잘 연달아 쓴다. 예를 들어, '찬란한 슬픔'이라든지, '오래된 미래,' '작은 거인,' '점보 새우' 등과 같은 표현들이 이에 속한다. (모두 강조/환기)

3 미국을 대표하는 현대 미술가 잭슨 폴록의 작품, '넘버 5, 1948'이 멕시코의 금융인에게 약 1,330억 원에 팔려, 오스트리아 화가, 구스타프 클림트의 '아델레 블로흐 바우어 1'을 제치고 세계에서 가장 비싼 그림에 등극(登極)했다. (고유명사/고유명사)

4 인터넷 신문은 인쇄 신문의 뉴스를 온라인으로 고스란히 옮겨 온 '연장지'(延長紙)와 독자적으로 뉴스를 취재, 온라인상에서 편집, 운영하는 '대안지'(代案紙)로 구분할 수 있다. (환기 > 강조)
　　※ 평소에는 잘 들어보지 못한 단어들이다. 일반 단어들과의 구별을 위한 환기가 필요하다.

5 오는 2010년까지 모두 39만 평 규모로 서울 구로구에 조성되는 '푸른 수목원'은 서울 최대의 녹지 공간으로 '생태 숲,' '자연탐방로' 등이 테마별로 들어선다. (모두 고유명사)

6 사람의 몸이나 마음이 상해서 맥을 못 출 때는 '곯다'라는 표현을 쓰는데, '술에 곯았다,' '일에 곯았다'와 같은 표현이 그 실례(實例)들이다. (모두 환기)

7 (')소련문화궁전(')만이 홀로 군림하던 과거 바르샤바의 스카이라인은 시 당국의 현대화 노력에 힘입어 이제는 고층 건물들이 숲을 이루면서 '폴란드의 기적'이란 풍문이 헛소문이 아님을 실감하게 한다. (환기-환기/강조)
　　※ '폴란드의 기적'이란 용어는 아직 생소하다. 따라서, '한강의 기적'이나 '라인 강의 기적'과 달리, 강조의 의미도 강하게 느껴진다.

8 대한민국 자유시 행복구에 있는 양로원, '기쁨의 집'에서 7년째 목욕 자원봉사자로 일하고 있는 그녀는 할머니와 할아버지들 사이에서 일명 '때 아줌마'로 통하는 두 아이의 엄마다. (고유명사-환기/강조)

9 기우(杞憂)란 옛날 중국 기(杞)나라에 살던 한 사람이 '만일 하늘이 무너지면 어디로 피해야 좋을 것인가?'에 관해 침식도 잊어가며 걱정했다는 데서 유래한 고사성어(故事成語)다. (생각)

10 지난 1980년대 말에 제작된 '2020 원더키디'는 당시 국내 최고의 애니메이터들이 자존심을 걸고 만든 작품이었기에 대단한 완성도를 자랑했지만, 흥행에서는 참패를 기록했던 불운의 만화영화였다. (고유명사)

해　답

11 지난 1998년 첫선을 보인 이래, 숱한 문화 현상을 양산하며 '엄지족'이라는 신조어를 낳기도 했던 문자메시지는 그동안 신세대들의 전폭적인 사랑 속에 관련 시장이 급속도로 성장해 왔다. (환기 > 강조)

다. 중문연습 II

1 이전의 연속극이나 주말 드라마와는 전혀 다른 형식의 (')미니시리즈(')는 시청자들을 TV 앞에 잡아 앉히는 흡입력을 인정받아 1987년 최인호 원작의 '불꽃'을 시작으로 '모래시계,' '질투' 등을 거쳐 '파리의 연인,' '다모' 등에 이르기까지 불멸의 흥행작들을 줄줄이 선보였다. (강조/환기, 이후 모두 고유명사)

※ 만일 미니시리즈라는 장르에 대해 특별히 소개하는 글이라면, 미니시리즈라는 단어에 강조 또는 환기의 목적으로 작은따옴표를 붙여 주는 것이 좋다.

2 영국에는 문장부호에 관해 친절하게 용례와 사용법을 설명하는 라디오 전문 프로그램이 있다고 한다. 또, 미국과 영국의 초등학교에는 문장부호에 대한 전문 교육 과정이 따로 있는 실정이다. 소유격 표시에 대한 오·남용을 막기 위한 '아포스트로피 보존 협회'가 있다는 사실에 대해서는 어떻게 생각하는가? (고유명사)

※ '아포스트로피 보존 협회'는 고유명사임.

3 왜 짧은 글이 빠르고 재미있게 읽힐까? 모르긴 해도 문장에 담긴 정보량이 적은 것이 이유일 게다. 뇌에서 해독하고 처리하는 속도가 빠르니 전개 역시 지루할 턱이 없다. 해서, 수많은 글쟁이들 가운데 경쟁력을 갖추려면 길이를 줄여나가는 수밖에 없다. 물론, 길이에 있어 절대 정답은 없다. 굳이 말하자면 '다다익선'(多多益善)이 아닌 '단단익선'(短短益善)이라고나 할까? (모두 환기 또는 강조)

※ '단단익선'을 강조하거나 두드러져 보이도록 하기 위해, '다다익선'에도 작은따옴표를 쳐 주는 것이 좋다.

4 월드 투어를 감행하는 가수, '비'는 이미 세계적으로 알려진 한류의 얼굴이 됐다. 삼성전자의 100조 매출 역시 전혀 새로울 것이 없는 세상이 되었다. 현대자동차는 미국 곳곳에 해외 공장을 짓고 있으며, 서울 경복궁 안은 외국인들로 득실득실하다. 한국 영화와 드라마는 이미 해외 곳곳에서 그 주가를 드높이고 있으며, 배틀 댄스를 추는 (')비보이(')들의 활약은 이미 익숙한 지 오래다. 5000년 동안, 조용하기만 하던 '아침의 나라'는 이제 세계에서 가장 주목받는 '활력의 나라'가 되고 있다. (고유명사-고유명사/환기/강조-환기/강조-환기/강조)

※ 신조어의 경우에는 환기를 위해 작은따옴표로 묶어주나, 비보이의 경우는 해당 단어가 워낙 많이 알려진 터라 작은따옴표를 붙여도 되고, 안 붙여도 된다.

라. 장문연습

1 젊은이들에게 있어 당구장은 90년대 초까지 무척이나 유용한 놀이 공간이었다. PC방, 비디오방은 물론, 노래방과 같은 종류의 오락실들이 아직 등장하지 않았던 시절의 일이다. 당시, 국민적 인기를 등에 업고 호황(好況)을 구가(謳歌)하던 당구장은 비단 당구만을 취급하던 단순한 오락 공간이 아니었다. 자장면을 시켜 먹으면 '중국집,' TV를 틀면 '비디오방,' 포커판을 벌리면 '게임방'으로 즉시 변신을 꾀하던 복합놀이방이었다. 굳이 말하자면, '한국형 멀티플렉스'의 시초라고나 할까?

※ '중국집,' '비디오방,' '게임방'은 모두 강조
※ '한국형 멀티플렉스'는 신조어로 볼 수 있다는 측면에선 환기, 중국집, 비디오방, 게임방 등과 같은 맥락에선 강조로 생각할 수 있다.

2 몇몇 문법학자들은 문장부호를 '바느질'에 비유한다. 언어라는 천을 맵시 있게 꿰매는 바느질 같다는 이유에서이다. 또, 어떤 이에게 있어 문장부호는 '교통신호'와 같다고 한다. 속도를 늦추라는 신호를 보내거나(쉼표나 밑점), 주목하라는 신호(작은따옴표 또는 느낌표), 돌아가라는 신호 또는 멈추라는 신호(마침표)를 전하니까. 반면, 문장부호에 관한「먹고, 쏘고 튄다」라는 책을 써 베스트셀러 작가가 된 린 트러스(Lynne Truss)는 문장부호의 정의를 독자에 대한 '예의'라고 내리고 있다. 손님 앞에 음식을 내올 때, 식탁보와 냅킨 정도는 필수적으로 준비하는 것처럼, 문장부호 역시 상대방에게 최대한의 정성과 편의를 제공한다는 의미에서.

※ '바느질' : 강조
 '교통신호' : 강조
 '예의' : 강조

3 '여섯 줄, 80바이트, 건당 30원.'
 우습게 들릴지 몰라도 가뜩이나 띄어쓰기에 약한 신세대에게 철퇴를 가한 주역, 문자메시지(SMS)에 관한 어느 이동통신사의 가격 정보다. 지난 1998년 첫선을 보인 이래, 숱한 문화현상을 양산하며 '엄지족'이라는 신조어를 낳기도 했던 문자메시지는 그동안 신세대들의 전폭적인 사랑 속에 시장이 급속도로 성장해 왔다. 이에 따라, 지난 2004년 한 해 동안 문자 서비스만으로 이통(移通)3사가 벌어들인 돈은 무려 4,060억 원. '티끌 모아 태산'이라는 속담이 결코 허언(虛言)이 아님을 보여준 한국판 실례(實例)인 셈이다. 문제는 일정 한도 내에서 문자를 보내야만 건당 몇 십 원으로 인정해 주는 이통사(移通社)들의 방침이 신세대들로 하여금 띄어쓰기를 외면하도록 강제해 버렸다는 사실

해 답

이다. 비용 절감을 위해 신세대들이 단어들을 다닥다닥 붙여 씀으로써 그네들의 이야기 문화에서 띄어쓰기를 퇴출시켜 버렸기 때문이다.

   ※ '여섯 줄, 80바이트, 건당 30원' : 환기 > 강조
     '엄지족' : 고유명사
     '티끌 모아 태산' : 환기. 속담이나 격언, 고사성어 등은 강조라기보다, 주변 글들과의 차별화를 위한 환기용으로 작은따옴표를 둘러주곤 한다.

A⁺ 글쓰기

제3부 문단론

1. "글맛을 오래가게 하는 힘, 접속부사"
2. '용서받지 못한 자'
3. "하나의 주제로 일관성을 살려라"
4. "사무라이의 이름으로"
5. 늘어지는 서두(序頭)는 구조조정 '1순위'
6. "들머리가 전부다" – Ⅰ
7. "들머리가 전부다" – Ⅱ
8. "들머리가 전부다" – Ⅲ
9. 글의 화룡점정(畵龍點睛), '결말'
10. "정민을 읽으면 '결말'이 보인다"

"글맛을 오래가게 하는 힘, 접속부사"

'그리고,' '그래서,' '그러나' 와 같은 '그' 계열을 줄이고
'더욱이,' '때문에,' '반면' 등의 대체 부사 쓰는 게 요령

　1870년대 초, 미국에서 처음 개발된 엔진 오일은 자동차의 내구력을 획기적으로 향상시켜 준 '세기의 발명품' 이었다. 당시, 피스톤의 왕복 운동에서 야기되는 고온(高溫), 고압(高壓)의 마찰열은 실린더의 수명을 갉아먹는 주범(主犯)으로 작용하고 있었다. 결국, 수많은 시행착오 끝에 원유(原油)의 부산물을 통해 개발된 윤활유는 이러한 문제점들을 단숨에 해결하며 엔진의 내구력을 대폭 늘려주었다. 이후, 말과의 경쟁에서 확실하게 앞서 가기 시작한 자동차는 20세기 운송 무대의 패자*(覇者)로 등극하게 된다.

　마찬가지로, 글에서도 문장 전개의 자연스런 흐름을 유도하는 윤활유는 절대적으로 필요하다. 자동차 엔진의 내구력에 해당하는 '글맛' 을 오래 남기기 위한 연결어가 그 대상에 속한다. 사실, 접속부사에 속하는 연결어는 영미권과 일본에서 '접속사' 라는 이름의 독립 품사로 대접받는 귀한 손님이다. 때문에, 국어학계에서도 접속부사를 독립 품사로 추대하려는 움직임이 꾸준히 펼쳐지고 있다.

　문제는 이렇듯 중요한 접속부사를 사용할 경우에는 신중한 간택*(揀擇)이

---

*패자(覇者)　운동 경기나 어느 분야에서 으뜸이 되는 사람. 패권자의 준말.

필요하다는 것이다. 옷감을 누빌 때 실과 바늘에 대한 고려 없이 마구잡이로 바느질을 할 수 없듯이, 접속부사를 고르고 배치하는 데도 염두에 두어야 하는 요령들이 필요하다는 것이다. 해서, 옹골찬 글쓰기를 위해 알아 두어야 할 접속부사 사용 요령으로는 다음과 같은 것들을 들 수 있다.

우선, 가급적 '그' 계열의 접속부사를 피하라는 것이다. 말이 어려워 '그' 계열이지, 쉽게 말하자면, '그리고,' '그래서,' '그러나,' '그러니까' 등과 같이 '그'로 시작하는 접속부사를 사용하지 말라는 것이다. '그' 계열의 접속부사는 연결어에서 절대 다수를 차지하고 있는 대표 부사군(群)에 속한다. 우리말의 접속부사를 모두 131개로 나눠 분류하고 있는 홍재성과 박동호, 임유종에 따르면, 연결어 가운데 '그' 계열이 차지하는 비중은 무려 80개로 전체의 61.7%에 해당한다.

왜 절대 다수를 차지하는 '그' 계열의 접속부사를 피해야 할까? 이유는 간단하다. '그' 계열의 접속부사가 앞뒤 문장의 연결 상태를 노골적으로 일러주는 까닭에, 보다 차원 높은 글쓰기에서는 적절치 않기 때문이다. 실제로, 세밀한 감정 전개와 복잡한 논리 동원이 많이 필요한 고차원적 글쓰기에서는 '그' 계열의 접속부사만으로 생각의 전개를 표현하는 데 분명 한계가 있게 마련이다.

사실, 노련한 글쟁이들은 접속부사의 사용 자체를 별로 달가워하지 않는다. 가령, 「디지로그」라는 책으로도 우리들에게 친숙한 이어령 전 문화부장관은 "상목수는 못질을 하지 않는다"고 강조하고 있다. 여러 목수를 총괄하는 책임 목수는 결코 '쾅쾅' 거리는 못질로 나무들을 잇기보다, 나무의 생김새에 따라 아귀*를 맞추어 균형과 조화로 구조물을 만들어 나간다는 의미에서다. 그런 면에서 볼 때, 저자가 '2군 접속부사'로 칭하기도 하는 '대체 부사'들은 '상

---

*간택(揀擇)　분간하여 선택함. 역사적으로는 조선 시대에 임금, 왕자, 왕녀의 배우자를 고르던 행사를 칭하기도 한다.
*아귀　사물의 갈라진 부분.

1. "글맛을 오래가게 하는 힘, 접속부사"

목수의 못' 역할을 톡톡히 해내는 귀한 존재들이다. 예를 들자면 접속부사의 3대 어군에 속하는 '그래서,' '그러나,' '그리고'와 같은 '순접,' '역접,' '첨가' 연결어들은 상황에 따라

    그래서   때문에, 따라서, 결국 ……
    그러나   반면, 하지만 ……
    그리고   게다가, 더구나, 아울러, 덧붙여 ……

등과 같은 대체 부사들로 바꿀 수 있다. 이러한 '대체 부사'는 어떤 글맛을 불러일으킬까? 다음의 경우를 한번 살펴 보도록 하자.

    문을 열었다. 그리고 주변을 둘러보았다. 그렇지만 신혜는 보이지 않았다. 그래서 그녀에게 전화를 걸기 시작했다.

위 문장의 경우, 그 전개가 평이하다 못해 단조롭기까지 하다. '그' 계열의 접속사만 사용하다 보니 문장의 흐름도 유치하기 짝이 없다. 무엇보다도 글쓴이의 감정 상태가 어떤지는 짐작하기조차 쉽지 않은 상황이다. 그렇다면 다음 문장은?

    문을 열었다. 바로 주변을 둘러보았다. 하지만 신혜는 보이지 않았다. 결국, 그녀에게 전화를 걸기 시작했다.

어떤가? 분명, 차이가 느껴지지 않는가? 본문에서도 글의 물꼬*를 원활하게 트기 위한 접속부사와 대체 부사들이 곳곳에서 암약*(暗躍)하고 있다. 어디

---

*물꼬   논에 물이 넘어 들어오거나 나가게 하기 위해 만든 좁은 통로.
*암약(暗躍)   암중비약(暗中飛躍)의 준말. 어둠 속에서 활개치며 돌아다닌다는 뜻.

어디에 있는지, 또 '그' 계열로 따지면 어느 접속부사에 속하는지 한번 찾아 보기 바란다. (정답은 176-177쪽에)

참 고 문 헌

손남익 (1995). 「국어 부사 연구」. 박이정.
안광복 (2005). 「철학, 역사를 만나다」. 웅진지식하우스.
이어령 (2000). 이어령의 명문론. 「월간조선」 7월호, 별책 단행본.
임재춘 (2004). 「한국의 이공계는 글쓰기가 두렵다」. 마이넌.
한경옥 (1992). 국민학교 읽기 교과서에 나타난 접속부사에 대한 고찰. 「초등국어교육」, Vol 1, No. 2, 129-175.
홍재성, 박동호, 임유종 (2001). 접속부사의 구문론적 특성. 「언어학」 제28호, 177-209.
황소웅 (2005). 「바른 글 좋은 글」. 랜덤하우스중앙.
엔진 오일의 역사: <http://www.volvoclub.org.uk/engine_oil_history.shtml>

'알아둡시다'

노련한 글쟁이들이라면 으레 자신만의 단어장을 갖게 마련입니다. 좋은 어구들을 모아 놓았다가 필요할 경우, 자신들의 글쓰기에서 활용하기 위해서이지요. 접속부사도 단어장에서 빼놓을 수 없는 존재입니다. 여러분도 한번 자신만의 연결어용 단어장을 만들어 보도록 하세요. 의외로 큰 도움이 될 겁니다. 다음은 저자가 가장 많이 쓰는 접속부사용 대체 부사들.

1. '그' 계열의 접속부사들을 대체할 수 있는 부사들
    그래서: 해서,* 때문에,* 결국,* 따라서,* 이에 따라 …….
    그러나: 하지만,* 반면,* 대신 …….
    그리고: 또,* 마찬가지로,* 그런 면에서,* 더욱이,* 게다가, 더구나, 아울러, 덧붙여, 역시, 뿐만 아니라 …….

2. 1번 이외에 사용 가능한 부사군 A
    시간 관련: 당시,* 이후,* 한때,* 현재,* 순간 …….
    설명 관련: 말하자면,* 즉, 다시 말해, 소위, 부연하자면, 덧붙이자면, 참고로 …….
    실례 관련: 예를 들어,* 그러고 보면,* 일례로 …….

    1번 이외에 사용 가능한 부사군 B
    분명,* 확실히 …….
    무엇보다,* 우선, 먼저 …….
    이와 함께,* 더불어 …….
    만일,* 물론,* 비록* …….
    사실,* 실제로 …….
    이는* …….
    끝으로, 마지막으로, 결론부터 말하자면 …….
    모르긴 해도 …….
    특히, 특별히 …….

*표시는 저자의 사용 빈도가 특히 높은 접속부사들.

연습문제

가. 중문/장문연습 I

■ 다음 글에서 '그리고,' '그래서,' '그러나' 등 '그' 계열의 접속부사를 찾아 글의 흐름을 좀더 부드럽게 살릴 수 있는 다른 '그' 계열, 또는 그 밖의 대체 부사로 바꿔보기 바랍니다.

1 소설「난장이가 쏘아 올린 작은 공」은 전체적으로 과거와 현재가 마구 뒤섞여서 진행되고 있다. 그리고 상황이나 내용들이 서로 연상작용을 일으키며 자유롭게 쓰여지고 있다. 그래서 작품을 소화해 내기가 쉽지 않음에도 불구하고, 시대의 아픔을 예리하게 파헤쳤다는 점을 인정받아 독자들의 폭넓은 사랑을 받아왔다.

2 어렸을 적부터 바라던 꿈을 이룬다는 것은 결코 흔치 않은 일이다. 그리고 그 꿈이 한두 개 국가를 방문하는 것이 아닌 세계일주라면 그 꿈을 이루기란 불가능에 가깝다. 그러나 대한민국의 한 여성이 그와 같은 어릴 적 꿈을 실현해, 갈수록 나약해져 가기만 하는 현대인들에게 놀라움을 선사하고 있다. 이제는 오지에서, 재난 현장에서, 전쟁터에서, 고통받는 사람들을 위해 동분서주하는 한비야가 그 주인공이다.

연습문제

3 이 책은 사회학이나 언론학에 관심 없는 사람들에게는 별 의미 없이 비칠 수 있다. 당연히 알고 있는 것을 지루하게 강조하는 내용들이 많기 때문이다. 그리고 TV 강의를 그대로 옮겨놓은 구어체식 표현도 오히려 읽기에 불편한 점을 초래한다. 그러나 필자는 이 책을 언론학도들에게 추천하고 싶다. 그것은 지은이의 세계적인 명성을 감안해 볼 때, 적어도 텔레비전에 대한 그의 생각이 어떤지를 짐작할 수 있는 까닭에서다.

4 모택동은 "권력이 총구에서 나온다"고 말했다고 한다. 그러나 현대 한국 사회에서는 권력이 매스미디어에서 나온다고 볼 수 있다. 그리고 방송의 권력은 막강하다 못해 무소불위*(無所不爲)의 경지에 이르고 있는 실정이다. 역대 어느 정권을 막론하고, 집권 초기에 공중파 방송사에 들이밀었던 당근과 채찍 정책은 그 면모를 잘 보여준다 하겠다. 그래서 정권이 바뀔 때마다 방송사는 정치 역학 구도상, 가장 큰 수혜자이자 희생자가 되어온 것이 전통이자 법칙이었다.

   *무소불위(無所不爲) : 못할 일이 없음. 사마천(司馬遷)이 「사기」(史記)에서 진(秦)의 여불위(呂不韋)를 소개할 때 그의 이름에 빗대어 비유한 말. 없을 무(無), 바 소(所), 아니 불(不), 할 위(爲)로, 글자 그대로 '못할 바가 없다'는 뜻.

5 민주주의 정부란 국민들이 직, 간접적으로 선출한 사람들의 모임이다. 그래서 정부는 국민의 뜻을 존중하고, 국민의 신상을 보호하며, 국민들의 삶이 더 나아질 수 있도록 최선을 다해야 할 의무를 지니고 있다. 그러나 교과서 속에서의 정부와 달리, 현실에서의 정부는 그렇지 못한 경우가 대부분이다. 오히려, 국민들의 권리를 침해하며 정당한 요구를 탄압하는 사례가 비일비재(非一非再)하다. 그래서 정부에 대한 국민들이 불신이 높아져 가는 것이 세계적인 추세가 되고 있다.

도 불구하고, 짧은 기간 동안 웬만한 음악가는 평생 동안 몸바쳐도 이뤄내지 못할 업적을 인류 음악사에 남겼다. 그러고 보면, 모차르트의 음악을 들을 경우 집중력이 생기고 머리가 좋아진다는 연구 결과는 '모차르트 효과'라는 신조어를 만들어 내기도 했다. 그래서일까? 혼신의 힘을 담아낸 그의 음악은 언제나 우리의 정신을 맑게 하며 기분을 상쾌하게 하는 마력(魔力)을 지니고 있다.

　마찬가지로, 일곱 번이나 다운 당했음에도 불구하고 집중력을 잃지 않은 한 방으로 챔피언을 쓰러뜨려 국민적 영웅으로 부상했던 홍수환 역시 집중력의 달인이다. "엄마, 나 챔피언 먹었어"라는 유행어를 낳기도 했던 그는 당시 최고의 권투 선수로서 권투 르네상스를 주도한 장본인이었다.

✎ 해 답

가. 중문연습

1 구명조끼의 중요성에 대해 해안 구조대의 한 관계자는 "구명조끼를 입지 않으면 수영을 잘해도 **조류에 떠내려 가지 않으려 물에 빠지지 않기 위해** 몸을 계속 움직이다 체력이 떨어져 바다에서 10분 이상 버티기가 어렵지만, 구명조끼를 입으면 **가만히 있어도 물에 가라앉지 않기에** 저체온증이 나타나기 전까지 여러 시간을 버틸 수 있다"고 말한다.

   ※ 문장 앞에서는 조류에 떠내려 가지 않으려 몸을 움직이다 체력이 떨어진다고 말했지만, 뒤에서는 구명조끼를 착용할 경우 여러 시간을 버틸 수 있다는 이야기만 하고 있다. 다시 말해, 구명조끼를 착용하면 조류에 떠내려가지 않는다는 이야기는 문장의 후반부 어디에도 없다. 명백히, 화자(話者)가 말을 잘못 꺼내면서 일관성을 잃은 글이다. 마땅히 하나의 주제로 일맥상통하도록 말을 고쳐줘야 한다. 여기에서는 글의 전후 맥락으로 보아 구명조끼를 입으면 몸을 놀리지 않아도 되기에 체력 소모가 적어서 오랫동안 버틸 수 있다는 점을 강조하려 했던 듯싶다.

2 언론은 대중들의 신뢰를 바탕으로 존재한다. 언론이 대중들에게 믿음을 주지 못하면 결국 대중으로부터 외면당하게 되고, 외면당한 언론은 들어주는 사람도 없는 곳에서 공허하게 외치다가 그 존재 의의조차 상실하기 때문이다. 그런 까닭에 막강한 권력으로 자리매김하고 있는 언론은 **누구든지 쉽사리 접근해 자신의 입장을 피력할 수 있도록 문턱을 낮춰야 한다.** 기사 하나라도 사실에 입각해 신중하게 다룸으로써 대중들의 신뢰를 저버려서는 안 될 것이다.

   ※ 대중들의 신뢰를 바탕으로 한 언론에 대한 이야기이다. 하지만, 글의 마지막 부분에서는 생뚱맞게 언론에 대한 접근의 용이성 문제를 다루고 있다.

3 **지구상에 있는 대부분의 국가들은 미국으로부터 한 번쯤 배신당해본 경험이 있는 것이 사실이다.** 사실, 미국의 대외 정책은 달면 삼키고 쓰면 뱉는 식으로 철저하게 자국 중심주의적으로 돌아가고 있으며, 앞으로도 이런 정책을 유지시켜 나갈 것이다. 미국 정부는 자국민의 경우도 자국 중심주의에 배치(背馳)되면 철저히 외면한다. 따라서 미국 정부의 잘못된 내외정책을 비판하는 캠페인을 적극적으로 벌여야 한다.

   ※ 첫 문장에서는 미국의 영향력에 대해 쓰더니, 뒤에서는 미국의 잘못된 내외

(內外)정책에 대해 비판하고 있다. 뒷문장을 다 고치느니, 차라리 처음 문장의 내용을 뒷문장에 맞게 고쳐주는 것이 낫다.

4 과거에는 빨간색이 따뜻할 뿐만 아니라 잡귀(雜鬼)마저 없애주는 색이라 여겼기에 내복을 고를 경우에는 가장 많은 인기를 끌었다. 오죽하면, 직장인이 된 자식들이 첫 월급을 받은 기념으로 부모님께 드리는 '선물 1호'가 빨간 내복이었을까? 하지만 **21세기를 맞은 현재, 내복 색깔에 대한 취향도 과거에 비해 훨씬 다양해지고 있다. 이에 따라, 노란색은 물론, 주황색, 보라색, 파란색 등 온갖 종류의 색깔 내복들이 소비자들의 눈길을 끌고 있다. 이와 함께/더욱이, 내복의 재료도 다양해져 녹차 내복, 콩으로 만든 내복 등이 쏟아져 나오고 있는 실정**이다.

※ 빨간 내복이야기를 꺼내다가 느닷없이 찜살이 열풍과 함께 닥쳐온 색깔 내복, 무봉제 내복, 기능 내복 등을 마구잡이로 섞어서 소개하고 있다. 만일, 내복 제품들이 다양해진 상황을 소개하고자 한다면, 글의 첫부분을 "과거에는 내복의 종류가 다양하지 못했다. 기껏해야 빨간 내복 정도가 고작이었다"로 시작하고 "잡귀마저 없애주는 색"이나 "첫 월급 선물 1호"처럼 글의 일관성과는 하등*(何等) 상관없는 부분들을 삭제해야 한다.

*하등(何等): (뒤에 오는 '없다,' '않다' 따위의 부정어와 호응하여) '아무런,' '아무' 또는 '얼마만큼'의 뜻을 나타내는 말.

5 책을 읽으면 마음의 양식을 넉넉하게 지니게 되며 정신세계를 향한 이해도 깊어진다. 또 진실을 구별할 수 있는 지혜를 갖게 되며 삶의 진리와 지혜도 터득하게 된다. 무엇보다, 세상의 이치를 깨닫기 시작하면서 스스로 사고(思考)하는 능력을 키울 수 있게 된다. 이것은 어떤 스승이나 평판 높은 학교에서 배우는 것과는 또 다른 차원의 것이다. 어느 문인이 **"책 속에 길이 있다"**고 설파한 것도 이러한 이유에서이리라.

※ 잘 나가다가 마지막 문장에서 급작스레 방향을 잃은 글이 돼 버렸다. 앞서 독서의 장점을 일일이 설명하다 마지막에 가선 '독서란 과거의 위인들과 대화하는 것'이라는 격언을 잘못 소개했다. 문맥의 흐름에 반하지 않으려면, 당연히 독서를 하는 이유에 대한 격언을 곁들여야 한다.

나. 장문연습

1 "황우석 교수의 논문이 조작됐을 가능성이 높다."
지난 2005년 11월, 황우석 교수의 비리(非理)를 폭로함으로써 국내에 일파만파(一波萬波)의 파장을 몰고 온 MBC의 'PD수첩'은 당시, 절대권력으로 행세해 온 황우석 교수의 줄기세포 연구에 대해 정면으로 이의를 제기한 첫 언론이었다. 이후, 'PD 수첩'은 마녀사냥에 가까운 엄청난 비난에 시달리면서 인터뷰 대상자를 협박했다는 혐의 등으로 대국민 사과와 함께 프로그램의 간판을 내리기로 결정한다. 하지만, 보도 이후에도 포항공대의 생물학 연구정보센터(BRIC)를 중심으로 논문 조작 가능성이 인터넷 상에서 꾸준히 제기되면서, 결국 황우석 교수는 나락*(奈落)으로 추락하고 만다. 언론의 자유로운 보도와 인터넷 상에서의 공개적인 이의제기가 불가능했다면 언제 밝혀질지 알 수조차 없었던 희대*(稀代)의 사기극이 막을 내리는 순간이었다. 이러한 황우석 사태는 존 밀턴이 1644년 「아레오파지티카」를 통해 주장한 '언론출판자유'에 관한 사상을 보다 쉽게 이해하는 데 도움을 준다.
존 밀턴은 연설문 형식을 띤 그의 저서 「아레오파지티카」에서 "나에게 어떤 자유보다 양심에 따라 자유롭게 말하고 주장하며 출판할 수 있는 자유를 달라"고 이야기한다. 영국의 '출판 검열과 허가제'를 정면으로 반박하고, 지적 행위의 자유를 정당화할 수 있도록 요구한 것이다. 당시 영국은 왕당파와 의회파 간의 갈등이 심화된 시기로, 의회파가 권력을 장악하고 있었다. 이러한 가운데, 의회파는 질서와 통합을 위해 자율성을 엄격히 규제해야 한다는 보수적인 입장을 취하며 '출판 허가제'를 시행하고 있었다. 이에 대해, 존 밀턴은 인간이 진리를 추구하려 한다면, 하나의 공개 시장에서 여러 사상과 지식들이 교류해야 명(明)과 암(暗), 선(善)과 악(惡)을 구별할 수 있다며 출판에 대한 자유를 허용하도록 촉구했다.

*나락(奈落) : (불교의) 지옥. 어찌 '나'(奈), 떨어질 '락'(落).
희대(稀代) : 세상에 드묾. 드물 '희'(稀), 시대 '대'(代).

※ 자칭 '지식공개시장'이라고 평한 '네이버 지식인'과 존 밀턴의 출판 허가 요구서인 「아레오파지티카」 간의 상관관계가 희박한 글이다. 책을 통해 존 밀턴이 주장하고자 했던 것은 서로의 사상을 공유하는 '지식공개시장'을 통해 진리를 찾을 수 있다는 것이었다. 즉, 진리라는 목적을 위해 수단인 지식 공개 시장을 활용해야 한다는 말이었다. 하지만, 예제 글의 경우 처음에 등장하는 '네이버 지식인'은 단순히 궁금한 것을 답하는 포털 사이트로 엄밀한 의미에서 그 다음에 전개되는 존 밀턴의 '지식공개시장'과는 별 상관이 없다. 때문에 차라리, 도입부에서 출판 및 인쇄의 자유가 왜 중요한지를 간단히 예시한 후, 존 밀턴의 「아레오파지티카」를 소개하는 것이 글의 일관성 유지를 위해 바람직하다.

2 어느 골동품 경매장에서 일어난 일입니다. 여러 가지 골동품들이 그 가치에 따라 좋은 가격으로 팔린 후, 낡은 바이올린 한 대만 쓸쓸히 남았습니다.

"만원으로 경매를 시작하겠습니다." 경매사가 외치자, 터무니없이 싼 가격에 참가자들은 바이올린을 쳐다보며 냉소(冷笑)를 지었습니다. 경매사가 장내를 둘러보며, "아무도 사는 사람이 없다면, 여기에서 끝을 맺도록 하겠습니다"라고 말했습니다. 순간, "제가 그 바이올린으로 연주 한 번만 해도 되겠습니까?" 하는 소리가 들렸습니다. 목소리의 주인공은 낡은 옷 때문에 속살이 보이고 신고 있는 신발은 짝이 맞지 않으며 푹 눌러쓴 모자는 구멍이 뚫려 머리카락이 쑥 나오는 등 초라하기 그지없는 모습의 할아버지였습니다. 경매사는 물건을 하나라도 더 팔 요량으로 "한번 연주해 보세요"라며 할아버지의 요구를 승낙했습니다.

할아버지가 낡은 바이올린을 잡고 연주하기 시작하자 아름다운 음악 소리가 흘러나왔습니다. 경매장 여기 저기에 흩어져 웅성거리던 사람들이 숨죽인 채, 할아버지 앞에 모여들었습니다. 얼마나 시간이 흘렀을까? 한참 동안 바이올린에 켜던 할아버지의 연주가 끝나자 아름다운 소리에 심취했던 사람들은 뜨거운 박수를 보냈습니다. 바이올린의 경매가격은 어떻게 되었을까요? 할아버지의 연주 전에는 상상할 수도 없었던 아주 높은 가격에 팔렸습니다.

여러분, 단 한 번의 훌륭한 연주로 낡고 지저분한 바이올린의 가치가 올라간 것에서 알 수 있듯이, 사물을 겉모습만 보고 판단하지 맙시다. 중요한 것은 그 물건의 가치를 이해하고 제대로 활용할 줄 아는 능력입니다. 때문에, 남들이 신경 쓰지 않는 초라한 물건이라도 어떻게 잘 활용할 수 있을까를 생각해보는 습관을 키울 수 있는 어린이가 되도록 합시다.

어느 초등학교 1학년 학생의 유인물에서

※ 잘 나가다가 막판에서 샛길로 빠져버린 유인물이다. 앞에서 보여준 일례(一例)는 '겉모습만으로 사물을 평가하지 말라는 것'이었는데, 결론에서는 자신의 가치를 높이자는 이야기로 끝을 맺고 있다. 마땅히 마무리는 '직접 겪어보기 전에는 외양(外樣)만 보고 판단하지 말자'라는 이야기로 맺어야 일관성을 챙길 수 있다.

3   오랜 노력과 일에 대한 열정, 불굴의 의지가 결합돼 세계의 거장이 된 사람들. 그들은 말 그대로 집중의 달인(達人)들이다. 일생을 지칠 줄 모르는 열정으로 예술과 동고동락(同苦同樂)했던 미켈란젤로와 '모차르트 효과'라는 신조어까지 만들어 낸 음악의 천재, 모차르트, 20여 년간의 연구 끝에 과학사에 혁명을 일으킨 만유인력의 뉴턴, ~~그리고 쥐어짜낸 마지막 주먹 한 방으로 7전8기의 신화를 이룩한 권투 선수 홍수환~~······. 여기에서 모차르트와 ~~홍수환의~~ 집중력을 소개해 본다.

    여러 가지 일로 신경이 분산되면 집중의 힘은 약화된다. 일의 진전은 더뎌지고, 일관성을 잃기 쉬울 뿐만 아니라 일 처리의 효율마저 떨어지기 십상이다. 발끝으로만 온몸을 지탱한 채 수십 차례씩 회전하는 발레리나와 단 하나의 음표도 틀리지 않고 수천, 수만 개의 음표를 완벽하게 연주하는 피아니스트를 보라. 그러한 경지는 꾸준한 반복 연습과 함께 조그마한 실수도 용납하지 않는 자기 관리를 통해 가능하다. 우리는 이것을 두고 집중력이라고 말한다.

    집중력을 유지한다는 것은 자기 자신과의 끊임없는 싸움이다. 사람인 이상, 집중력을 유지하는 데 한계가 있기 마련이어서, 누가 더 오랜 시간 동안, 더 자주 집중력을 발휘할 수 있는가로 범인(凡人)과 위인(偉人)이 결정된다. 이와 관련해 집중력이 남달랐던 모차르트는 젊은 나이에 요절했음에도 불구하고, 짧은 기간 동안 웬만한 음악가는 평생 동안 몸바쳐도 이뤄내지 못할 업적을 인류 음악사에 남겼다. ~~그러고 보면, 모차르트의 음악을 들을 경우 집중력이 생기고 머리가 좋아진다는 연구 결과는 '모차르트 효과'라는 신조어를 만들어 내기도 했다. 그래서일까? 혼신의 힘을 담아낸 그의 음악은 언제나 우리의 정신을 맑게 하며 기분을 상쾌하게 하는 마력(魔力)을 지니고 있다.~~

~~마찬가지로, 일곱 번이나 다운 당했음에도 불구하고 집중력을 잃지 않은 한 방으로 챔피언을 쓰러뜨려 국민적 영웅으로 부상했던 홍수환 역시 집중력의 달인이다. "엄마, 나 챔피언 먹었어"라는 유행어를 낳기도 했던 그는 당시 최고의 권투 선수로서 권투 르네상스를 주도한 장본인이었다.~~

※ 모차르트, 미켈란젤로, 뉴턴 등과 같은 위인(偉人)들의 집중력이 오랜 기간 동안, 높은 수준으로 유지돼 왔기에 인류사에 기여한 업적이 대단하다는 머리말과 달리, 단 한 방으로 일약 스타덤에 오른 홍수환이 등장해 글의 취지와 일관성을 저해하고 있다. 홍수환의 경우는 마땅히 제거해 주어야 한다.

4

'과감하게 잘라라 I

"사무라이의 이름으로"

군더더기 하나 없는 미니시리즈처럼
지루한 부분은 강단 있게* 도려내야

    현재 안방 드라마의 한 축(軸)으로 확고히 자리 잡고 있는 '미니시리즈'는 1977년 미국에서 처음 탄생했다. 1년에 한두 차례 실시되던 시청률 조사에서 우위를 점하기 위해 ABC사가 그해 1월, 야심차게 내놓은 10부작 '뿌리'가 효시(嚆矢)*였던 것. 원작 소설의 저자, 알렉스 헤일리의 6대 선조로서 아프리카에서 노예 사냥꾼들에 의해 납치돼 미국에 팔려간 주인공 '쿤타 킨테'의 역경을 다룬 '뿌리'는 남북전쟁 등을 거치며 300년간 파란만장한 삶을 겪을 수 밖에 없었던 미국 흑인들의 이민사를 다룬 대하 드라마였다. 결국, '뿌리'는 그해 미국에서 각종 TV상을 휩쓸며, ABC사에게 창사 이래 처음으로 시청률 1위라는 영예를 안겨 주기도 했다. '뿌리'를 통해 소개된 미니시리즈 제작 방식은 이후, 시청자들을 TV 앞에 끌어 앉히는 흡입력을 인정받아 각국에 퍼지기 시작했다. 우리나라 역시 예외는 아니어서, 1987년 최인호 원작의 '불꽃'

---

*강단(剛斷)   어떤 일을 야무지게 결정하고 처리하는 힘. 굳셀 '강'(剛), 끊을 '단'(斷).
*효시(嚆矢)   어떤 사물이나 현상이 시작되어 나온 맨 처음을 비유적으로 이르는 말.
    화살에 가늘고 길면서 속은 빈 통을 매달아 공중에 날리면 공명(共鳴) 현상으로 화살이 소리를 내면서 날아간 데서 유래된 낱말임. 전투의 개시를 알리기 위한 신호음으로 징기스칸의 몽고군이 심리전을 위해 개발한 것으로 알려져 있다. 한자 음훈(音訓)은 빌 '효'(嚆), 화살 '시'(矢)로 '속이 빈 살'을 뜻함.

을 시작으로 '모래시계'를 거쳐 '시크릿 가든' '최고의 사랑' 등에 이르기까지 불멸의 흥행작들이 줄을 이었다.

짧은 역사에도 불구하고 '미니시리즈'가 공전*(空前)의 히트를 기록하며 하나의 트렌드로 확고히 자리하게 된 이면*(裏面)에는 당연한 이유가 있었다. 주말 드라마의 전매특허였던 지루한 전개, 늘어지는 구성, 해를 넘기는 방영(放映)에 식상할 대로 식상한 시청자들이 탄탄한 이야기와 빠른 전개, 극적 구성 앞에 열광했기 때문이었다. 3~4부면 정리되는 유년기와 청소년기, 짧지만 굵게 전개되는 사랑과 우정, 두세 달 안에 마무리되는 성공과 실패 이야기는 방영 기간 내내 시청자들의 귀갓길을 재촉하기에 충분했다.

그런 면에서 볼 때, 인상적인 글쓰기 역시 미끈하고 군더더기 없는 전개와 탄탄한 구성을 필요조건으로 한다. 쓸데없는 말, 누구나 다 아는 정보를 언거번거* 나열하기보다 과감하게 날려버림으로써 독자들의 식상함을 최소한으로 줄여야 한다는 것이다. 해서, 군살 없이 민출한* 글을 쓰기 위해서는 읍참마속*(泣斬馬謖)의 심정으로 사정없이 칼날을 휘둘러야 한다. '어떻게 해서 짜낸 생각인데,' '얼마나 붙들어서 얻은 글귀인데' 하는 따위의 나약한 생각은 버려라. 보다 중요한 사실은 '미니시리즈'의 경우처럼, '누가 과연 유년기의 지루한 장면에 관심이 있을까?' 하고 스스로에게 물어보는 데 있다. 그런 의미에서 널리 읽히는 글, 술술 넘어가는 문장은 지루한 예술영화보다 긴박감 넘치는 헐리우드식 오락 영화에 가깝다고 볼 수 있다.

「뼛속까지 내려가서 써라」의 작가, 나탈리 골드버그는 글을 쓰고자 하는 이

---

*공전(空前) 비교할 만한 것이 이전에는 없음.
*이면(裏面) 뒷면. 속 '이'(裏), 낯 '면'(面).
*언거번거 말이 번잡하고 수다스러운 모양.
*민출하다 모양새가 미끈하게 곧고 길며 훤칠하다.
*읍참마속(泣斬馬謖) 소설 삼국지에 나오는 고사성어. 가장 아끼던 부하 마속(馬謖)이 군령을 어기는 바람에 전쟁에서 대패하자, 제갈공명이 울며 마속의 목을 벤 데서 유래. 음과 훈은 울 '읍'(泣), 목 벨 '참'(斬).

들에게 '사무라이'가 될 것을 주문한 바 있다. 거칠고 자기 자신에게는 누구보다도 엄격한, 그러면서 종국에는 할복*(割腹)까지 두려워하지 않는 사무라이 정신으로 무장하라는 의미에서. 「누구나 글을 잘 쓸 수 있다」의 저자, 로버타 진 브라이언트 역시 같은 맥락에서 글쓰기를 곧잘 '빙산'에 비유하곤 한다. 결국, 인쇄되는 부분은 극히 일부에 속하고 나머지는 방황과 일탈*(逸脫), 새로 쓰기와 교열, 고쳐 쓰기와 삭제를 통해 휴지통에 들어간 글이라는 것이다. 그렇다면, 과감하게 자른다는 것은 도대체 어떤 걸 의미하는 걸까? 다음 장에서는 이에 대해 보다 자세한 예를 들어가며 좀더 깊이 소개하고자 한다.

참 고 문 헌

나탈리 골드버그, 권진욱 옮김 (2005). 「뼛속까지 내려가서 써라」. 한문화.
로버타 진 브라이언트, 승영조 옮김 (2004). 「누구나 글을 잘 쓸 수 있다」. 예담.

---

*할복(割腹) 배를 가름. 일본 사무라이들의 전통적인 자살 방법. 벨 '할'(割), 배 '복'(腹).
*일탈(逸脫) 사회적인 규범으로부터 벗어나는 일. 편안할 '일'(逸), 벗을 '탈'(脫).

5 '과감하게 잘라라 Ⅱ'

늘어지는 서두(序頭)는 구조조정 '1순위'

누구나 다 아는 '뒷북형'과 한 얘기 또 하는 '반복형' 솎아내기

어떤 글들을 제거(除去) 대상으로 꼽아야 할까?

우선, '도돌이표' 문장들을 구조조정 1순위에 올려 놓아야 한다. 예를 들어 앞에서 소개한 이야기를 살짝 틀어서 한번 더 반복하거나, 비슷한 예를 한 개가 아닌 두 개, 세 개로 늘려가는 행위는 독자들의 심판을 받아 마땅하다. 영양가 없는 이야기로 독자들의 하품을 유발하는 죄, 글쓰기 세계에선 참형*(斬刑)에 해당하는 중죄(重罪)이므로.

두 번째로, 누구나 아는 사실에 대한 장황한 설명 역시 과감하게 정리해야 한다. '약장사'의 출현에 대해 이미 온 동네가 다 알고 있는데, 나팔 불고 장구 치며 뒤늦게 호들갑 떠는 '뒷북행위'를 삼가라는 것이다. 앞서 얘기한 '반복형'과 더불어 '뒷북형'은 글 가운데에서도 머리 부분에 가장 많이 등장하는 유형들에 속한다. 첫머리를 작성해 나가는 일이 가장 힘들다 보니, 우선적으로 분량을 늘리기 위한 이유가 큰 탓에서다. 중요한 사실은 이러한 사족*(蛇足)들을 과감하게 잘라야만 자신의 글을 한 차원 높일 수 있다는 것이다. 어

---

*참형(斬刑) 목을 베어 죽이는 형벌.
*사족(蛇足) 뱀의 다리. 뱀에는 다리가 없으므로 쓸데없는 군더더기를 일컫는 말.

차피 대부분의 글쓰기는 '반복형'이나 '뒷북형'에서 좀처럼 벗어날 수 없기에……. 이와 관련해 다음에서 한 가지 예를 들어 보기로 하겠다. 현재의 경기 침체에 대한 원인 분석 또는 해법에 대해 '자신만'의 글을 쓰면서 다음과 같이 말머리를 열었다고 가정해 보자.

〈가〉
　　연초, 한국은행에서는 올해의 경제 성장률을 5%대로 전망한 바 있다. 이는 작년의 경제 성장률이 7%대에 이르렀다는 것을 토대로, 올해의 경제 환경이 지난해보다는 우호적이지 않다는 전제 아래 산출됐던 수치이다. 그러나 원화 절상이 생각보다 가파르게 진행되고 유가 상승폭 역시 예상치를 훨씬 웃돌면서 **최근 들어 이곳저곳에서 부정적인 답변들이 잇달아 나오고 있는 실정이다.** 예를 들어, 얼마 전 삼성 경제연구소에서는 현실적으로 달성 가능한 올해의 경제 성장률을 *3% 내외*로 발표한 바 있으며, LG 경제연구소의 경우 성장률이 *4% 안팎*에서 그칠 것으로 예상하고 있다. 더욱이 우리 경제의 성장 엔진으로 평가받던 중국 경기가 다소 진정 국면으로 접어들면서 이 같은 전망은 더욱 힘을 받고 있는 실정이다. 문제는 상황이 이러한데도 경제 성장에 대해 정부의 전망은 여전히 장미빛이라는 데 있다. 정부 각처의 기관장들은 아직도 언론 인터뷰를 통해 5%성장이 문제없다고 큰소리치고 있으며, 구체적인 도표까지 제시하는 등 여전히 자신감에 차 있다. 더욱이, 재정부의 한 고위 관리가 하반기의 경기 호전 예상으로 6% 이상의 성장도 가능하다는 예측 발언은 현실 상황을 고려해 볼 때, 황당하기까지 하다. 그렇다면, 왜 정부에서는 이처럼 무지개 빛 환상에서 벗어나지 못하고 있을까?
　　사실, 정부의 낙관론이 실현 불가능하다는 경고는 숱하게 여러 경로를 통해 울려왔다. 하지만 정부의 경직(硬直)된 의사소통 구조는 그 같은 경고음이 요란하게 울려 퍼지는 것을 막는 방음벽 역할을 해 왔다.

라고 썼다고 하자. 물론, 위의 글도 그리 나쁘진 않다. 문제는 그 수준이 B+ 정도에 해당할 뿐, A^0나 A^+에 미치지는 못한다는 사실이다. 왜 그럴까? 돌이켜보면, 위의 문제는 누구나 다 어느 정도 숙지*(熟知)하고 있는 사실이다. 세세한 수치나 연구기관의 발표, 정부의 움직임과 반응 등을 세세하게 기억하지 못할 뿐, 글을 통해 독자들이 전반적으로 얻는 뉴스는 별반 없기 때문이다. 무엇보다, 장황한 서두 속에 글이 중도에서 끊기는 순간까지도 독자들은 필자가 주장하고자 하는 바가 무엇인지를 알아채기 힘들다. '일일연속극'이 아닌 '미니시리즈'를 지향하는 인상적인 글쓰기는 대개 다음과 같이 주제부터 끄집어내며 과감하게 시작하게 마련이다.

〈나〉
결국, 정부의 경제성장률 예측이 또 장미빛으로 끝날 모양이다. 그토록 5% 달성이 문제없다고 강변했지만, 여기저기서 부정적인 응답들만 거푸 쏟아져 나오고 있다. 수출, 환율, 유가 및 물가 상승 등 모든 면에서 결코 우호적인 것이 하나도 없기 때문이다. 사실, 정부의 낙관론이 실현 불가능하다는 경고는 숱하게 여러 경로를 통해 울려왔다. 하지만 정부의 경직된 의사소통 구조는 그 같은 경고음이 요란하게 울려 퍼지는 것을 막는 방음벽 역할을 해 왔다.

위에서 표시한 대로 '가'의 경우, 색 글자로 표시한 문장들은 전형적인 사족*(蛇足)에 해당한다. 따라서, '나'의 밑줄에서 보는 바와 같이 이들을 몇몇 단어로 줄여버리는 것이 글도 살리고, 주제도 살리는 비결(秘訣)이다.
문제는 글을 좀 쓴다 하는 사람들도 '가'와 같은 유형의 작문(作文)에서 좀처럼 벗어나지 못한다는 사실이다. 실제로 신문의 논단, 시론, 비평 및 칼럼들을 살펴보면 '가'와 같은 부류의 글들을 수도 없이 만난다. 때문에 필자는 수업을 통해 신문에 등장하는 논평, 기고 칼럼을 무작정 따라 쓰지 말 것을 누누이 강조하고 있다. 돌이켜보면, 우리가 써왔던 숱한 글들의 서두는 대부분 '중언부언'*(重言復言)과 '뒷북'의 연속이었다. 그리고 그 같은 도돌이표

---

*숙지(熟知) 익숙하게 또는 충분히 앎
*중언부언(重言復言) 이미 한 말을 자꾸 되풀이 함.

글쓰기를 시도했던 가장 큰 이유는 분량을 채우기 위함이었다. 해서, 스스로 그 같은 사실을 겸허하게 인정하고 사무라이와 같은 과감함으로 자신의 비계 덩어리들을 날려버리는 순간, 본인의 글쓰기는 한 차원 향상될 수 있다.

서두가 깔끔한 사람들은 중량감 있는 본론과 촌철살인*(寸鐵殺人)의 결론으로 글쓰기의 삼박자를 모두 챙길 줄 아는 '쟁이'들이다. 물론, 그 역시 영양가 없는 부분은 냉정하게 자르는 안목(眼目)으로 일구어낸 필연이겠지만. 그런 면에서 볼 때, 결론은 역시 단 한 마디.

"과감하게 잘라라."

문: 윗글에서도 사족을 달아보았다. 찾아보고, '반복형'인지, '뒷북형'인지 분류해 보기 바란다. (정답은 229쪽에)

참 고 문 헌

강준만 (2006). 「대중문화의 겉과 속」. 인물과사상사.
나탈리 골드버그, 권진욱 옮김 (2005). 「뼛속까지 내려가서 써라」. 한문화.
로버타 진 브라이언트, 승영조 옮김 (2004). 「누구나 글을 잘 쓸 수 있다」. 예담.
장진한, 후타쓰기 고조 (2003). 「글쓰기 잘라서 읽으면 단숨에 통달한다」. 행담.

---

*촌철살인(寸鐵殺人) 한 치의 쇠붙이로도 사람을 죽일 수 있다는 뜻으로, 간단한 말로도 남을 감동시키거나 남의 약점을 찌를 수 있음을 이르는 말.

 연습문제

가. 장문연습 I

■ 다음의 글 가운데에서 사족(蛇足)에 해당하는 '반복형' 또는 '뒷북형'을 찾아 그 유형을 분류해 본 후, 과감하게 삭제해 보기 바랍니다.

> 1 올 하반기 공개 채용이 대부분 끝났다. 수년 동안 열심히 준비해 합격의 기쁨을 누린 이들도 있는 반면, 취업의 기쁨을 훗날로 미뤄야 하는 사람도 적지 않았을 것이다. 그렇다면 무엇이 그들의 합격과 불합격을 결정했을까? 결코 우연(偶然)과 운(運)만으로 설명할 수 없는 취업의 성공과 실패에는 분명 이유가 있을 것이다. 특히, 실패의 이유를 모른 채 그저 열심히 준비하기만 한다면 훗날 똑같은 결과를 안을 수도 있을 것이다. 때문에, 기업들이 원하는 인재상이 무엇인지를 먼저 아는 것은 대단히 중요하다. 그런 의미에서, 자신의 강점을 먼저 내세우기보다 기업의 요구에 맞추어 자신을 선보이는 것이 더욱 중요하다. 정작 중요한 것은 자신의 상품성을 높이는 것이기에 타인(他人)이 무엇을 원하는지를 파악해 그에 맞춰 나가는 것이기 때문이다. 대기업의 한 인사 담당자를 만나 일반적으로 기업이 필요한 인재는 어떤 사람인지에 대해 이야기를 나눠 보았다.

연습문제

2   지금, 당신은 꿈을 이루기 위해 살아가고 있는가? 20세기 말의 기억은 이미 아득해져 가고 있는 현재, 사람들은 빠르게 변해가는 세상의 속도에 뒤처지지 않기 위해 오늘도 쉴새 없이 뜀박질하고 있다. 그렇게 정신없이 살아가다가 어느덧 머리가 희끗희끗해지고 얼굴에 주름이 잡히기 시작할 무렵이면 자신의 꿈이 과연 무엇이었는지조차 잊는 경우가 대부분이다. 자녀 교육과 집값 마련이 가장 큰 관심사로 자리 잡은 가운데, 스트레스 해소와 건강 보존을 위해 오늘도 러닝머신 위에서 굵은 땀방울을 쏟는다. 어렸을 때부터 생각하고 꿈꿔왔던 이상과 열정은 어느새 온데간데없고 치열한 생존경쟁에서 뒤처지지 않기 위해 힘들게 살아가고 있는 것이다. 그렇기에 혹자*(或者)는 청소년기의 꿈과 이상이 냉엄한 현실 앞에서 무너지고 소멸되는 것은 시간문제일 뿐이라고 하지 않았던가? 그런 현대사회 속에서 어렸을 때부터 자신이 꿈꿔오던 일을 실현하기 위해 일상에서의 안락한 생활을 던져 버린 이가 있다.「지도 밖으로 행군하라」의 지은이, 한비야가 바로 그 주인공이다. 1958년 서울에서 태어나 홍익대학교 영문과를 졸업하고 미국 유타대학교 언론대학원에서 국제홍보학으로 석사학위를 받은 그녀는 서른 다섯 살의 나이에 안정된 직장을 과감히 던져 버리고 어릴 적 꿈꿔왔던 세계 여행에 나섰다.

    *혹자(或者): 어떤 사람.

3   드라마나 영화 속의 좋은 결말은 오랜 여운을 남겨준다. 특히, 끝이 인상적인 영화는 오랫동안 시청자와 관객들의 마음 속에 회자*(膾炙)되게 마련이다. 반면, 어떻게 끝났는지 도무지 기억나지 않는 영화들은 확실한 마무리에 실패한 경우다. 사실, 이야기의 호흡이 긴 영화나 소설에서 독자와 시청자들은 인상적인 몇몇 장면과 더불어 이야기의 시작과 끝을 기억하는 경향이 강한데, 아무래도 출발점인 시작보다는 종착역인 끝에 대한 기억을 더욱 오래 갖게 된다. 그렇게 중요한 결말은 내용에 따라 희극(喜劇)과 비극(悲劇)으로 갈리는데 시작에 대한 분류가 없는 것을 보면, 확실히 마무리가 중요하긴 한가 보다. 필자도 예외는 아니어서 인상적이었던 영화의 경우에

는 주로 마지막 장면들이 머리 속에 각인(刻印)돼 있는 실정이다. 예를 들어, 2008년 초에 개봉된 임순례 감독의 '우리 생애 최고의 순간'은 감독의 역량(力量)이 엔딩씬에 집약돼 있다고 평가할 정도로 대단하다. 그렇기에 최고의 '엔딩씬'(ending scene)은 있어도 최고의 '비기닝씬'(beginning scene)이란 지칭이 없는 것도 다 이유가 있는 것이 아닐까? 이 때문에 글쟁이들 역시 첫 문장과 마찬가지로, 마지막 문장에 많은 시간을 투자하곤 한다. 굳이 비유하자면, 화룡점정(畵龍點睛)의 심정으로 용의 그림에 마지막 눈동자를 찍는 화가의 심정이라고나 할까? 그렇다면, 어떻게 써야 힘 있고 인상적인 맺음말을 쓸 수 있을까?

*회자(膾炙): 회와 구운 고기라는 뜻으로, 칭찬을 받으며 사람의 입에 자주 오르내림을 이르는 말.

나. 장문연습 II

■ 다음의 글 가운데에서 사족(蛇足)에 해당하는 '반복형' 또는 '뒷북형'을 찾아 그 유형을 분류해 본 후, 과감하게 삭제해 보기 바랍니다.

1   오늘날 우리들의 삶에 가장 많은 영향을 끼치는 대중매체는 무엇일까? 신문, 잡지, 텔레비전, 영화, 라디오 등 수많은 대중 매체 가운데 많은 사람들은 텔레비전을 첫손에 꼽을 것이다. 현대인들에게 있어 하루 24시간의 삶 가운데 수면과 일—학생의 경우는 공부—을 제외하면 가장 많은 비중을 차지하고 있는 것이 텔레비전 시청이기 때문이다. 실제로 텔레비전은 드라마, 뉴스, 쇼 프로, 다큐멘터리 등 수많은 장르의 프로그램들을 통해 우리들의 끊임없는 시청(視聽)을 유혹하고 있다. 그러다 보니 텔레비전을 보지 않으면 또래들과의 대화조차 쉽지 않게 되고, 이는 또 다른 텔레비전 시청의 악순환을 불러오게 돼 좀처럼 텔레비전 시청의 굴레로부터 벗어나지 못하게 된다. 더욱이, 텔레비전 광고로 소개되는 상품, 텔레비전 드라마에

2   우주에서 작업 중인 지구인의 우주복에 구멍이 뚫리면 어떤 일이 발생할까? 영화에서 보여주는 가장 흔한 장면은 구멍을 통해 우주복의 산소가 빠져나가면서 우주인이 질식하는 것이다. 하지만 이는 어디까지나 영화상의 장면일 뿐, 실제로는 더욱 끔찍한 일이 벌어진다. 우선, 우주복에 구멍이 뚫리면 기압을 조절하는 우주복이 제 기능을 발휘하지 못하게 돼 우주인의 피 속에 있는 질소는 곧바로 기체로 변하게 된다. 이에 따라 기체가 된 질소는 혈관 속에서 혈액 공급 차단, 혈관 파열 등과 같은 부작용을 일으키게 된다. 다행히 기압조절장치가 제대로 작동한다손 치더라도 온도조절장치가 고장 난다면, 영하 260도에 달하는 우주의 냉기로 인해 우주인은 순식간에 꽁꽁 얼어버릴 것이다.

3   젊은이는 우물 곁에 서 있는 커다란 나무 위에 올라가 주위를 살피기 시작했다. 그때, 아름다운 아가씨가 우물가로 다가왔다. 바로 공주였던 것이다. 젊은이는 버드나무 잎을 물동이 위에 떨어뜨렸다. "아니, 당신은 누구세요? 어떻게 이곳까지 오셨죠?" 젊은이를 발견한 공주가 깜짝 놀라 물었다. 그러자 젊은이가 대답했다. "저는 공주님을 구하러 온 사람입니다. 공주님이 거인에게 납치된 후, 아바마마께서는 공주님을 구해오는 자에게 거액의 상금을 주겠다는 포고령을 내리셨고, 제가 제일 먼저 자원하게 됐습니다."

🖉 해답

가. 단문연습

1 **TV 미니 시리즈**, '프리즌 브레이크(Prison Break)'가 미국뿐 아니라 한국에서도 선풍적인 인기를 끌고 있다.

2 **(17세기의) 네덜란드 화가, (요하네스 얀)** 베르메르는 (**'북구의 모나리자'라는 별칭으로 유명한**) 작품, '진주 귀걸이를 한 소녀'로 우리들에게도 잘 알려져 있다.

3 "**영화배우**, 문소리의 '오아시스'를 보고 감정이 복받쳐서 한참을 울었어요."
　"여배우 문소리의 **영화**, '오아시스'를 보고 감정이 복받쳐서 한참을 울었어요."

4 (**16세기 영국의 대법관이었던**) 토마스 모어의 **저서**, 「유토피아」는 모든 이들이 평등하게 행복한 삶을 영위하는 영국판 무릉도원 이야기를 담고 있다.

5 **아이비리그(Ivy League)의 하나인 미국**, 브라운 대학에는 세계 최고의 두뇌들이 모여 학구열을 불태우고 있다.

6 (**여자**) **피겨 스케이터/스케이트 선수**, 김연아가 2006년 시니어 그랑프리 4차 대회에서 금메달을 획득한 것은 한국의 스포츠사(史)에 기록될 또 하나의 쾌거였다.

7 올해에는 청소년들 사이에서 **몸에 짝 달라붙는 청바지인** 스키니 진이 유행하고 있다.

8 미국을 제외하고 **컴퓨터 (전략 시뮬레이션) 게임인** '스타크래프트'가 가장 많이 팔린 나라는 한국이다.

9 **방송 용어인** NG는 No Good의 약자로 일상생활에서도 심심찮게 쓰이는 단어다.

10 외국인들에게 있어 **한국의 전통 요리인** 신선로는 미각적인 면은 물론, 시각적인 측면에서도 무척 신기한 대상이다.

11 **사서삼경의 하나인 (고전)**, 「중용(中庸)」은 짧은 분량에도 불구하고 대단히 함축적인 내용을 포함하고 있다.

12 극지방의 하늘에서 볼 수 있는 '오로라'는 자연이 빚어내는 최고의 걸작품 가운데 하나이다.

13 24시간 편의점인 'GS 25,' '세븐 일레븐,' '훼미리 마트' 등에서는 택배 서비스도 제공해 준다.

14 운동화의 일종인 '스니커즈' 만을 전문적으로 모으는 매니아들이 최근 들어 속속 등장하고 있다.

15 고려 때 중국에서 들어온 현악기인 '아쟁' 은 7줄로 구성돼 있다.

16 낙타의 일종인 '라마' 는 안데스 산맥에서 서식하고 있으며, 주로 화물 운반용으로 쓰인다.

17 (인터넷의) 포털사이트인 '네이버' 가 신세대들의 삶에서 차지하는 비중은 가히 절대적이다.

18 현대자동차의 SUV(스포츠형 다목적 차량)인 '산타페' 의 세계적 인지도가 갈수록 높아지면서, 그에 따른 판매량도 가파르게 상승하고 있다.

19 (컴퓨터의) 문서작성 프로그램인 '아래 한글' 에는 유용하면서도 일반인들에게는 잘 알려지지 않은 기능들이 많이 숨겨져 있다.

20 10대들의 은어인 '완소남' 은 '완전 소중한 남자' 를 줄인 말이다.

21 직장 상사의 부인이 직원들을 개인적으로 부린다.
    ※ 직원이란 말로 미루어 보아 군대는 아니라는 것을 알 수 있다.

나. 중 문 연 습

1 기술 발전은 결과적으로 우리를 '정보의 바다' 로 인도했다. 시·공간의 제약을 받던 인쇄매체는 기술 발전으로 그 제약에서 해방되었고, 현대인들은 인터넷을 통해 어디서건 어떤 종류의 정보라도 수월하게 얻을 수 있게 됐다.
    ※ 구체적으로 어떤 종류의 '기술 발전' 인지에 대한 설명이 부족하다. 문맥상으로 보면, '커뮤니케이션,' '통신' 또는 '컴퓨터 기술' 을 의미하는 듯하다. "시·공간의 제약" 이 무엇인지도 정확하게 설명돼 있지 않아 독자의 입장에서는 제대로 유추해 내기가 쉽지 않은 실정이다. 마지막으로 "어디서건 어떤 종류의 정보라도" 라는 의미도 보다 자세하게 풀어주어야 독자들이 작자의 의중을 파악할 수 있다. "어디서건" 은 우리나라를 의미하는 것인지, 아니면 전 세계를 뜻하는 것인지, 또 "어떤 종류의 정보라도" 는 주로 뉴스에 국한된 이야기인지, 아니면 군사기밀까지 포함하는 것인지 등에 대해 비록 개략적이나마 간단하게라도 설명해 주는 배려가 필요하다. 유형별로 분류해 보자면, '뭐라고?' 형 문장에 속한다고 볼 수 있다. 다음은 필자가 다듬어 본 글.

☞ 컴퓨터/통신 기술 발전은 결과적으로 우리를 '정보의 바다'로 인도했다. 정해진 시간, 정해진 장소에만 정보 전달이 가능해 시·공간의 제약을 받던 인쇄 매체는 컴퓨터/통신 기술 발전으로 그 제약에서 해방되었고, 현대인들은 인터넷을 통해 지구촌 어디서건/한국 어디서건 (극비 문서만 아니라면) 현재는 물론 과거의 정보라도 수월하게 얻을 수 있게 됐다.

2 19세기를 '인쇄 매체'의 시대라 한다면, 20세기와 21세기는 '영상 매체'의 시대라고 할 수 있다. 이러한 영상 매체의 시대의 가장 대표적인 주자는 바로 텔레비전이다. 그러고 보면, 텔레비전은 **정치 체제 또는 계급 간의 장벽을 초월한 매체**로 굳건히 자리하고 있다.

※ '정치 체제와 계급 간의 장벽을 초월한 매체'가 무엇인지 대충 감은 잡히지만, 글쓴이가 표현하고자 하는 의미는 정확하게 전달되지 않고 있는 '뭐라고?' 형 문장이다. 그렇다면 아래와 같은 덧글을 첨가해 보면 어떨까?

☞ "그러고 보면, 텔레비전은 공산주의, 자본주의와 같은 정치 체제 또는 노동자, 농민, 자본가 등과 같은 계급 간의 장벽을 초월해 어느 곳에서나 누구든지 즐겨 보는 매체로 자리 잡게 되었다."

3 유명한 어느 문예 비평가는 독서를 여러 행위 가운데 '축제'에 비유하곤 했다. 책이 **서로 간의 마음을 열어주며 깊이 있는 대화를 가능케 하기 때문이라는** 이유에서다.

※ 역시 '서로'가 구체적으로 누구를 뜻하는지에 대한 단서가 없다. 문맥상으로 보아 지은이와 독자를 뜻하는 것 같기도 하고, 같은 책을 읽은 독자들을 의미하는 것 같기도 하다. 역시, '뭐라고?' 형 문장에 포함시킬 수 있다. 다음과 같이 고쳐 보자.

☞ 책이 저자와 독자, 독자와 독자 서로 간의 마음을 열어주며 깊이 있는 대화를 가능케 하기 때문이라는 이유에서다.

4 1950년 9월 15일의 인천상륙작전은 한국전쟁의 판세를 일거에 뒤바꾼 한 편의 드라마였다. 당시, 영남 지방에 포위된 채 고립 상태에 빠졌던 국군과 미군은 이후, 대대적인 진격 작전을 개시해 **중간에서 꼼짝 못하게 된 북한군**을 섬멸한 후 북진을 시작한다.

※ 전세의 역전을 이야기하는 과정에서 느닷없이 '중간에서 꼼짝 못하게 된 북한군'의 이야기가 튀어나오고 있다. 어쩌다가 중간에 갇혔는지에 대한 이유 설명이 충분하지 않아 '왜?' 형 문장이라고 분류할 수 있다. 좀더 구체적으로 풀어 본다면,

☞ 1950년 9월 15일의 인천상륙작전은 한국전쟁의 판세를 일거에 뒤바꾼 한 편의 드라마였다. 당시, 영남지방에서 포위된 채 고립 상태에 빠졌던 국군과 미군은 이후, 인천과 낙동강에서 각각 남북으로 대대적인 진격 작전을 개시해 그 중간에서 꼼짝 못하게 된 북한군을 섬멸한 후 북

진을 시작한다.

5 저자는 미술평론가로서 만났던 수많은 화가들 가운데 자신에게 **상처 같은 기억**을 남긴 예술인 열 명을 골라, 그들의 작품과 삶에 대한 관한 감상을 책으로 써서 펴냈다.

※ 이 표현은 필자에게 대단한 상상력을 불어 넣었다. 도대체, '상처 같은 기억'은 어떤 것일까? 문맥상으로 보면, 흉터같이 오래도록 남은 충격일 터인데, 독자의 입장에서는 그 구체적인 의미가 궁금하기만 하다. 역시 '뭐라고?'형 문장이다. 다음은 군이 고쳐 본 글.

☞ 저자는 미술평론가로서 만났던 수많은 화가들 가운데 저자의 비평 능력을 원색적으로 비난함으로써 저자 자신에게 상처 같은 기억을 남긴 예술인 열 명을 골라, 그들의 작품과 삶에 대한 관한 감상을 책으로 써서 펴냈다.

6 "금년에는 지방선거와 군부대 전술훈련평가 등의 훈련장 사용 계획상, **부득이하게 학기 중에 훈련을 실시하오니 전원 참석하여 주시기 바랍니다. 이와 함께, 금년도에는 예비군 증가로 훈련장 수용인원이 한정되어 개인별로 지정된 일자 변경이 불가합니다.**"

※ 크게 두 가지 면에서 독자들의 유추를 강요하고 있는 '왜?' 형 문장들이다. 첫째, 지방선거 및 군부대 전술훈련평가와 학기 중 훈련 실시가 무슨 관계가 있는지 전혀 알려져 있지 않다. 추측하건대, 지방선거와 군부대 전술훈련평가가 모두 공교롭게 여름 또는 겨울 방학 동안으로 일정이 잡혀 있지 않을까 생각된다. 그리고 보면, 지방선거와 훈련장 사용 계획과는 또 무슨 상관이 있는지도 모르겠다. 두 번째로는, 훈련장 수용 인원이 한정돼 있는 것과 일자 변경이 불가한 것 역시, 미욱한 저자로서는 무슨 관계가 있는지 이해하기 쉽지 않다. 중요한 점은 예비군들의 이해를 구하는 것일 터인데, 대충 알려주다 보니, 오히려 궁금증만 커지는 결과를 낳고 말았다. 다음은 예비군들을 위해 필자가 손대 본 까칠한 글쓰기의 표본.

☞ "금년에는 지방 선거와 군부대 전술훈련평가 등이 각각 여름방학(8월)과 겨울방학(1월)에 잡혀 있습니다. 특히, 8월의 지방선거에서는 여러 후보들의 합동유세장 마련을 위해 군에서 훈련장을 제공하기로 관계 기관과 협의한 까닭에 예비군 훈련을 실시하기가 쉽지 않은 형편입니다. 이에 따라, 부득이하게 학기 중에 훈련을 실시하오니 전원 참석하여 주시기 바랍니다. 이와 함께, 금년도에는 예비군 증가로 훈련장 수용 능력이 이미 포화상태에 달했기에 숙식과 운송 등 모든 면에서 개인별로 지정된 일자를 변경하고자 하는 예비군들의 상황을 고려하기가 쉽지 않은 상황입니다. 이 점, 양지해 주시기 바랍니다."

7 접속사는 매우 조심해서 활용해야 한다. 이는 접속사를 잘못 사용할 경우, 글의 흐름을

자연스럽게 하기보다 오히려 방해할 수 있기 때문이다. 이에 대해 이어령 전 문화부장관은 접속사를 못에 비유하면서 "상목수는 못질을 하지 않는다"고 충고하고 있다.

※ 명구(名句)를 인용한 것까지는 좋다. 그러나 구체적으로 이 속담이 무엇을 의미하는지를 모르는 터라, 독자들은 막연히 그 뜻을 추측할 수밖에 없다. 역시, '뭐라고?'형 문장이다. 본시, 이 말은 "뛰어난 목수는 억지로 못질을 하여 나무를 잇는 것이 아니라 서로 아귀를 맞추어 균형과 조화로 구조물을 만들어간다"는 뜻이다. 그렇다면, 위의 문장은

☞ 접속사는 매우 조심해서 활용해야 한다. 이는 접속사를 잘못 사용할 경우, 글의 흐름을 자연스럽게 하기보다 오히려 방해할 수 있기 때문이다. 이에 대해 이어령 전 문화부장관은 뛰어난 목수는 억지로 못질을 하여 나무를 잇기보다 균형과 조화로 구조물을 만들어 나간다는 의미에서 접속사를 못에 비유하여 "상목수는 못질을 하지 않는다"고 충고하고 있다.

로 바꾸는 것이 독자들의 이해를 돕는 길이다.

8 아카시아, 매화나무 등과 같이 뿌리가 얕은 천근성(淺根性) 수종(樹種)은 대개 척박한 땅에서도 잘 견디는 까닭에 우리나라 어느 곳에서나 재배가 가능하다. 그러나 뿌리가 얕게 자라므로 심어 기르려면 물이 잘 빠지는 땅을 골라야 한다. 아카시아의 경우에는 보통 5~6월에, 매화나무는 4월에 각각 꽃이 핀다.

※ 뿌리가 얕은 것과 물이 잘 빠지는 땅과 무슨 상관관계가 있는지가 명확하지 않은 '왜?'형 마술 문장이다. 보다 명확하게 의미를 전달하기 위해서는 한 문장이 더 추가돼야 한다.

☞ 아카시아, 매화나무 등과 같이 뿌리가 얕은 천근성(淺根性) 수종(樹種)은 대개 척박한 땅에서도 잘 견디는 까닭에 우리나라 어느 곳에서나 재배가 가능하다. 그러나 뿌리가 얕게 자라므로 심어 기르려면 물이 잘 빠지는 땅을 골라야 한다. 그렇지 않다면, 나무 주위에 물이 조금만 고여도 얕은 뿌리 탓에 산소를 제대로 공급받지 못하고 금새 죽어버리기 때문이다. 아카시아의 경우에는 보통 5~6월에, 매화나무는 4월에 각각 꽃이 핀다.

9 느티나무는 가지가 넓게 퍼지며 잎이 무성해 그늘이 아주 시원하다. 그래서 모기도 느티나무 아래에는 들지 않는다. 이러한 까닭에 시골 아낙네들은 여름 한낮에 느티나무 아래에서 아기를 재운다.

※ 그늘이 아주 시원한 것과 모기가 나무 아래에 들지 않는다는 것과 무슨 상관관계가 있는지 모를 '왜?'형 마술 문장이다. 언뜻 보면, 모기가 시원한 것을 싫어할지도 모른다는 착각을 불러일으킬 수 있다. 보다 자세한 설명이 필요하다.

☞ 느티나무는 가지가 넓게 퍼지며 잎이 무성해 그늘이 아주 시원하다. 그

래서 느티나무 아래에 있으면 한여름에도 좀처럼 땀이 나지 않으므로 땀 냄새를 쫓는 모기도 느티나무 아래에는 들지 않는다. 이러한 까닭에 시골 아낙네들은 여름 한낮에 느티나무 아래에서 아기를 재운다.

10 중학교 시절의 일이다. 어느 날, 다음 시간까지 30cm 정도 크기의 인물상을 만들어 오라는 선생님의 영(令)이 떨어졌다. 그때까지만 해도 관련 지식이 전무했던 터라, 찰흙을 잔뜩 사다가 적당히 뭉개면 쉽사리 과제를 완성할 줄 알았다.

※ 전반적인 글의 흐름으로 보건대, 미술 시간을 이야기하는 것 같다. 더욱이, 초등학교도 아닌 중학교인지라, 미술시간으로 짐작하기에 별 무리가 없을 듯하다. 그러나 미술이라는 것에 관한 설명이 단 한 자도 없기에 독자들의 궁금증을 유발할 수밖에 없다. 이와 함께, '30cm 크기의 인물상'이 구체적으로 어떤 종류의 것인지에 대한 설명도 부족하다. 이 역시, 뒤에 등장하는 '찰흙'이라는 단어를 통해 유추가 가능하지만, 100% 확신할 수는 없다. 종합적으로 볼 때, 무엇을 말하고 있는지 언뜻 이해가 가지 않는 '뭐라고?'형 문장이다. 때문에, 만일 미술 시간이 맞고, 재료 또한 찰흙이어야 한다면,

☞ 중학교 시절의 일이다. 어느 날, 다음 (미술) 시간까지 30cm 정도 크기의 찰흙 인물상을 만들어 오라는 미술 선생님의 영(令)이 떨어졌다. 그때까지만 해도 관련 지식이 전무했던 터라, 찰흙을 잔뜩 사다가 적당히 뭉개면 쉽사리 과제를 완성할 줄 알았다

에서와 같이 핵심 단어들을 첨가해 줘야 한다.

다. 장 문 연 습

1 때는 1453년 5월 29일. 비잔틴 제국의 수도 콘스탄티노플(이스탄불)은 풍전등화의 위급한 상황에 놓였다. 오스만 제국의 술탄 메흐메트 2세(1451~1481)가 맹렬한 기세로 공세를 폈기 때문. 골든혼(이스탄불의 좁은 바닷길)에 쇠줄을 가설해 적선의 접근을 봉쇄하기는 했지만 언제 뚫릴지 알 수 없었다. 우려는 적중했다. 21세의 혈기왕성한 술탄은 <u>선박 67척을 동원해 부교를 만들어 장애물을 무용지물로 만들었다.</u> 콘스탄티노플은 이렇게 무너졌다.

※ 부교를 만들어 어떻게 쇠줄을 무용지물로 만들었는지에 대한 덧글이 없어 당시의 상황을 이해하기가 힘든 실정이다. 인터넷을 뒤져 봤더니 당시 비잔틴 제국 측은 건너편 육지에서 이슬람 군대가 좁은 바다를 건너지 못하게 해협 중간에 쇠줄을 얼기설기 엮어 놓은 상황이었다. 그러자 젊은 술탄은 커다란 배에 군인들을 실어 바다를 건너가기보다, 아예 바다 위에 조각배들을 연결해 다리를 놓음으

로써 양 육지를 연결해 버렸다. 그런 상황 설명이 빈약하다 보니 독자의 입장에선 대단히 난해한 문장이 되어 버렸다. '뭐라고?' 형 마술 문장이다.

2   우주에서 작업 중인 지구인의 우주복에 구멍이 뚫리면 어떤 일이 발생할까? 영화에서 보여주는 가장 흔한 장면은 구멍을 통해 우주복의 산소가 빠져나가면서 우주인이 질식하는 것이다. 하지만 이는 어디까지나 영화상의 장면일 뿐, 실제로는 더욱 끔찍한 일이 벌어진다. 우선, 우주복에 구멍이 뚫리면 기압을 조절하는 우주복이 제 기능을 발휘하지 못하게 돼 **우주인의 피 속에 있는 질소는 곧바로 기체로 변하게 된다.** 이에 따라 기체가 된 질소는 혈관 속에서 혈액 공급 차단, 혈관 파열 등과 같은 부작용을 일으키게 된다. 다행히 기압조절장치가 제대로 작동한다손 치더라도 온도조절장치가 고장 난다면, 영하 260도에 달하는 우주의 냉기로 인해 우주인은 순식간에 꽁꽁 얼어버릴 것이다.

※ 기압조절장치가 제 기능을 발휘하지 못하면, 피 속의 질소가 어째서 기체로 변하는지가 무척 궁금한 '왜?' 형 마술 문장이다. 나름대로 조사해 본 결과에 따르면, 우주는 진공상태이기 때문에 기압이란 것이 없는데, 기압을 일상 상태로 유지해 주는 우주복 없이 우주인이 유영을 하게 되는 경우에는 지구에서의 기압으로 인해 우리 피 속에 액체 형태로 녹아 있는 질소가 곧바로 기체로 변한다고 한다. 마치, 높은 압력을 가해 청량음료 속에 이산화탄소를 강제로 용해시켰다가 병뚜껑을 여는 순간, 압력이 급속도로 낮아지면서 이산화탄소가 음료수병 밖으로 나가는 것과 같은 현상이 우리 몸속에서 발생한다고 보면 될 것 같다. 하지만, 위의 문장에서는 그와 같은 설명이 실종돼 있어, 과학적 지식이 없다면 이해하기가 매우 어려운 실정이다.

3   젊은이는 우물 곁에 서 있는 커다란 나무 위에 올라가 주위를 살피기 시작했다. 그때, 아름다운 아가씨가 우물가로 다가왔다. 바로 공주였던 것이다. 젊은이는 버드나무 잎을 **물동이** 위에 떨어뜨렸다. "아니, 당신은 누구세요? 어떻게 이곳까지 오셨죠?" **젊은이를 발견한** 공주가 깜짝 놀라 물었다. 그러자 젊은이가 대답했다. "저는 공주님을 구하러 온 사람입니다. 공주님이 거인에게 납치된 후, 임금님께서는 공주님을 구해오는 자에게 거액의 상금을 주겠다는 포고령을 내리셨고, 제가 제일 먼저 자원하게 됐습니다."

※ 언뜻 보면 아무런 무리가 없는 문장이다. 그러나 자세히 살펴보면, 은연 중에 독자들의 유추를 강요하고 있다. 공주는 우물가로 왔지만, 물동이를 가지고 물을 길으러 왔다는 표현은 없었다. 그런데 나무 위에 올라간 젊은이는 느닷없이 공주님의 물동이 위에 '버드나무' 잎을 떨어뜨린다. "난데없이 웬 물동이와 버드나무

잎?"이라는 의미에서 굳이 분류하자면, "뭐라고?"형 문장으로 분류할 수 있다. 더욱이, 버드나무가 물동이에 떨어지자마자, 공주는 마치 옆에서 보고 있었던 듯이 바로 젊은이를 향해 소리친다. 때문에, 문장이 보다 자연스럽고 정확하게 흐르려면

    ☞ 젊은이는 우물 곁에 서 있는 커다란 버드나무 위에 올라가 주위를 살피기 시작했다. 그때, 아름다운 아가씨가 물동이를 이고 우물가로 다가왔다. 바로 공주였던 것이다. 젊은이는 버드나무 잎을 따다가 공주의 물동이 위에 떨어뜨렸다. "아니, 당신은 누구세요? 어떻게 이곳까지 오셨죠?" 물동이에 떨어진 버드나무 잎을 괴상히 여겨 위를 쳐다보다 젊은이를 발견한 공주가 깜짝 놀라 물었다. 그러자 젊은이가 대답했다. "저는 공주님을 구하러 온 사람입니다. 공주님이 거인에게 납치된 후, 임금님께서는 공주님을 구해오는 자에게 거액의 상금을 주겠다는 포고령을 내리셨고, 제가 제일 먼저 자원하게 됐습니다."

"하나의 주제로 일관성을 살려라"

주요리가 하나여야 음식 맛이 살듯
글쓰기도 주제가 하나여야 글맛 살아

'왜 '소고기 김치볶음밥'은 없고, '소고기 볶음밥'이나 '김치볶음밥'만 있는 걸까?'

학교 앞 음식점에서 둘 다 먹고 싶은 욕심에 끼니때마다 아쉬워한 적이 있다. 김치볶음밥을 즐기면서도 고기를 좋아하는 탓에 소고기 볶음밥을 쉽사리 포기할 수 없다는 안타까움에서 였다. 하지만 섞어 먹으면 김치볶음밥과 소고기 볶음밥 고유의 맛을 제대로 즐길 수 없다는 현실을 깨끗이 받아들이며 어느 순간부터 더 이상 주저 않고 주문(注文)하기 시작했다. 이후, 볶음밥이 더욱 맛있어진 것은 물론이다.

글도 마찬가지다. 주장을 전개하거나 이야기를 소개해 나가면서 다루고 싶은 주제들이 여럿 있겠지만, 뼈를 깎는 심정으로 하나만 골라야 글맛도 살고 글멋도 산다. 해서, 누구보다 이를 잘 아는 음식점들은 웬만해서 두 개의 주재료를 섞어내는 '모험'(冒險)을 하지 않는다. 물론, '퓨전' 음식의 등장으로 그 같은 금기(禁忌)가 무너지긴 했지만, 그 열기가 말 그대로 '반짝하다' 끝난 걸 보면 역시 법칙은 쉽사리 깨지지 않는다는 생각이다.

그런 면에 비춰 볼 때, 일관성 있는 글을 쓰기 위해서는 들머리와 펼치기,

마무리를 같은 맥락에서 잘 꿰어야 한다. 만일 서두에 '얼굴 두꺼운 이웃' 이야기를 꺼냈다면 그 뒤엔 반드시 그 이야기를 꺼낸 이유와 마무리의 결론이 동일선상에 놓여 있어야 한다는 것이다. 들은 것도 있고 읽은 것도 생각나는지라 별 연관이 없는데도 글의 첫머리와 펼치기에 우겨 넣는 행위는 따라서, 잡탕밥과 퓨전 음식을 만드는 것밖에 되지 않는다. 문제는 이 같은 사실을 충분히 숙지*(熟知)한다 해도 막상 책상에 앉게 되면 온갖 잡생각이 떠오르면서 '갈팡질팡' 헤매는 글쓰기를 시작하게 된다는 것이다. 실제로, 학생들의 보고서와 논문, 서평과 기사들을 훑다 보면 논지*(論旨)를 잃어버린 채 방황하는 글들을 여럿 보게 된다.

왜 여러 주제를 동원하면 안 될까? 이유는 간단하다. 독자의 수용 능력에는 한계가 있기 때문이다. 천재가 아닌 이상, 짧은 시간 동안 머리 속에 담을 수 있는 정보의 수량이 한정돼 있다 보니 맥락이 다른 이야기들을 중구난방*(衆口難防)으로 만나게 되면 오히려 본질을 놓쳐버리기 십상이다. 한 개가 아닌 두 개의 공을 한꺼번에 받게 되면 결국, 둘 다 놓칠 수밖에 없는 것과 같은 이치다. 그런데 독자에게 두 개도 아닌 서너 개의 공을 한꺼번에 던진다면?

일관성 있는 글쓰기는 공력*(功力)으로 따져볼 때, 유단자(有段者) 가운데에서도 중급 이상을 넘어가는 실력자만이 지닐 수 있는 수준에 속한다. 해서, 중급 이상의 공력을 지니기 위해서는 먼저, 자신의 결론이 무엇인지 한 줄로 생각한 후, 글 전체를 훑어가며 들머리, 펼치기, 마무리가 각각 미끈하게 연결되는지를 쉬지 않고 점검해야 한다. 이에 대해, 「우리말 글살이를 바꾸는 글쓰기」의 저자, 박진욱과 김동기는 한 편의 짜임새 있는 글을 '옹글'이라고

---

*숙지(熟知) 익숙하게 또는 충분히 앎.
*논지(論旨) 논하는 말이나 글의 취지.
*중구난방(衆口難防) 뭇사람의 말을 막기가 어렵다는 뜻으로, 막기 어려울 정도로 여럿이 마구 지껄임을 이르는 말.
*공력(功力) 중국 무술에서 '힘' 또는 '에너지'를 일컫는 말. 뼈와 근육에서 나오는 외적인 공력(外功)과 내부의 기운을 강화시켜 나오는 내적인 공력(內功)이 있다.

칭하고 있다. '옹골차다'라는 말에서 흘러나온 '옹'에 글을 붙여 가득 차고 옹골찬 알맹이로 사람을 움직이는 글이라는 의미에서다.

그렇게 볼 때, 주제를 떠올리며 본 글의 일관성을 들머리,* 펼치기, 마무리 부분에서 각각 점검해 본다면 일관성은 몇 점 정도나 될까?

> **'읽어 봅시다'**
>
> 뒷부분에서 설명하겠지만, 일관성 있는 글쓰기에서 심지를 잃고 방황하기 쉬운 경우는 들머리를 '개인적인 일화'로 시작하는 때입니다. 독자들의 눈길을 끌기 위해 '개인적인 일화'를 동원했지만, 정작 말하고자 하는 주제와는 딱 들어맞지 않는 경우가 많기 때문입니다. '일화성' 들머리로 글을 시작하는 경우에는 몇 번 더 점검하며 글의 취지에 들어맞는지를 자문(自問)하는 신중(愼重)함이 필요합니다.

참 고 문 헌

박진욱, 김동기 (2004). 「우리 말글살이를 바꾸는 평범한 글쓰기」. 우리교육.
배상복 (2007). 「일반인을 위한 글쓰기 정석」. 경향미디어.
한효석 (2006). 「너무나도 쉬운 논술」. 한겨레신문사.

***들머리** 들어가는 머리. 첫머리.

연습문제

가. 중 문 연 습

■ 다음 글에서 일관성이 없는 부분을 찾아내 글이 심지 있게 전개되도록 고쳐보기 바랍니다.

1 구명조끼의 중요성에 대해 해안 구조대의 한 관계자는 "구명조끼를 입지 않으면 수영을 잘해도 조류에 떠내려 가지 않으려 몸을 계속 움직이다 체력이 떨어져 바다에서 10분 이상 버티기가 어렵지만, 구명조끼를 입으면 저체온증이 나타나기 전까지 여러 시간을 버틸 수 있다"고 말한다.

2 언론은 대중들의 신뢰를 바탕으로 존재한다. 언론이 대중들에게 믿음을 주지 못하면 결국 대중으로부터 외면당하게 되고, 외면당한 언론은 들어주는 사람도 없는 곳에서 공허하게 외치다가 그 존재 의의조차 상실하기 때문이다. 그런 까닭에 막강한 권력으로 자리매김하고 있는 언론은 누구든지 쉽사리 접근해 자신의 입장을 피력할 수 있도록 문턱을 낮춰야 한다.

3 지구상에 있는 대부분의 국가들은 미국의 영향력에서 자유롭지 못한 것이 사실이다. 사실, 미국의 대외 정책은 달면 삼키고 쓰면 뱉는 식으로 철저하게 자국 중심주의적으로 돌아가고 있으며, 앞으로도 이런 정책을 유지시켜 나갈 것이다. 미국 정부는 자국민의 경우도 자국 중심주의에 배치*(背馳)되면 철저히 외면한다. 따라서 미국 정부의 잘못된 내외(內外) 정책을 비판하는 캠페인을 적극적으로 벌여야 한다.

연습문제

*배치(背馳): 서로 반대로 되어 어그러지거나 어긋남. 등/배반할 '배'(背), 달릴 '치'(馳).

4 과거에는 빨간색이 따뜻할 뿐만 아니라 잡귀(雜鬼)마저 없애주는 색이라 여겼기에 내복을 고를 경우에는 가장 많은 인기를 끌었다. 오죽하면, 직장인이 된 자식들이 첫 월급을 받은 기념으로 부모님께 드리는 '선물 1호'가 빨간 내복이었을까? 하지만 이젠 내복도 참살이 열풍에 맞춰 많이 달라졌다. 이에 따라 다양한 색상은 물론, 입은 티가 나지 않는 무봉제 내복, 녹차 내복, 콩으로 만든 내복 등이 쏟아져 나오고 있다.

5 책을 읽으면 마음의 양식을 넉넉하게 지니게 되며 정신세계를 향한 이해도 깊어진다. 또 진실을 구별할 수 있는 지혜를 갖게 되며 삶의 진리와 지혜도 터득하게 된다. 무엇보다, 세상의 이치를 깨닫기 시작하면서 스스로 사고(思考)하는 능력을 키울 수 있게 된다. 이것은 어떤 스승이나 평판 높은 학교에서 배우는 것과는 또 다른 차원의 것이다. 어느 문인이 "독서는 과거의 위인들과 대화"하는 것이라고 설파한 것도 이러한 이유에서이리라.

나. 장문연습

■ 다음 글에서 일관성이 없는 부분을 찾아내 적절한 표현이나 예제를 다시 들어가며 자신의 취향대로 고쳐 보기 바랍니다. 만일, 고치는 것이 쉽지 않다면 무엇이 문제인지 한번 지적해 보기 바랍니다.

1 "네이버 지식인에 검색해보세요."
몇 년 전, 호기심을 자극하는 광고 문구와 함께 불쑥 등장한 인터넷 검색사이트 '네이버 지식인'은 서로 지식을 공유하며 궁금증을 해결하기 위해 출발했다. 신문기사에서부터 백과사전에 이르기까지 그야말로 없는 자료가 없는 '네이버 지식인'은 사람들의 '알고 싶은 욕구'를 해소하는 데 큰 역할을 했고, 하나의 공개(公開)시장을 형성하며 지식 교류의 정거장 역할을 했다. '네이버 지식인'의 이 같은 '지식공개시장'은 존 밀턴이 1644년 「아레오파지티카」를 통해 주장한 '언론출판자유'에 관한 사상을 보다 쉽게 이해하는 데 도움을 준다.

 존 밀턴은 연설문 형식을 띤 그의 저서 「아레오파지티카」에서 "나에게 어떤 자유보다 양심에 따라 자유롭게 말하고 주장하며 출판할 수 있는 자유를 달라"고 이야기한다. 영국의 '출판 검열과 허가제'를 정면으로 반박하고, 지적 행위의 자유를 정당화할 수 있도록 요구한 것이다. 당시 영국은 왕당파와 의회파 간의 갈등이 심화된 시기로, 의회파가 권력을 장악하고 있었다. 이러한 가운데, 의회파는 질서와 통합을 위해 자율성을 엄격히 규제해야 한다는 보수적인 입장을 취하며 '출판 허가제'를 시행하고 있었다. 이에 대해, 존 밀턴은 인간이 진리를 추구하려 한다면, 하나의 공개 시장에서 여러 사상과 지식들이 교류해야 명(明)과 암(暗), 선(善)과 악(惡)을 구별할 수 있다며 출판에 대한 자유를 허용하도록 촉구했다.

2 어느 골동품 경매장에서 일어난 일입니다. 여러 가지 골동품들이 그 가치에 따라 좋은 가격으로 팔린 후, 낡은 바이올린 한 대만 쓸쓸히 남았습니다.

 "만원으로 경매를 시작하겠습니다." 경매사가 외치자, 터무니없이 싼 가격에 참가자들은 바이올린을 쳐다보며 냉소(冷笑)를 지었습니다. 경매사가 장내를 둘러보며, "아무도 사는 사람이 없다면, 여기에서 끝을 맺도록 하겠습니다"라고 말했습니다. 순간, "제가 그 바이올린으로 연주 한 번만 해도 되겠습니까?" 하는 소리가 들렸습니다. 목소리의 주인공은 낡은 옷 때문에 속살이 보이고 신고 있는 신발은 짝이 맞지 않으며 푹 눌러쓴 모자는 구멍이 뚫려 머리카락이 쑥 나오는 등 초라하기 그지없는 모습의 할아버지였습니다. 경매사는 물건을 하나라도 더 팔 요량으로 "한번 연주해 보세요"라며 할아버지의 요구를 승낙했습니다.

 할아버지가 낡은 바이올린을 잡고 연주하기 시작하자 아름다운 음악 소리가 흘러나왔습니다. 경매장 여기 저기에 흩어져 웅성거리던 사람들이 숨

연습문제

죽인 채, 할아버지 앞에 모여들었습니다. 얼마나 시간이 흘렀을까? 한참 동안 바이올린에 켜던 할아버지의 연주가 끝나자 아름다운 소리에 심취했던 사람들은 뜨거운 박수를 보냈습니다. 바이올린의 경매가격은 어떻게 되었을까요? 할아버지의 연주 전에는 상상할 수도 없었던 아주 높은 가격에 팔렸습니다.

여러분, 단 한 번의 훌륭한 연주로 바이올린의 가치가 올라가듯이 '큰 인물이 될 수 있다' 라는 자신감은 여러분을 성공할 사람으로 만들어 줍니다. 스스로 자신이 값어치를 높일 수 있는 어린이가 되기 바랍니다.

어느 초등학교 1학년 학생의 유인물에서

3 오랜 노력과 일에 대한 열정, 불굴의 의지가 결합돼 세계의 거장이 된 사람들. 그들은 말 그대로 집중의 달인(達人)들이다. 일생을 지칠 줄 모르는 열정으로 예술과 동고동락(同苦同樂)했던 미켈란젤로와 '모차르트 효과' 라는 신조어까지 만들어 낸 음악의 천재, 모차르트, 20여 년간의 연구 끝에 과학사에 혁명을 일으킨 만유인력의 뉴턴, 그리고 쥐어짜낸 마지막 주먹 한 방으로 7전8기의 신화를 이룩한 권투 선수 홍수환……. 여기에서 모차르트와 홍수환의 집중력을 소개해 본다.

여러 가지 일로 신경이 분산되면 집중의 힘은 약화된다. 일의 진전은 더뎌지고, 일관성을 잃기 쉬울 뿐만 아니라 일 처리의 효율마저 떨어지기 십상이다. 발끝으로만 온몸을 지탱한 채 수십 차례씩 회전하는 발레리나와 단 하나의 음표도 틀리지 않고 수천, 수만 개의 음표를 완벽하게 연주하는 피아니스트를 보라. 그러한 경지는 꾸준한 반복 연습과 함께 조그마한 실수도 용납하지 않는 자기 관리를 통해 가능하다. 우리는 이것을 두고 집중력이라고 말한다.

집중력을 유지한다는 것은 자기 자신과의 끊임없는 싸움이다. 사람인 이상, 집중력을 유지하는 데 한계가 있기 마련이어서, 누가 더 오랜 시간 동안, 더 자주 집중력을 발휘할 수 있는가로 범인(凡人)과 위인(偉人)이 결정된다. 이와 관련해 집중력이 남달랐던 모차르트는 젊은 나이에 요절했음에

연습문제

도 불구하고, 짧은 기간 동안 웬만한 음악가는 평생 동안 몸바쳐도 이뤄내지 못할 업적을 인류 음악사에 남겼다. 그러고 보면, 모차르트의 음악을 들을 경우 집중력이 생기고 머리가 좋아진다는 연구 결과는 '모차르트 효과'라는 신조어를 만들어 내기도 했다. 그래서일까? 혼신의 힘을 담아낸 그의 음악은 언제나 우리의 정신을 맑게 하며 기분을 상쾌하게 하는 마력(魔力)을 지니고 있다.

　마찬가지로, 일곱 번이나 다운 당했음에도 불구하고 집중력을 잃지 않은 한 방으로 챔피언을 쓰러뜨려 국민적 영웅으로 부상했던 홍수환 역시 집중력의 달인이다. "엄마, 나 챔피언 먹었어"라는 유행어를 낳기도 했던 그는 당시 최고의 권투 선수로서 권투 르네상스를 주도한 장본인이었다.

📝 해답

가. 중문연습

1 구명조끼의 중요성에 대해 해안 구조대의 한 관계자는 "구명조끼를 입지 않으면 수영을 잘해도 조류에 떠내려 가지 않으려 물에 빠지지 않기 위해 몸을 계속 움직이다 체력이 떨어져 바다에서 10분 이상 버티기가 어렵지만, 구명조끼를 입으면 가만히 있어도 물에 가라앉지 않기에 저체온증이 나타나기 전까지 여러 시간을 버틸 수 있다"고 말한다.

   ※ 문장 앞에서는 조류에 떠내려 가지 않으려 몸을 움직이다 체력이 떨어진다고 말했지만, 뒤에서는 구명조끼를 착용할 경우 여러 시간을 버틸 수 있다는 이야기만 하고 있다. 다시 말해, 구명조끼를 착용하면 조류에 떠내려가지 않는다는 이야기는 문장의 후반부 어디에도 없다. 명백히, 화자(話者)가 말을 잘못 꺼내면서 일관성을 잃은 글이다. 마땅히 하나의 주제로 일맥상통하도록 말을 고쳐줘야 한다. 여기에서는 글의 전후 맥락으로 보아 구명조끼를 입으면 몸을 놀리지 않아도 되기에 체력 소모가 적어서 오랫동안 버틸 수 있다는 점을 강조하려 했던 듯싶다.

2 언론은 대중들의 신뢰를 바탕으로 존재한다. 언론이 대중들에게 믿음을 주지 못하면 결국 대중으로부터 외면당하게 되고, 외면당한 언론은 들어주는 사람도 없는 곳에서 공허하게 외치다가 그 존재 의의조차 상실하기 때문이다. 그런 까닭에 막강한 권력으로 자리매김하고 있는 언론은 누구든지 쉽사리 접근해 자신의 입장을 피력할 수 있도록 문턱을 낮춰야 한다. 기사 하나라도 사실에 입각해 신중하게 다룸으로써 대중들의 신뢰를 저버려서는 안 될 것이다.

   ※ 대중들의 신뢰를 바탕으로 한 언론에 대한 이야기이다. 하지만, 글의 마지막 부분에서는 생뚱맞게 언론에 대한 접근의 용이성 문제를 다루고 있다.

3 지구상에 있는 대부분의 국가들은 미국으로부터 한 번쯤 배신당해본 경험이 있는 것이 사실이다. 사실, 미국의 대외 정책은 달면 삼키고 쓰면 뱉는 식으로 철저하게 자국 중심주의적으로 돌아가고 있으며, 앞으로도 이런 정책을 유지시켜 나갈 것이다. 미국 정부는 자국민의 경우도 자국 중심주의에 배치(背馳)되면 철저히 외면한다. 따라서 미국 정부의 잘못된 내외정책을 비판하는 캠페인을 적극적으로 벌여야 한다.

   ※ 첫 문장에서는 미국의 영향력에 대해 쓰더니, 뒤에서는 미국의 잘못된 내외

(內外)정책에 대해 비판하고 있다. 뒷문장을 다 고치느니, 차라리 처음 문장의 내용을 뒷문장에 맞게 고쳐주는 것이 낫다.

4 과거에는 빨간색이 따뜻할 뿐만 아니라 잡귀(雜鬼)마저 없애주는 색이라 여겼기에 내복을 고를 경우에는 가장 많은 인기를 끌었다. 오죽하면, 직장인이 된 자식들이 첫 월급을 받은 기념으로 부모님께 드리는 '선물 1호'가 빨간 내복이었을까? 하지만 **21세기를 맞은 현재, 내복 색깔에 대한 취향도 과거에 비해 훨씬 다양해지고 있다. 이에 따라, 노란색은 물론, 주황색, 보라색, 파란색 등 온갖 종류의 색깔 내복들이 소비자들의 눈길을 끌고 있다. 이와 함께/더욱이, 내복의 재료도 다양해져 녹차 내복, 콩으로 만든 내복 등이 쏟아져 나오고 있는 실정**이다.

※ 빨간 내복이야기를 꺼내다가 느닷없이 참살이 열풍과 함께 닥쳐온 색깔 내복, 무봉제 내복, 기능 내복 등을 마구잡이로 섞어서 소개하고 있다. 만일, 내복 제품들이 다양해진 상황을 소개하고자 한다면, 글의 첫부분을 "과거에는 내복의 종류가 다양하지 못했다. 기껏해야 빨간 내복 정도가 고작이었다"로 시작하고 "잡귀마저 없애주는 색"이나 "첫 월급 선물 1호"처럼 글의 일관성과는 하등*(何等) 상관없는 부분들을 삭제해야 한다.

*하등(何等): (뒤에 오는 '없다,' '않다' 따위의 부정어와 호응하여) '아무런,' '아무' 또는 '얼마만큼'의 뜻을 나타내는 말.

5 책을 읽으면 마음의 양식을 넉넉하게 지니게 되며 정신세계를 향한 이해도 깊어진다. 또 진실을 구별할 수 있는 지혜를 갖게 되며 삶의 진리와 지혜도 터득하게 된다. 무엇보다, 세상의 이치를 깨닫기 시작하면서 스스로 사고(思考)하는 능력을 키울 수 있게 된다. 이것은 어떤 스승이나 평판 높은 학교에서 배우는 것과는 또 다른 차원의 것이다. 어느 문인이 **"책 속에 길이 있다"**고 설파한 것도 이러한 이유에서이리라.

※ 잘 나가다가 마지막 문장에서 급작스레 방향을 잃은 글이 돼 버렸다. 앞서 독서의 장점을 일일이 설명하다 마지막에 가선 '독서란 과거의 위인들과 대화하는 것'이라는 격언을 잘못 소개했다. 문맥의 흐름에 반하지 않으려면, 당연히 독서를 하는 이유에 대한 격언을 곁들여야 한다.

나. 장문연습

1 "황우석 교수의 논문이 조작됐을 가능성이 높다."
　지난 2005년 11월, 황우석 교수의 비리(非理)를 폭로함으로써 국내에 일파만파(一波萬波)의 파장을 몰고 온 MBC의 'PD수첩'은 당시, 절대권력으로 행세해 온 황우석 교수의 줄기세포 연구에 대해 정면으로 이의를 제기한 첫 언론이었다. 이후, 'PD 수첩'은 마녀사냥에 가까운 엄청난 비난에 시달리면서 인터뷰 대상자를 협박했다는 혐의 등으로 대국민 사과와 함께 프로그램의 간판을 내리기로 결정한다. 하지만, 보도 이후에도 포항공대의 생물학 연구정보센터(BRIC)를 중심으로 논문 조작 가능성이 인터넷 상에서 꾸준히 제기되면서, 결국 황우석 교수는 나락*(奈落)으로 추락하고 만다. 언론의 자유로운 보도와 인터넷 상에서의 공개적인 이의제기가 불가능했다면 언제 밝혀질지 알 수조차 없었던 희대*(稀代)의 사기극이 막을 내리는 순간이었다. 이러한 황우석 사태는 존 밀턴이 1644년 「아레오파지티카」를 통해 주장한 '언론출판자유'에 관한 사상을 보다 쉽게 이해하는 데 도움을 준다.
　존 밀턴은 연설문 형식을 띤 그의 저서 「아레오파지티카」에서 "나에게 어떤 자유보다 양심에 따라 자유롭게 말하고 주장하며 출판할 수 있는 자유를 달라"고 이야기한다. 영국의 '출판 검열과 허가제'를 정면으로 반박하고, 지적 행위의 자유를 정당화할 수 있도록 요구한 것이다. 당시 영국은 왕당파와 의회파 간의 갈등이 심화된 시기로, 의회파가 권력을 장악하고 있었다. 이러한 가운데, 의회파는 질서와 통합을 위해 자율성을 엄격히 규제해야 한다는 보수적인 입장을 취하며 '출판 허가제'를 시행하고 있었다. 이에 대해, 존 밀턴은 인간이 진리를 추구하려 한다면, 하나의 공개 시장에서 여러 사상과 지식들이 교류해야 명(明)과 암(暗), 선(善)과 악(惡)을 구별할 수 있다며 출판에 대한 자유를 허용하도록 촉구했다.

*나락(奈落) : (불교의) 지옥. 어찌 '나'(奈), 떨어질 '락'(落).
희대(稀代) : 세상에 드묾. 드물 '희'(稀), 시대 '대'(代).

※ 자칭 '지식공개시장'이라고 평한 '네이버 지식인'과 존 밀턴의 출판 허가 요구서인 「아레오파지티카」간의 상관관계가 희박한 글이다. 책을 통해 존 밀턴이 주장하고자 했던 것은 서로의 사상을 공유하는 '지식공개시장'을 통해 진리를 찾을 수 있다는 것이었다. 즉, 진리라는 목적을 위해 수단인 지식 공개 시장을 활용해야 한다는 말이었다. 하지만, 예제 글의 경우 처음에 등장하는 '네이버 지식인'은 단순히 궁금한 것을 답하는 포털 사이트로 엄밀한 의미에서 그 다음에 전개되는 존 밀턴의 '지식공개시장'과는 별 상관이 없다. 때문에 차라리, 도입부에서 출판 및 인쇄의 자유가 왜 중요한지를 간단히 예시한 후, 존 밀턴의 「아레오파지티카」를 소개하는 것이 글의 일관성 유지를 위해 바람직하다.

2   어느 골동품 경매장에서 일어난 일입니다. 여러 가지 골동품들이 그 가치에 따라 좋은 가격으로 팔린 후, 낡은 바이올린 한 대만 쓸쓸히 남았습니다.
"만원으로 경매를 시작하겠습니다." 경매사가 외치자, 터무니없이 싼 가격에 참가자들은 바이올린을 쳐다보며 냉소(冷笑)를 지었습니다. 경매사가 장내를 둘러보며, "아무도 사는 사람이 없다면, 여기에서 끝을 맺도록 하겠습니다"라고 말했습니다. 순간, "제가 그 바이올린으로 연주 한 번만 해도 되겠습니까?"하는 소리가 들렸습니다. 목소리의 주인공은 낡은 옷 때문에 속살이 보이고 신고 있는 신발은 짝이 맞지 않으며 푹 눌러쓴 모자는 구멍이 뚫려 머리카락이 쑥 나오는 등 초라하기 그지없는 모습의 할아버지였습니다. 경매사는 물건을 하나라도 더 팔 요량으로 "한번 연주해 보세요"라며 할아버지의 요구를 승낙했습니다.
할아버지가 낡은 바이올린을 잡고 연주하기 시작하자 아름다운 음악 소리가 흘러나왔습니다. 경매장 여기 저기에 흩어져 웅성거리던 사람들이 숨죽인 채, 할아버지 앞에 모여들었습니다. 얼마나 시간이 흘렀을까? 한참 동안 바이올린에 켜던 할아버지의 연주가 끝나자 아름다운 소리에 심취했던 사람들은 뜨거운 박수를 보냈습니다. 바이올린의 경매가격은 어떻게 되었을까요? 할아버지의 연주 전에는 상상할 수도 없었던 아주 높은 가격에 팔렸습니다.
여러분, 단 한 번의 훌륭한 연주로 낡고 지저분한 바이올린의 가치가 올라간 것에서 알 수 있듯이, 사물을 겉모습만 보고 판단하지 맙시다. 중요한 것은 그 물건의 가치를 이해하고 제대로 활용할 줄 아는 능력입니다. 때문에, 남들이 신경 쓰지 않는 초라한 물건이라도 어떻게 잘 활용할 수 있을까를 생각해보는 습관을 키울 수 있는 어린이가 되도록 합시다.

어느 초등학교 1학년 학생의 유인물에서

※ 잘 나가다가 막판에서 샛길로 빠져버린 유인물이다. 앞에서 보여준 일례(一例)는 '겉모습만으로 사물을 평가하지 말라는 것'이었는데, 결론에서는 자신의 가치를 높이자는 이야기로 끝을 맺고 있다. 마땅히 마무리는 '직접 겪어보기 전에는 외양(外樣)만 보고 판단하지 말자'라는 이야기로 맺어야 일관성을 챙길 수 있다.

3 오랜 노력과 일에 대한 열정, 불굴의 의지가 결합돼 세계의 거장이 된 사람들. 그들은 말 그대로 집중의 달인(達人)들이다. 일생을 지칠 줄 모르는 열정으로 예술과 동고동락(同苦同樂)했던 미켈란젤로와 '모차르트 효과'라는 신조어까지 만들어 낸 음악의 천재, 모차르트, 20여 년간의 연구 끝에 과학사에 혁명을 일으킨 만유인력의 뉴턴, ~~그리고 쥐어짜낸 마지막 주먹 한 방으로 7전8기의 신화를 이룩한 권투 선수 홍수환~~. 여기에서 모차르트와 ~~홍수환의~~ 집중력을 소개해 본다.

여러 가지 일로 신경이 분산되면 집중의 힘은 약화된다. 일의 진전은 더뎌지고, 일관성을 잃기 쉬울 뿐만 아니라 일 처리의 효율마저 떨어지기 십상이다. 발끝으로만 온몸을 지탱한 채 수십 차례씩 회전하는 발레리나와 단 하나의 음표도 틀리지 않고 수천, 수만 개의 음표를 완벽하게 연주하는 피아니스트를 보라. 그러한 경지는 꾸준한 반복 연습과 함께 조그마한 실수도 용납하지 않는 자기 관리를 통해 가능하다. 우리는 이것을 두고 집중력이라고 말한다.

집중력을 유지한다는 것은 자기 자신과의 끊임없는 싸움이다. 사람인 이상, 집중력을 유지하는 데 한계가 있기 마련이어서, 누가 더 오랜 시간 동안, 더 자주 집중력을 발휘할 수 있는가로 범인(凡人)과 위인(偉人)이 결정된다. 이와 관련해 집중력이 남달랐던 모차르트는 젊은 나이에 요절했음에도 불구하고, 짧은 기간 동안 웬만한 음악가는 평생 동안 몸바쳐도 이뤄내지 못할 업적을 인류 음악사에 남겼다. 그러고 보면, 모차르트의 음악을 들을 경우 집중력이 생기고 머리가 좋아진다는 연구 결과는 '모차르트 효과'라는 신조어를 만들어 내기도 했다. 그래서일까? 혼신의 힘을 담아낸 그의 음악은 언제나 우리의 정신을 맑게 하며 기분을 상쾌하게 하는 마력(魔力)을 지니고 있다.

~~마찬가지로, 일곱 번이나 다운 당했음에도 불구하고 집중력을 잃지 않은 한 방으로 챔피언을 쓰러뜨려 국민적 영웅으로 부상했던 홍수환 역시 집중력의 달인이다. "엄마, 나 챔피언 먹었어"라는 유행어를 낳기도 했던 그는 당시 최고의 권투 선수로서 권투 르네상스를 주도한 장본인이었다.~~

※ 모차르트, 미켈란젤로, 뉴턴 등과 같은 위인(偉人)들의 집중력이 오랜 기간 동안, 높은 수준으로 유지돼 왔기에 인류사에 기여한 업적이 대단하다는 머리말과 달리, 단 한 방으로 일약 스타덤에 오른 홍수환이 등장해 글의 취지와 일관성을 저해하고 있다. 홍수환의 경우는 마땅히 제거해 주어야 한다.

4

'과감하게 잘라라 Ⅰ

"사무라이의 이름으로"

군더더기 하나 없는 미니시리즈처럼
지루한 부분은 강단 있게* 도려내야

현재 안방 드라마의 한 축(軸)으로 확고히 자리 잡고 있는 '미니시리즈'는 1977년 미국에서 처음 탄생했다. 1년에 한두 차례 실시되던 시청률 조사에서 우위를 점하기 위해 ABC사가 그해 1월, 야심차게 내놓은 10부작 '뿌리'가 효시(嚆矢)*였던 것. 원작 소설의 저자, 알렉스 헤일리의 6대 선조로서 아프리카에서 노예 사냥꾼들에 의해 납치돼 미국에 팔려간 주인공 '쿤타 킨테'의 역경을 다룬 '뿌리'는 남북전쟁 등을 거치며 300년간 파란만장한 삶을 겪을 수밖에 없었던 미국 흑인들의 이민사를 다룬 대하 드라마였다. 결국, '뿌리'는 그해 미국에서 각종 TV상을 휩쓸며, ABC사에게 창사 이래 처음으로 시청률 1위라는 영예를 안겨 주기도 했다. '뿌리'를 통해 소개된 미니시리즈 제작 방식은 이후, 시청자들을 TV 앞에 끌어 앉히는 흡입력을 인정받아 각국에 퍼지기 시작했다. 우리나라 역시 예외는 아니어서, 1987년 최인호 원작의 '불꽃'

* **강단(剛斷)** 어떤 일을 야무지게 결정하고 처리하는 힘. 굳셀 '강'(剛), 끊을 '단'(斷).
* **효시(嚆矢)** 어떤 사물이나 현상이 시작되어 나온 맨 처음을 비유적으로 이르는 말.
화살에 가늘고 길면서 속은 빈 통을 매달아 공중에 날리면 공명(共鳴) 현상으로 화살이 소리를 내면서 날아간 데서 유래된 낱말임. 전투의 개시를 알리기 위한 신호음으로 징기스칸의 몽고군이 심리전을 위해 개발한 것으로 알려져 있다. 한자 음훈(音訓)은 빌 '효'(嚆), 화살 '시'(矢)로 '속이 빈 살'을 뜻함.

을 시작으로 '모래시계'를 거쳐 '시크릿 가든' '최고의 사랑' 등에 이르기까지 불멸의 흥행작들이 줄을 이었다.

짧은 역사에도 불구하고 '미니시리즈'가 공전*(空前)의 히트를 기록하며 하나의 트렌드로 확고히 자리하게 된 이면*(裏面)에는 당연한 이유가 있었다. 주말 드라마의 전매특허였던 지루한 전개, 늘어지는 구성, 해를 넘기는 방영(放映)에 식상할 대로 식상한 시청자들이 탄탄한 이야기와 빠른 전개, 극적 구성 앞에 열광했기 때문이었다. 3~4부면 정리되는 유년기와 청소년기, 짧지만 굵게 전개되는 사랑과 우정, 두세 달 안에 마무리되는 성공과 실패 이야기는 방영 기간 내내 시청자들의 귀갓길을 재촉하기에 충분했다.

그런 면에서 볼 때, 인상적인 글쓰기 역시 미끈하고 군더더기 없는 전개와 탄탄한 구성을 필요조건으로 한다. 쓸데없는 말, 누구나 다 아는 정보를 언거번거* 나열하기보다 과감하게 날려버림으로써 독자들의 식상함을 최소한으로 줄여야 한다는 것이다. 해서, 군살 없이 민출한* 글을 쓰기 위해서는 읍참마속*(泣斬馬謖)의 심정으로 사정없는 칼날을 휘둘러야 한다. '어떻게 해서 짜낸 생각인데,' '얼마나 붙들어서 얻은 글귀인데' 하는 따위의 나약한 생각은 버려라. 보다 중요한 사실은 '미니시리즈'의 경우처럼, '누가 과연 유년기의 지루한 장면에 관심이 있을까?' 하고 스스로에게 물어보는 데 있다. 그런 의미에서 널리 읽히는 글, 술술 넘어가는 문장은 지루한 예술영화보다 긴박감 넘치는 헐리우드식 오락 영화에 가깝다고 볼 수 있다.

「뼛속까지 내려가서 써라」의 작가, 나탈리 골드버그는 글을 쓰고자 하는 이

---

*공전(空前) 비교할 만한 것이 이전에는 없음.
*이면(裏面) 뒷면. 속 '이'(裏), 낯 '면'(面).
*언거번거 말이 번잡하고 수다스러운 모양.
*민출하다 모양새가 미끈하게 곧고 길며 훤칠하다.
*읍참마속(泣斬馬謖) 소설 삼국지에 나오는 고사성어. 가장 아끼던 부하 마속(馬謖)이 군령을 어기는 바람에 전쟁에서 대패하자, 제갈공명이 울며 마속의 목을 벤 데서 유래. 음과 훈은 울 '읍'(泣), 목 벨 '참'(斬).

들에게 '사무라이'가 될 것을 주문한 바 있다. 거칠고 자기 자신에게는 누구보다도 엄격한, 그러면서 종국에는 할복*(割腹)까지 두려워하지 않는 사무라이 정신으로 무장하라는 의미에서. 「누구나 글을 잘 쓸 수 있다」의 저자, 로버타 진 브라이언트 역시 같은 맥락에서 글쓰기를 곧잘 '빙산'에 비유하곤 한다. 결국, 인쇄되는 부분은 극히 일부에 속하고 나머지는 방황과 일탈*(逸脫), 새로 쓰기와 교열, 고쳐 쓰기와 삭제를 통해 휴지통에 들어간 글이라는 것이다. 그렇다면, 과감하게 자른다는 것은 도대체 어떤 걸 의미하는 걸까? 다음 장에서는 이에 대해 보다 자세한 예를 들어가며 좀더 깊이 소개하고자 한다.

참 고 문 헌

나탈리 골드버그, 권진욱 옮김 (2005). 「뼛속까지 내려가서 써라」. 한문화.
로버타 진 브라이언트, 승영조 옮김 (2004). 「누구나 글을 잘 쓸 수 있다」. 예담.

---

*할복(割腹) 배를 가름. 일본 사무라이들의 전통적인 자살 방법. 벨 '할'(割), 배 '복'(腹).
*일탈(逸脫) 사회적인 규범으로부터 벗어나는 일. 편안할 '일'(逸), 벗을 '탈'(脫).

5 '과감하게 잘라라 Ⅱ'

늘어지는 서두(序頭)는 구조조정 '1순위'

누구나 다 아는 '뒷북형'과
한 얘기 또 하는 '반복형' 속아내기

어떤 글들을 제거(除去) 대상으로 꼽아야 할까?

우선, '도돌이표' 문장들을 구조조정 1순위에 올려 놓아야 한다. 예를 들어 앞에서 소개한 이야기를 살짝 틀어서 한번 더 반복하거나, 비슷한 예를 한 개가 아닌 두 개, 세 개로 늘려가는 행위는 독자들의 심판을 받아 마땅하다. 영양가 없는 이야기로 독자들의 하품을 유발하는 죄, 글쓰기 세계에선 참형*(斬刑)에 해당하는 중죄(重罪)이므로.

두 번째로, 누구나 아는 사실에 대한 장황한 설명 역시 과감하게 정리해야 한다. '약장사'의 출현에 대해 이미 온 동네가 다 알고 있는데, 나팔 불고 장구 치며 뒤늦게 호들갑 떠는 '뒷북행위'를 삼가라는 것이다. 앞서 얘기한 '반복형'과 더불어 '뒷북형'은 글 가운데에서도 머리 부분에 가장 많이 등장하는 유형들에 속한다. 첫머리를 작성해 나가는 일이 가장 힘들다 보니, 우선적으로 분량을 늘리기 위한 이유가 큰 탓에서다. 중요한 사실은 이러한 사족*(蛇足)들을 과감하게 잘라야만 자신의 글을 한 차원 높일 수 있다는 것이다. 어

---

*참형(斬刑) 목을 베어 죽이는 형벌.
*사족(蛇足) 뱀의 다리. 뱀에는 다리가 없으므로 쓸데없는 군더더기를 일컫는 말.

차피 대부분의 글쓰기는 '반복형'이나 '뒷북형'에서 좀처럼 벗어날 수 없기에……. 이와 관련해 다음에서 한 가지 예를 들어 보기로 하겠다. 현재의 경기 침체에 대한 원인 분석 또는 해법에 대해 '자신만'의 글을 쓰면서 다음과 같이 말머리를 열었다고 가정해 보자.

〈가〉
　　연초, 한국은행에서는 올해의 경제 성장률을 5%대로 전망한 바 있다. 이는 작년의 경제 성장률이 7%대에 이르렀다는 것을 토대로, 올해의 경제 환경이 지난해보다는 우호적이지 않다는 전제 아래 산출됐던 수치이다. 그러나 원화 절상이 생각보다 가파르게 진행되고 유가 상승폭 역시 예상치를 훨씬 웃돌면서 **최근 들어 이곳저곳에서 부정적인 답변들이 잇달아 나오고 있는 실정이다**. 예를 들어, 얼마 전 삼성 경제연구소에서는 현실적으로 달성 가능한 올해의 경제 성장률을 3% 내외로 발표한 바 있으며, LG 경제연구소의 경우 성장률이 4% 안팎에서 그칠 것으로 예상하고 있다. 더욱이 우리 경제의 성장 엔진으로 평가받던 중국 경기가 다소 진정 국면으로 접어들면서 이 같은 전망은 더욱 힘을 받고 있는 실정이다. 문제는 상황이 이러한데도 경제 성장에 대해 정부의 전망은 여전히 장미빛이라는 데 있다. 정부 각처의 기관장들은 아직도 언론 인터뷰를 통해 5% 성장이 문제없다고 큰소리치고 있으며, 구체적인 도표까지 제시하는 등 여전히 자신감에 차 있다. 더욱이, 재정부의 한 고위 관리가 하반기의 경기 호전 예상으로 6% 이상의 성장도 가능하다는 예측 발언은 현실 상황을 고려해 볼 때, 황당하기까지 하다. 그렇다면, 왜 정부에서는 이처럼 무지개 빛 환상에서 벗어나지 못하고 있을까?
　　사실, 정부의 낙관론이 실현 불가능하다는 경고는 숱하게 여러 경로를 통해 울려왔다. 하지만 정부의 경직(硬直)된 의사소통 구조는 그 같은 경고음이 요란하게 울려 퍼지는 것을 막는 방음벽 역할을 해 왔다.

라고 썼다고 하자. 물론, 위의 글도 그리 나쁘진 않다. 문제는 그 수준이 B+ 정도에 해당할 뿐, A^0나 A^+에 미치지는 못한다는 사실이다. 왜 그럴까? 돌이켜보면, 위의 문제는 누구나 다 어느 정도 숙지*(熟知)하고 있는 사실이다. 세세한 수치나 연구기관의 발표, 정부의 움직임과 반응 등을 세세하게 기억하지 못할 뿐, 글을 통해 독자들이 전반적으로 얻는 뉴스는 별반 없기 때문이다. 무엇보다, 장황한 서두 속에 글이 중도에서 끊기는 순간까지도 독자들은 필자가 주장하고자 하는 바가 무엇인지를 알아채기 힘들다. '일일연속극'이 아닌 '미니시리즈'를 지향하는 인상적인 글쓰기는 대개 다음과 같이 주제부터 끄집어내며 과감하게 시작하게 마련이다.

〈나〉
    결국, 정부의 경제성장률 예측이 또 장미빛으로 끝날 모양이다. 그토록 5% 달성이 문제없다고 강변했지만, <u>여기저기서 부정적인 응답들만 거푸 쏟아져 나오고 있다</u>. 수출, 환율, 유가 및 물가 상승 등 모든 면에서 결코 우호적인 것이 하나도 없기 때문이다. 사실, 정부의 낙관론이 실현 불가능하다는 경고는 숱하게 여러 경로를 통해 울려왔다. 하지만 정부의 경직된 의사소통 구조는 그 같은 경고음이 요란하게 울려 퍼지는 것을 막는 방음벽 역할을 해 왔다.

위에서 표시한 대로 '가'의 경우, 색 글자로 표시한 문장들은 전형적인 사족*(蛇足)에 해당한다. 따라서, '나'의 밑줄에서 보는 바와 같이 이들을 몇몇 단어로 줄여버리는 것이 글도 살리고, 주제도 살리는 비결(秘訣)이다.

    문제는 글을 좀 쓴다 하는 사람들도 '가'와 같은 유형의 작문(作文)에서 좀처럼 벗어나지 못한다는 사실이다. 실제로 신문의 논단, 시론, 비평 및 칼럼들을 살펴보면 '가'와 같은 부류의 글들을 수도 없이 만난다. 때문에 필자는 수업을 통해 신문에 등장하는 논평, 기고 칼럼을 무작정 따라 쓰지 말 것을 누누이 강조하고 있다. 돌이켜보면, 우리가 써왔던 숱한 글들의 서두는 대부분 '중언부언'*(重言復言)과 '뒷북'의 연속이었다. 그리고 그 같은 도돌이표

---

*숙지(熟知) 익숙하게 또는 충분히 앎
*중언부언(重言復言) 이미 한 말을 자꾸 되풀이 함.

글쓰기를 시도했던 가장 큰 이유는 분량을 채우기 위함이었다. 해서, 스스로 그 같은 사실을 겸허하게 인정하고 사무라이와 같은 과감함으로 자신의 비계 덩어리들을 날려버리는 순간, 본인의 글쓰기는 한 차원 향상될 수 있다.

서두가 깔끔한 사람들은 중량감 있는 본론과 촌철살인*(寸鐵殺人)의 결론으로 글쓰기의 삼박자를 모두 챙길 줄 아는 '쟁이'들이다. 물론, 그 역시 영양가 없는 부분은 냉정하게 자르는 안목(眼目)으로 일구어낸 필연이겠지만. 그런 면에서 볼 때, 결론은 역시 단 한 마디.

"과감하게 잘라라."

문: 윗글에서도 사족을 달아보았다. 찾아보고, '반복형' 인지, '뒷북형' 인지 분류해 보기 바란다. (정답은 229쪽에)

참 고 문 헌

강준만 (2006). 「대중문화의 겉과 속」. 인물과사상사.
나탈리 골드버그, 권진욱 옮김 (2005). 「뼛속까지 내려가서 써라」. 한문화.
로버타 진 브라이언트, 승영조 옮김 (2004). 「누구나 글을 잘 쓸 수 있다」. 예담.
장진한, 후타쓰기 고조 (2003). 「글쓰기 잘라서 읽으면 단숨에 통달한다」. 행담.

---

*촌철살인(寸鐵殺人) 한 치의 쇠붙이로도 사람을 죽일 수 있다는 뜻으로, 간단한 말로도 남을 감동시키거나 남의 약점을 찌를 수 있음을 이르는 말.

연습문제

 연습문제

가. 장문연습 I

■ 다음의 글 가운데에서 사족(蛇足)에 해당하는 '반복형' 또는 '뒷북형'을 찾아 그 유형을 분류해 본 후, 과감하게 삭제해 보기 바랍니다.

1   올 하반기 공개 채용이 대부분 끝났다. 수년 동안 열심히 준비해 합격의 기쁨을 누린 이들도 있는 반면, 취업의 기쁨을 훗날로 미뤄야 하는 사람도 적지 않았을 것이다. 그렇다면 무엇이 그들의 합격과 불합격을 결정했을까? 결코 우연(偶然)과 운(運)만으로 설명할 수 없는 취업의 성공과 실패에는 분명 이유가 있을 것이다. 특히, 실패의 이유를 모른 채 그저 열심히 준비하기만 한다면 훗날 똑같은 결과를 안을 수도 있을 것이다. 때문에, 기업들이 원하는 인재상이 무엇인지를 먼저 아는 것은 대단히 중요하다. 그런 의미에서, 자신의 강점을 먼저 내세우기보다 기업의 요구에 맞추어 자신을 선보이는 것이 더욱 중요하다. 정작 중요한 것은 자신의 상품성을 높이는 것이기에 타인(他人)이 무엇을 원하는지를 파악해 그에 맞춰 나가는 것이기 때문이다. 대기업의 한 인사 담당자를 만나 일반적으로 기업이 필요한 인재는 어떤 사람인지에 대해 이야기를 나눠 보았다.

2 지금, 당신은 꿈을 이루기 위해 살아가고 있는가? 20세기 말의 기억은 이미 아득해져 가고 있는 현재, 사람들은 빠르게 변해가는 세상의 속도에 뒤처지지 않기 위해 오늘도 쉴새 없이 뜀박질하고 있다. 그렇게 정신없이 살아가다가 어느덧 머리가 희끗희끗해지고 얼굴에 주름이 잡히기 시작할 무렵이면 자신의 꿈이 과연 무엇이었는지조차 잊는 경우가 대부분이다. 자녀 교육과 집값 마련이 가장 큰 관심사로 자리 잡은 가운데, 스트레스 해소와 건강 보존을 위해 오늘도 러닝머신 위에서 굵은 땀방울을 쏟는다. 어렸을 때부터 생각하고 꿈꿔왔던 이상과 열정은 어느새 온데간데없고 치열한 생존경쟁에서 뒤처지지 않기 위해 힘들게 살아가고 있는 것이다. 그렇기에 혹자*(或者)는 청소년기의 꿈과 이상이 냉엄한 현실 앞에서 무너지고 소멸되는 것은 시간문제일 뿐이라고 하지 않았던가? 그런 현대사회 속에서 어렸을 때부터 자신이 꿈꿔오던 일을 실현하기 위해 일상에서의 안락한 생활을 던져 버린 이가 있다. 「지도 밖으로 행군하라」의 지은이, 한비야가 바로 그 주인공이다. 1958년 서울에서 태어나 홍익대학교 영문과를 졸업하고 미국 유타대학교 언론대학원에서 국제홍보학으로 석사학위를 받은 그녀는 서른 다섯 살의 나이에 안정된 직장을 과감히 던져 버리고 어릴 적 꿈꿔왔던 세계 여행에 나섰다.

　*혹자(或者): 어떤 사람.

3 드라마나 영화 속의 좋은 결말은 오랜 여운을 남겨준다. 특히, 끝이 인상적인 영화는 오랫동안 시청자와 관객들의 마음 속에 회자*(膾炙)되게 마련이다. 반면, 어떻게 끝났는지 도무지 기억나지 않는 영화들은 확실한 마무리에 실패한 경우다. 사실, 이야기의 호흡이 긴 영화나 소설에서 독자와 시청자들은 인상적인 몇몇 장면과 더불어 이야기의 시작과 끝을 기억하는 경향이 강한데, 아무래도 출발점인 시작보다는 종착역인 끝에 대한 기억을 더욱 오래 갖게 된다. 그렇게 중요한 결말은 내용에 따라 희극(喜劇)과 비극(悲劇)으로 갈리는데 시작에 대한 분류가 없는 것을 보면, 확실히 마무리가 중요하긴 한가 보다. 필자도 예외는 아니어서 인상적이었던 영화의 경우에

연습문제

는 주로 마지막 장면들이 머리 속에 각인(刻印)돼 있는 실정이다. 예를 들어, 2008년 초에 개봉된 임순례 감독의 '우리 생애 최고의 순간'은 감독의 역량(力量)이 엔딩씬에 집약돼 있다고 평가할 정도로 대단하다. 그렇기에 최고의 '엔딩씬'(ending scene)은 있어도 최고의 '비기닝씬'(beginning scene)이란 지칭이 없는 것도 다 이유가 있는 것이 아닐까? 이 때문에 글쟁이들 역시 첫 문장과 마찬가지로, 마지막 문장에 많은 시간을 투자하곤 한다. 굳이 비유하자면, 화룡점정(畵龍點睛)의 심정으로 용의 그림에 마지막 눈동자를 찍는 화가의 심정이라고나 할까? 그렇다면, 어떻게 써야 힘 있고 인상적인 맺음말을 쓸 수 있을까?

　　*회자(膾炙): 회와 구운 고기라는 뜻으로, 칭찬을 받으며 사람의 입에 자주 오르내림을 이르는 말.

나. 장문연습 II

■ 다음의 글 가운데에서 사족(蛇足)에 해당하는 '반복형' 또는 '뒷북형'을 찾아 그 유형을 분류해 본 후, 과감하게 삭제해 보기 바랍니다.

1　오늘날 우리들의 삶에 가장 많은 영향을 끼치는 대중매체는 무엇일까? 신문, 잡지, 텔레비전, 영화, 라디오 등 수많은 대중 매체 가운데 많은 사람들은 텔레비전을 첫손에 꼽을 것이다. 현대인들에게 있어 하루 24시간의 삶 가운데 수면과 일—학생의 경우는 공부—을 제외하면 가장 많은 비중을 차지하고 있는 것이 텔레비전 시청이기 때문이다. 실제로 텔레비전은 드라마, 뉴스, 쇼 프로, 다큐멘터리 등 수많은 장르의 프로그램들을 통해 우리들의 끊임없는 시청(視聽)을 유혹하고 있다. 그러다 보니 텔레비전을 보지 않으면 또래들과의 대화조차 쉽지 않게 되고, 이는 또 다른 텔레비전 시청의 악순환을 불러오게 돼 좀처럼 텔레비전 시청의 굴레로부터 벗어나지 못하게 된다. 더욱이, 텔레비전 광고로 소개되는 상품, 텔레비전 드라마에

나오는 식당, 텔레비전 쇼 프로에 비춰지는 의상(衣裳)들은 끊임없이 시청자들의 수요를 불러일으키며 허영심을 부추기고 우리의 구매 행태를 직간접적으로 결정짓는 역할을 한다. 그러한 가운데 핸드폰에서, 자동차에서, 지하철에서, 말 그대로 1년, 365일, 하루 24시간을 쉬지 않고 영상을 내보내고 있으니, 도대체 사람이 텔레비전을 시청하는 것인지, 텔레비전이 사람을 시청하는 것인지가 헷갈릴 정도다.

텔레비전 효과와 관련한 이론을 개발하고 연구하는 방송학의 규모가 해마다 거대해지고 있다는 사실은 그 같은 현실을 제대로 반증*(反證)하는 사례라 볼 수 있다. 한 학자가 조사한 바에 따르면, 텔레비전 효과와 관련한 이론만 1000여 개에 이른다고 하니, 텔레비전 자체는 이제 하나의 사회 현상으로 자리매김한 듯하다. 문제는 이런 텔레비전이 진화(進化)에 진화를 거듭하면서 끊임없이 자신의 존재 형태와 존재 양식을 변형시키며 우리들을 종속*(從屬)시켜 나가고 있다는 사실이다.

*반증(反證): 반대로 증명함.
*종속(從屬): 자주성이 없이 주가 되는 것에 딸려 붙음. 좇을 '종'(從), 이을 '속'(屬).

2 북한이 며칠 전, 새벽부터 저녁까지 연속해서 미사일을 발사했다. 북한이 장거리 미사일을 시험 발사하려 한다는 징후(徵候)는 몇 개월 전부터 포착되어 왔기에 한국과 미국, 일본과 중국을 위시한 국제사회에서는 깊은 우려와 함께 북한의 시험 발사 중지를 줄기차게 촉구해 왔다. 더불어, 미국과 일본의 경우는 북한이 국제사회의 이 같은 우려를 무시하고 시험 발사를 강행한다면, 경제 제재를 포함한 강력한 대응 방침을 하겠다고 표명해 왔다.

햇볕정책 이후, 북한과의 관계 개선을 지속적으로 도모*(圖謀)해온 한국을 비롯해, 북한의 최대 우방국인 중국마저 각종 채널을 통해 북한 지도부에 미사일 발사를 중단하도록 압력을 가중시키고 있던 상황이었던 만큼, 북한으로서는 미사일 발사가 가져올 심각한 파장을 충분히 알고 있었을 것이

연습문제

다. 때문에, 이미 수개월 전부터 미사일 발사 실험 준비를 마친 북한이 정작 며칠 전에 발사 실험을 강행했다는 사실은 그동안 내부적으로도 의사결정에 따른 고민과 진통이 만만치 않았음을 알려주고 있다. 하지만, 결국 미사일은 동해로 발사됐고, 그 이면에는 그와 같은 결정을 최종적으로 승인한 김정일이 자리하고 있다. 자신의 백성들은 헐벗고 굶주리며 집단으로 탈북(脫北)하는 마당에 쌀을 살 돈조차 없어 한국 정부로부터 도움을 받는 처지임에도 이웃 국가의 안전을 위협하는 미사일 발사 강행은 밀실 정치, 일인 독재에 익숙하지 않은 우리로서는 선뜻 이해하기가 어려운 대목이다.

　　북한의 이번 미사일 실험 발사는 북한에 대해 어떻게 접근하는 것이 바람직한지에 대해 많은 시사점을 제시하고 있다. 무엇보다, 서방을 위시한 국제사회의 강경책에는 결코 굴하지 않으며, 자신만의 해법으로 사태를 풀어나가겠다는 의지를 천명하는 북한에 대해 일반적인 상식으로 대처한다는 것 자체가 어불성설(語不成說)임을 여실히 증명해줬기 때문이다. 그렇다면, 대북한 외교정책은 어떤 식으로 수행하는 것이 최선책일까?

　　*도모(圖謀): 어떤 일을 이루기 위해 대책과 방법을 세움. 그릴 '도'(圖), 꾀할 '모'(謀).

다. 실전 연습

- 오늘의 신문에서 칼럼과 기고문, 시론 등과 같이 기고자/투고자의 주장을 담은 글을 찾아보고, 위와 같이 글머리가 '반복형' 또는 '뒷북형'으로 전개되는 글들이 있는지 찾아보기 바랍니다. 더불어, 어디부터 어디까지는 과감하게 잘라도 되는지 한번 찾아보고 제거하는 연습을 해보기 바랍니다.

해답

가. 장문연습 Ⅰ

1 올 하반기 공개 채용이 대부분 끝났다. 수년 동안 열심히 준비해 합격의 기쁨을 누린 이들도 있는 반면, 취업의 기쁨을 훗날로 미뤄야 하는 사람도 적지 않았을 것이다. 그렇다면 무엇이 그들의 합격과 불합격을 결정했을까? ~~결국 우연(偶然)과 운(運)만으로 설명할 수 없는 취업의 성공과 실패에는 분명 이유가 있을 것이다. 특히, 실패의 이유를 모른 채 그저 열심히 준비하기만 한다면 훗날 똑같은 결과를 안을 수도 있을 것이다. 때문에, 기업들이 원하는 인재상이 무엇인지를 먼저 아는 것은 대단히 중요하다. 그런 의미에서, 자신의 강점을 먼저 내세우기보다 기업의 요구에 맞추어 자신을 선보이는 것이 더욱 중요하다. 정작 중요한 것은 자신의 상품성을 높이는 것이기에 타인(他人)이 무엇을 원하는지를 파악해 그에 맞춰 나가는 것이기 때문이다.~~ 대기업의 한 인사 담당자를 만나 일반적으로 기업이 필요한 인재는 어떤 사람인지에 대해 이야기를 나눠 보았다.

※ 전형적인 '뒷북형'이 주(主)를 이루고 있는 서두(序頭)다. 새삼스러울 것도 없고, 새로운 것도 없다. 마땅히 제거해 줘야 한다.

2 지금, 당신은 꿈을 이루기 위해 살아가고 있는가? 20세기 말의 기억은 이미 아득해져 가고 있는 현재, 사람들은 빠르게 변해가는 세상의 속도에 뒤처지지 않기 위해 오늘도 쉴새 없이 뜀박질하고 있다. ~~그렇게 정신 없이 살아가다가 어느덧 머리가 희끗희끗해지고 얼굴에 주름이 잡히기 시작할 무렵이면 자신의 꿈이 과연 무엇이었는지조차 잊는 경우가 대부분이다. 자녀 교육과 집값 마련이 가장 큰 관심사로 자리 잡은 가운데, 스트레스 해소와 건강 보존을 위해 오늘도 러닝머신 위에서 굵은 땀방울을 쏟는다. 어렸을 때부터 생각하고 꿈꿔왔던 이상과 열정은 어느새 온데간데 없고 치열한 생존 경쟁에서 뒤처지지 않기 위해 힘들게 살아가고 있는 것이다. 그렇기에 혹자(或者)는 청소년기의 꿈과 이상이 냉엄한 현실 앞에서 무너지고 소멸되는 것은 시간 문제일 뿐이라고 하지 않았던가?~~ 그런 현대 사회 속에서 어렸을 때부터 자신이 꿈꿔오던 일을 실현하기

위해 일상에서의 안락한 생활을 던져 버린 이가 있다. 「지도 밖으로 행군하라」의 지은이, 한비야가 바로 그 주인공이다. 1958년 서울에서 태어나 홍익대학교 영문과를 졸업하고 미국 유타대학교 언론대학원에서 국제홍보학으로 석사학위를 받은 그녀는 서른 다섯 살의 나이에 안정된 직장을 과감히 던져 버리고 어릴 적 꿈꿔왔던 세계 여행에 나섰다.

※ 역시 '뒷북형'이 주를 이루고 있다. 과감하게 제거해 줘도 아무 상관이 없다.

3   인상적인 영화는 오랫동안 시청자와 관객들의 마음 속에 회자(膾炙)되게 마련이다. 반면, 어떻게 끝났는지 도무지 기억나지 않는 영화들은 확실한 마무리에 실패한 경우다. ~~사실, 이야기의 호흡이 긴 영화나 소설에서 독자와 시청자들은 인상적인 몇몇 장면과 더불어 이야기의 시작과 끝을 기억하는 경향이 강한데, 아무래도 출발점인 시작보다는 종착역인 끝에 대한 기억을 더욱 오래 갖게 된다. 그렇게 중요한 결말은 내용에 따라 희극(喜劇)과 비극(悲劇)으로 갈리는데 시작에 대한 분류가 없는 것을 보면, 확실한 마무리가 중요하긴 한가 보다. 필자도 예외는 아니어서 인상적이었던 영화의 경우에는 주로 마지막 장면들이 머리 속에 각인(刻印)돼 있는 실정이다. 예를 들어, 2008년 초에 개봉된 임순례 감독의 '우리 생애 최고의 순간'은 감독의 역량(力量)이 엔딩씬에 집약돼 있다고 평가할 정도로 대단하다. 그렇기에 최고의 '엔딩씬'(ending scene)은 있어도 최고의 '비기닝씬'(beginning scene)이란 지칭이 없는 것도 다 이유가 있는 것이 아닐까?~~ 이 때문에 글쟁이들 역시 첫 문장과 마찬가지로, 마지막 문장에 많은 시간을 투자하곤 한다. 굳이 비유하자면, 화룡점정(畵龍點睛)의 심정으로 용의 그림에 마지막 눈동자를 찍는 화가의 심정이라고나 할까? 그렇다면, 어떻게 써야 힘 있고 인상적인 맺음말을 쓸 수 있을까?

※ 처음에는 '반복형'이, 나중에는 '뒷북형'이 필자의 개인적인 일화와 함께 등장하는 글이다. 서두의 호흡을 너무 길게 늘어뜨리는 바람에 독자들의 긴장감을 유지하는 데 실패하기 쉬운 글이다.

나. 장문연습 II

1 오늘날 우리들의 삶에 가장 많은 영향을 끼치는 대중매체는 무엇일까? 신문, 잡지, 텔레비전, 영화, 라디오 등 수많은 대중 매체 가운데 많은 사람들은 텔레비전을 첫손에 꼽을 것이다. 현대인들에게 있어 하루 24시간의 삶 가운데 수면과 일―학생의 경우는 공부―을 제외하면 가장 많은 비중을 차지하고 있는 것이 텔레비전 시청이기 때문이다. ~~실제로 텔레비전은 드라마, 뉴스, 쇼 프로, 다큐멘터리 등 수많은 장르의 프로그램들을 통해 우리들의 끊임없는 시청(視聽)을 유혹하고 있다. 그러다 보니 텔레비전을 보지 않으면 또래들과의 대화조차 쉽지 않게 되고, 이는 또 다른 텔레비전 시청의 악순환을 불러오게 돼 좀처럼 텔레비전 시청의 굴레로부터 벗어나지 못하게 된다. 더욱이, 텔레비전 광고로 소개되는 상품, 텔레비전 드라마에 나오는 식당, 텔레비전 쇼 프로에 비춰지는 의상(衣裳)들은 끊임없이 시청자들의 수요를 불러 일으키며 허영심을 부추기고 우리의 구매 행태를 직간접적으로 결정짓는 역할을 한다. 그러한 가운데 핸드폰에서, 자동차에서, 지하철에서, 말 그대로 1년, 365일, 하루 24시간을 쉬지 않고 영상을 내보내고 있으니, 도대체 사람이 텔레비전을 시청하는 것인지, 텔레비전이 사람을 시청하는 것인지가 헷갈릴 정도다.~~

    텔레비전 효과와 관련한 이론을 개발하고 연구하는 방송학의 규모가 해마다 거대해지고 있다는 사실은 그 같은 현실을 제대로 반증(反證)하는 사례라 볼 수 있다. 한 학자가 조사한 바에 따르면, 텔레비전 효과와 관련한 이론만 1000여 개에 이른다고 하니, 텔레비전 자체는 이제 하나의 사회 현상으로 자리매김한 듯하다. 문제는 이런 텔레비전이 진화(進化)에 진화를 거듭하면서 끊임없이 자신의 존재 형태와 존재 양식을 변형시키며 우리들을 종속(從屬)시켜 나가고 있다는 사실이다.

※ '뒷북형'이 주를 이루고 있는 서두다. '미니시리즈'의 1부를 방영하는 심정으로 과감하게 자르도록 하자.

2 ~~북한이 며칠 전, 새벽부터 저녁까지 연속해서 미사일을 발사했다. 북한이 장거리 미사일을 시험 발사하려 한다는 징후(徵候)는 몇 개월 전부터 포착되어 왔기에 한국과 미국, 일본과 중국을 위시한 국제사회에서는 깊은 우려와 함께 북한의 시험 발사 중지를 줄기차게 촉구해 왔다. 더불어, 미국과 일본의 경우는 북한이 국제사회의 이 같은 우려를 무시하고 시험 발사를 강행한다면, 경제 제재를 포함한 강력한 대응 방침을 하겠다고 표명해 왔다.~~

    햇볕정책 이후, 북한과의 관계 개선을 지속적으로 도모(圖謀)해온 한국을 비롯해, 북한의 최대 우방국인 중국마저 각종 채널을 통해 북한 지도부에 미사일 발사를 중단하도록 압력을 가중시키고 있던 상황이었던 만큼, 북한으로서는 미사일 발사가 가져올 심각한 파장을 충분히 알고 있었을 것이다. 때문에, 아마 수개월 전부터 미사일 발사 실험 준비를 마친 북한이 정작 며칠 전에 발사 실험을 강행했다는 사실은 그동안 내부적으로도 의사 결정에 따른 고민과 진통이 만만치 않았음을 알려주고 있다. 하지만, 결국 미사일은 동해로 발사됐고, 그 이면에는 그와 같은 결정을 최종적으로 승인한 김정일아 자리하고 있다. 자신의 백성들은 헐벗고 굶주리며 집단으로 탈북(脫北)하는 마당에 쌀을 살 돈조차 없어 한국 정부로부터 도움을 받는 처지임에도 이웃 국가의 안전을 위협하는 미사일 발사 강행은 밀실 정치, 일인 독재에 익숙하지 않은 우리로서는 선뜻 이해하기가 어려운 대목이다.

북한의 이번 미사일 실험 발사는 북한에 대해 어떻게 접근하는 것이 바람직한지에 대해 많은 시사점을 제시하고 있다. 무엇보다, 서방을 위시한 국제사회의 강경책에는 결코 굴하지 않으며, 자신만의 해법으로 사태를 풀어나가겠다는 의지를 천명하는 북한에 대해 일반적인 상식으로 대처한다는 것 자체가 어불성설(語不成說)임을 여실히 증명해 줬기 때문이다. 그렇다면, 대북한 외교정책은 어떤 식으로 수행하는 것이 최선책일까?

※ 역시 언론에서 숱하게 지적했을 얘기들을 '뒷북형'으로 다루고 있다. 몸피*만 크고 함량(含量)은 미달하는 부분을 과감하게 자르도록 하자.
　*몸피: 몸통의 굵기.

6. "들머리*가 전부다" - I

글의 첫머리는 일품요리의 전채(前菜)
간결, 재미, 일관성의 3박 고루 갖춰야

    드라마는 첫 회가 생명이다. 면접 역시 첫인상이 당락(當落)을 좌우한다. 마찬가지로, 연인들도 첫눈에 끌리고 한눈에 반한다. 그런 면에서 글은 첫머리가 전부다. 만일, 독자들의 관심을 끌 만한 첫머리를 완성한다면 이미 그 글은 절반 이상의 성공을 거둔 셈이다. 생각해 보라. '뻔한 이야기,' '고루한 장면,' '지루한 대화'와 '충격적인 이야기,' '자극적인 장면,' '가시 돋친 대화.' 어느 것에 손을 들어줄지는 자명(自明)하다. 그러나 역으로 말한다면, 그만큼 첫 문장과 첫 장면을 민출하게* 삭이기란* 쉬운 일이 아니다.

    요리로 따져볼 때, 글의 첫머리는 어느 것에 속할까? 모르긴 해도, 코스요리나 일품요리의 첫 번째 주인공인 전채(前菜: 애피타이저)가 가장 유력한 후보일 게다. 주(主)요리를 받쳐 주되 너무 자극적이지도, 튀지도 않는 그런 종류의. 전채는 또, 양(量)에 있어서는 다소 부족하지만 입맛을 적당히 자극시켜 줄 청량제 역할까지 겸해야 한다.

***들머리** 들어가는 맨 첫머리.
***민출하다** 모양새가 밋밋하고 훤칠하다.
***삭이다** '삭다'의 사동사. '삭다'는 먹은 음식물이 소화된다는 뜻.

독자(讀者)들의 눈길을 사로잡을 첫머리에는 어떤 것들이 있을까? 물론, 이 글에서 말하는 독자가 반드시 대중적인 사람들일 필요는 없다. 경우에 따라서는 자신의 논술이나 작문, 리포트를 평가하는 선생님과 교수, 싸이월드와 블로그의 글을 돌려 읽는 친구들이 모두 독자가 될 수 있다. 그런 이들에게 공통적으로 잘 먹혀드는 첫머리 작성 요령으로는 다음과 같은 것들이 있다.

첫째, 문장이 간결해야 한다. 요지(要旨)인즉슨, 처음부터 늘어지는 문장으로 '독자'들을 내쫓아서는 안 된다는 것이다. 어느 곳보다 '단단익선'(短短益善)*의 법칙이 철저하게 적용돼야 하는 곳이 첫머리이다. 이와 함께, 글 전체에서 첫머리가 차지하는 비중이 너무 커서도 안 된다. 요리에서 전채의 양이 아쉬울 정도로 조금 나오는 것과 같은 이치다.

다음으로 '무조건' 재미있거나 신선해야 한다는 점을 들 수 있다. 적어도 중간까지 읽히기를 바란다면 말이다. 유행어나 우스갯소리, 대화 또는 일상적 경험들을 첫머리에 동원할수록 여러분의 본(本) 요리는 사랑받을 가능성이 커진다.

마지막으로, 앞장을 통해 언급한 펼치기 및 마무리와 일관성을 지녀야 한다는 것이다. 재미만 추구하다 본론이나 결론과 동떨어진 이야기를 담아서는 안 된다. '중화요리에 동치미 전채,' '이탈리아 음식에 깨죽 애피타이저'를 떠올리면 무슨 얘기인지 금방 알아챌 것이다.

'백문(百聞)이 불여일견'(不如一見). 아무리 떠들어도 소용없을 테니, 대학을 예로 들어 보겠다. 만일, '경제학과,' '사회학과,' '언론정보학과'에서 각각 최근의 경기 침체에 관한 리포트 과제를 내주었다고 하자. '경제학과'는 경기 침체의 원인 및 정부 차원에서 가장 효율적인 치유 방안에 대해, '사회학과'는 이 같은 상황에서 흔히 발생하는 부정적 사회현상에 대해, '언론정보학과'

---

*단단익선(短短益善) 「한국인의 글쓰기」에서 문장 길이는 짧으면 짧을수록 좋다는 의미에서 소개했던 필자의 조어(造語)임.

는 경기 침체와 관련해, 어떤 종류의 보도가 최선일 수 있는가에 대한 주제로. 모르긴 해도 십중팔구, 많은 학생들의 리포트 첫머리는 다음과 같은 방향으로 흐르리라.

경제학과
"최근 한국 사회를 휩쓸고 있는 경기 침체는 1997년의 IMF를 능가하고 있으며, 이에 따라 한국사회가 '선진국의 문턱에서 주저앉는 것이 아닌가?' 하는 우려가 갈수록 커지고 있다. 돌이켜 보면, 작금의 경기 침체가 일본의 잃어버린 10년처럼 장기화될 가능성에 대해 그동안 전문가들과 언론은 꾸준한 경고음을 울린 것이 사실이다." (핵심 명제: 현재 정부가 시행하고 있는 각종 경기 부양책은 미봉책*(彌縫策)에 불과하다.)

사회학과
"현재의 경기 침체는 사회의 활력을 저하시킬 뿐만 아니라, 소비 위축 및 실업 문제 등 각종 사회문제를 야기시키고 있다. 더욱이 갈수록 취업마저 힘들어지면서, 예비 졸업생들이나 대졸자(大卒者)들이 경기 침체의 직격탄을 맞고 있는 실정이다. 오죽하면, '이태백'(20대의 태반이 백수)이라는 말은 옛말이 된 지 오래이며 이제는 '이구백'(20대의 90%가 백수)이라는 말이 유행어로 떠돌겠는가?" (핵심 명제: 취업난이 한국 사회에 대한 대학생들의 냉소와 불만을 증폭시키고 있다.)

언론정보학과
"최근 한국 사회를 관통(貫通)하고 있는 경기 침체는 비단 어제 오늘의 일이 아니다. 이에 따라, 정부 역시 경기 침체를 타개할 목적으로 여러 부양책들을 잇달아 발표하고 있는 실정이다. 그러나 이들 경기 부양책의 대부분은 졸속으로 검토, 입안되는 바람에 그 준비성 및 실효성을 놓고 언론으로부터 집중 포화를 맞고 있다. (핵심명제: 언론 역시 적대적인 자세로 정부의 경기부양책을 대하기보다 건설적인 대안 마련에 앞장서야 한다.)

---

*미봉책(彌縫策) 눈가림만 하는 일시적인 계책. 두루 '미'(彌), 꿰맬 '봉'(縫), 세울 '책'(策).

과연 이런 글들로 독자의 눈길을 잡아둘 수 있을까? 첫 번째와 두 번째 글의 경우는 들머리도 장황한데다 재미마저 없어 고객을 놓칠 확률이 절반을 훌쩍 넘은 상태다. 게다가 글의 첫머리라고는 하나 읽는 사람의 입장에선 앞으로 나올 음식이 '청요리'인지 '일식'인지 감조차 잡지 못하고 있는 실정이다.

그렇다면, 좀더 세련되고 미끈한 들머리는? 경제학과 전공생의 입장이라면, 필자는 무엇보다도 자신의 느낌이나 결론, 핵심 명제를 어떻게 해서든 표현하려 노력할 것이다. 직접적이 됐건 간접적이 됐건, 그것도 재미있고 간결하게.

경제학과
"영양실조로 쇠약해진 환자에게 단지 처방전을 내준다는 것은 결국, 환자를 죽이는 행위에 불과하다. 정작 환자가 필요한 것은 영양 보충을 위한 돈이기 때문이다. 그런 면에서 현 정부의 경제정책은 사태의 근본을 파악하기보다 국면 타개를 위한 일시적 치유에 불과할 뿐이다." (비유를 통한 두괄식 첫머리임.)

사회학과
"차라리 방글라데시에서 태어나고 싶다." 일전에, 어느 친구와 대화하다 들은 농담 같은 진담이었다. 1인당 GNP 최저 수준의 아시아 국가임에도 불구하고, 한국 대학생들 사이에선 더 이상 후진국이 아닌 나라. 각종 행복 지수 조사에서 1위를 다투지만, 국민 대부분은 실업자인 나라. 그런 방글라데시가 한국의 대학생들 사이에선 토마스 모어의 '유토피아'로 꼽히고 있다.(일상생활 속에서의 경험—여기서는 '대화'—을 통한 첫머리 전개임.)

언론정보학과
"1948년 발표된 허친스 보고서는 무소불위*(無所不爲)의 언론에 '사회적 책임감'이라는 생경한 임무를 부여했다. 언론의 자유를 들먹이며, 어떤 종류의 외압에도 저항하려는 언론이 스스로 사회적 책임을 다해야 한다는 도덕적 의무를 당대의 현자*(賢者)들이 스스로 들고 나선 것이다." (역사적 사례를 통해 머리말을 전개한 경우임.)

어떤가? 앞에서는 필자가 나름대로 가장 효과적인 것으로 생각하는 세 종류의 첫머리를 예로 들어봤다. 실제로, 언론사에 기재되는 '옹글'들은 많은 경우, 위의 세 가지 예를 적극적으로 활용하고 있다. 그럼, 다음 장에서는 보다 본격적이고 구체적으로 첫머리의 전개 방식 및 종류에 대해 알아보기로 하자.

|215쪽 정답|
214쪽 맨 아래에서부터 215쪽, 위에서 세 번째 줄까지는 앞에서 이미 말한 바 있는 '반복형' 문장이 되풀이되고 있다.

참 고 문 헌

몬티 슐츠, 바나비 콘라드 엮음, 김연수 옮김 (2006).「스누피의 글쓰기 완전 정복」. 한문화.

정양환, 김윤종, 염희진 (2007.8.15). 뜨고 싶거든 '첫인상 홍행법칙'을 알라. 동아일보, 19면.

배상복 (2007).「일반인을 위한 글쓰기 정석」. 경향미디어.

장진한, 후타쓰기 고조 (2003).「글쓰기 잘라서 읽으면 단숨에 통달한다」. 행담.

정희모, 이재성 (2005).「글쓰기의 전략」. 들녘.

한효석 (2006).「너무나도 쉬운 논술」. 한겨레신문사.

헤이즈 B. 제이콥스 (1987).「논픽션 쓰는 법」. 보성사.

Janet E. Ramsey (1998).「Feature & Magazine Article Writing: Custom」. McGraw-Hill College.

---

*무소불위(無所不爲) 하지 못하는 일이 없음. 한(漢)나라 역사가인 사마천(司馬遷)이 그의 저서 사기(史記)에서 진시황 때의 여불위(呂不韋)를 일컬어 사용한 말로 알려져 있다.

*현자(賢者) 어질고 총명한 사람.

"들머리가 전부다" - II

가장 인기 있는 들머리 유형
'개인 일화'와 '인물 사례'

재미있는 영화는 시작부터 남다르다. 거침없는 말싸움, 피가 튀는 난투극, 파격적인 정사씬……. 관람석에서 음료수의 빨대를 눈으로 찾을 시간도, 구겨진 옷을 펼칠 틈도 없다. 관객들을 스크린으로 빨아들이는 '흥행 방정식의 제1법칙'이라고나 할까? 그런 의미에서 볼 때, 스티븐 스필버그 감독은 영화의 '첫머리'를 가장 잘 만드는 선수 중의 선수다.

마찬가지로 글쓰기에도 인상적인 들머리는 독자들의 눈길을 붙들어 놓기 위해 절대적으로 필요하다. 때문에 글쓰기 고수들은 자신만의 방식으로 '첫머리'를 멋지게 장식하며 '글짱'으로서의 자격을 인정받는다. 다음은 그런 '글짱'들의 작품을 중심으로 필자가 나눠 본 경쟁력 있는 '들머리'의 몇몇 유형들.

먼저, 내용에 따라 '일화형' 들머리와 '사례형' 들머리의 두 가지로 나눠볼 수 있다. '일화형' 들머리는 말 그대로 글쓴이가 생활 주변에서 겪거나 들은 일을 서두(序頭)에 끄집어 내는 것으로, 쉬운 듯 보이나 소화하기가 만만찮은 대상이다. 인상적이었던 일화들을 놓치지 않고 기억했다가 필요할 때 적재적소(適材適所)에 동원할 수 있는 기억력과 판단력이 필요하기 때문이다. '일화형' 들머리는 실제로 벌어졌던 사건이란 점에서 독자들의 호기심을 자극하는 청량제 역할을 톡톡히 한다. 남의 이야기에 관심을 갖게 마련인 인간의 심리를 파고드는 고도의 전략(戰略)이라고나 할까?

그런 '일화형' 들머리의 최고수로는 단연, 서강대의 고(故) 장영희 교수를 꼽을 수 있다. 영문(英文)학자로서 중앙 일간지에 정기적으로 칼럼을 기고했던 그녀는 일상생활에서 겪은 경험담과 자신의 생각을 맛깔스럽게 버무렸던 글쟁이이다. 가령, 후안무치*(厚顔無恥)의 정치인들에 대한 그녀의 글에선, 부딪혀도 사과하지 않고 자기 일만 챙기는 철면피 이웃들이 첫머리에 등장한다. 종국에는 주변으로부터 배척당하거나 횡액*(橫厄)을 당한다는 일화를 소개하며, 본문에서는 얼굴 두꺼운 정치인들의 말로(末路)도 그다지 밝지 않을 것임을 암시하는 식이다. 필자 역시 '일화형' 리드*를 애용(愛用)하는 편이다. 「한국인의 글쓰기」에서는 31개의 칼럼 가운데 약 10%에 해당하는 3개가, 「A+ 글쓰기」에서는 29개 가운데 17%에 해당하는 5개가 일화형 리드를 사용하고 있으니.

내용에 따른 두 번째 유형으론 '사례형' 들머리를 들 수 있다. '일화형' 들머리가 글쓴이 자신이 직접 겪거나 전해 들은 '생활 속 이야기'인 데 반해, '사례형'은 과거와 현재를 통틀어 실제로 존재했던 사람이나, 사례, 상황 등을 소개하는 것이다. '일화성' 들머리의 내용이 지극히 주관적, 개인적이라면 '사례형'은 대체로 객관적, 일반적인 정보를 담고 있다.

'사례형'은 소개 대상이 무엇이냐에 따라 다시 '인물'과 '사물/대상,' '상황 사례'로 구분할 수 있는데, '인물'은 위인 등을 소개함으로써 글의 첫머리를 여는 것을, '사물/대상'은 책, 영화, 드라마 등 줄거리가 있는 창작물에서

---

*후안무치(厚顔無恥) 얼굴이 두꺼운 데다 부끄러움마저 없음.
*횡액(橫厄) 뜻밖에 닥쳐오는 불행.
*리드 언론사에서 일컫는 글의 첫머리.

부터 그림, 조각, 건축물 등에 이르기까지 인간을 제외한 온갖 종류의 대상물을 소개함으로써 글을 시작하는 것을 의미한다. 마지막으로 '상황 사례'는 인물이나 사물보다 상황 설명이 주(主)를 이루는 들머리의 유형을 일컫는다.

예를 들어, 앞에서 소개했던 경기 침체에 관한 리포트로 돌아가 보자. '인물 사례'로 글을 열 경우에는 경제적 난관을 돌파하고 국가의 경쟁력을 제고시킨 사람을 등장시킬 수 있다. 가령,

"미국의 32대 대통령이었던 프랭클린 루스벨트는 대공황으로 불리는 미국 역사상 최악의 경기 침체를 슬기롭게 극복했다. 당시 루스벨트는 다분히 위헌(違憲)적인 소지가 있던 '뉴딜' 정책을······."

로 시작하는 따위의 들머리가 그 전형에 속한다. 물론, 반대로 경기 회복에 실패한 사람을 전면에 내세우는 수도 있다. 글에서 강조하고자 하는 방향과 맞기만 한다면야. 마찬가지로, '사물 사례'는 경기 침체와 관련된 책이나 영화, 드라마의 줄거리를 소개하거나 그 이외의 연관 소재들을 동원하는 것이다.

"이탈리아 영화, '자전거 도둑'은 2차대전 후 경제적 고통이 심했던 어느 부자(父子)의 애환을 밀도 있게 그려 낸 20세기 최고의 걸작 영화이다. 그런, '자전거 도둑'에서 주인공 부자(父子)는 생계 수단이던······."

마지막으로 '상황 사례'는 인물이나 창작물 또는 사물이 아닌 상황 자체를 소개하는 것이다.

"1997년 말 갑작스레 불어 닥친 IMF 한파는 국가와 기업이 국민들의 생계를 보장할 것이라던 한국인들의 안이한 생각을 완전히 바꿔버렸다. 이후, 직장인들 사

이에선 '평생직장'이란 개념에 대한 애착과 애정이 급속도로 사라지면서……"

그렇다면, 이쯤에서 상황 퀴즈 하나. 본 글의 들머리 전개 방식은 어느 유형의 어디쯤에 속할까? (정답은 237쪽에)

|표 1| 들머리 유형: 내용 * 형식

내용 \ 형식					
일화형	직접 체험				
	간접 체험				
사례형	인물				
	사물/대상	줄거리			
		非줄거리			
	상황				

참 고 문 헌

몬티 슐츠, 바나비 콘라드 엮음, 김연수 옮김 (2006). 「스누피의 글쓰기 완전정복」. 한문화.
배상복 (2007). 「일반인을 위한 글쓰기 정석」. 경향미디어.
장진한, 후타쓰기 고조 (2003). 「글쓰기 잘라서 읽으면 단숨에 통달한다」. 행담.
정양환, 김윤종, 염희진 (2007.8.15). 뜨고 싶거든 '첫인상 흥행법칙'을 알라. 동아일보, 19면.
한효석 (2006). 「너무나도 쉬운 논술」. 한겨레신문사.
Janet E. Ramsey (1998). 「Feature & Magazine Article Writing: Custom」. McGraw-Hill College.

8 "들머리가 전부다" - Ⅲ

'이야기,' '대화,' '문답'의 세 가지가
'들머리 방정식'의 인기 있는 형식들

    앞장에서 '내용'에 따른 들머리의 유형을 분류해 보았다. 그렇다면, 들머리의 내용을 포장하는 '형식'에는 어떤 종류가 있을까? 거칠게 분류해 보자면 크게 '이야기하기'와 '대화체,' '문답형'의 세 가지로 나눠볼 수 있다.

    먼저, '이야기하기'다. '이야기하기'란 말 그대로 독자들에게 사건이나 상황, 사물의 전모(全貌)를 소개하는 것으로, 서사(敍事)의 형식을 동원해 설명해 나가는 방식을 일컫는다. 보다 쉽게 말하자면, 글쓴이가 이야기를 독자들에게 들려준다고 보면 된다. 경기 침체와 관련해 앞장에서 소개했던 '들머리' 유형들은 모두 '이야기하기'에 속한다. 반면, '대화체'는 '내용'에 관계없이 첫 문장이 대화로 시작되는 것을 의미한다.(228쪽에서 보여준 사회학과의 두 번째 리포트가 이에 해당함.) 예를 들어 다음을 보자.

"남의 집 앞에 주차하면 전화번호는 남겨놔야 하는 것 아닙니까?"
"그 땅이 당신 꺼요? 왜 내 전화번호를 남겨야 합니까?"
"아니, 저기에 있는 거주자 우선 주차 안내문이 보이지 않으세요?"
"그래서요?"

얼굴 두꺼운 정치인들의 말로(末路)를 소개하면서 먼저 후안무치(厚顔無恥)의 타인으로부터 겪은 경험을 대화체로 풀어나간 경우의 글이다. 만약, '대화체'를 '이야기하기' 형식으로 바꾼다면?

> 며칠 전의 일이다. 집 앞에 차를 세우려다 낯선 차가 자리를 차지하고 있는 것을 보았다. 동네 입구에도 거주자 우선 원칙에 대한 안내문이 붙어 있는지라 곰투덜*이 절로 나왔다. 운전석 근처에서 전화번호를 찾기 시작했다. 그런데, 웬걸. 유리창 주변을 아무리 뒤져도 연락처를 도무지 찾을 수가 없었다. 별 수 없이 주변에 차를 대놓고 주인이 올 때까지 기다렸다. 하지만, 10분 가량 기다린 끝에 만난 차 주인의 반응은 완전히 예상 밖이었다 …….

'대화체'는 말 그대로 대화를 직접 도입하는 것으로, 현장에서 발생했던 목소리를 전달해 주는 역할을 한다. 상황을 일일이 설명하기보다 거두절미(去頭截尾)하고 핵심적인 대화를 먼저 소개하기에, 글의 전개 속도가 '이야기하기'에 비해 무척 빠르다. 물론, 독자들의 호기심을 자아내는 데 좀더 강력한 효과를 발휘하는 대상이기도 하다. '대화체'는 주로 '일화형'에 많이 쓰이지만, 경우에 따라서는 '사례형'에서도 종종 쓰인다.

그렇다면, 들머리의 세 형식 가운데 마지막에 속하는 '문답형'은? 글자 그대로, 줄을 바꿔가며 질문과 대답을 늘어 놓음으로써 '대화체'보다 더욱 강렬하게 독자들을 글로 끌어들이는 '들머리' 운용 기법이다. 하지만 '문답형'의 백미(白眉)가 독자들의 허(虛)를 찌르거나, 미처 몰랐던 '중요' 사실을 전달하기 위한 것이기에 상당한 공력*(功力)을 필요로 하는 대상이기도 하다. 다음의 예를 보자.

---

*곰투덜 혼자서 투덜거리는 일.
*공력(功力) 무술에서 '힘' 또는 '에너지'를 일컫는 말. 뼈와 근육에서 나오는 외적인 공력(外功)과 내부의 기운을 강화시켜 나오는 내적인 공력(內功)이 있다.

고정관념에 도전하는 질문부터 하나 던져보자. 올해 (2007년) 최고의 수출 기업은? 삼성전자 혹은 현대차, 포스코라는 대답이 많겠지만 틀렸다. 정답은 '미래에셋자산운용'이다. 미래에셋증권계열의 이 금융회사가 대한민국 어느 대기업보다 많은 외화를 벌어들였다. (박정훈, 2007)

마찬가지로, 「A+ 글쓰기」에서도 종종 '문답형' 첫머리를 사용하고 있다. 예를 들어, 1부-"'셜록홈즈'의 이름으로"의

> 문: 기자와 소설가의 공통점은?
> 답: 글로 먹고 사는 사람들이라는 겁니다.
> 정답: 아닙니다. 두 직업 군(群)에 속하는 이들의 수명(壽命)이 짧다는 점입니다.

와 문장에 입체감을 살려주는 작은따옴표 이야기인 2부 마술사의 요술봉, '작은따옴표.'

> 문: 문장 부호는 세계 만국 공통일까?
> 답: 아니다.

등이 대표적인 '문답형' 들머리로 꼽힐 수 있다.

어떤가? 이제부터 첫머리의 내용과 형식을 놓고 고민하던 시간을 좀 줄일 수 있지 않을까?

| 233쪽 정답 |
'사례형' 들머리 중 '상황'에 해당하는 것임.

| 표 2 | 들머리 유형: 내용 * 형식

내용 \ 형식			이야기하기	대화체	문답형
일화형	직접 체험				
	간접 체험				
사례형	인물				
	사물/대상	줄거리			
		非줄거리			
	상황 소개				

참 고 문 헌

몬티 슐츠, 바나비 콘라드 엮음, 김연수 옮김 (2006). 「스누피의 글쓰기 완전정복」. 한문화.
박정훈 (2007.10.26). '금융의 삼성전자'를 만들 후보. 조선일보, A35면.
배상복 (2007). 「일반인을 위한 글쓰기 정석」. 경향미디어.
이문호 (2001). 「뉴스에이전시란 무엇인가」. 커뮤니케이션북스.
한효석 (2006). 「너무나도 쉬운 논술」. 한겨레신문사.
Janet E. Ramsey (1998). 「Feature & Magazine Article Writing: Custom」. McGraw-Hill College.

연습문제

가. 중·장문연습

■ 다음의 글을 읽어 본 후, 첫머리 유형을 (내용 * 형식)의 형태로 구분해 보기 바랍니다. (예, 사례형 중 인물 * 이야기하기, 일화형 중 직접 체험 * 대화체)

1   커뮤니케이션 학(學)의 토대를 다진 학자로 평가받고 있는 월버 슈람(Wilber Schramm)은 1947년 문장(paragraph)별 뉴스 기사의 구독률을 조사한 바 있다. 그는 실험을 통한 연구 조사에서 문장이 하나씩 늘어날 때마다 해당 기사에 대한 구독률이 줄어든다는 사실을 발견하고, 뉴스 기사를 읽는 사람들 가운데 최소한 절반의 사람들에게 특정한 정보를 전달하기 위해서는 첫 여섯 문장 안에 대부분의 정보를 포함시켜야 한다고 결론지은 바 있다.

2   "첫머리 문단의 길이는 얼마가 적당합니까?"
    "정답은 없지만 지나치게 짧지도, 그렇다고 지나치게 길지도 않은 것이 좋습니다."
    "그렇다면, 가장 짧은 경우에서 가장 긴 경우까지는 그 분량이 어느 정도가 좋을까요?"
    "아무리 짧더라도 문장 수는 셋보다 모자라지 않으며, 아무리 길더라도 열 줄 이상 넘기면 곤란하겠죠."
    "그렇다면, 최소 세 줄에서 최대 열 줄 정도가 적당하단 말씀이시군요."
    "굳이 말하자면, 그렇다고 볼 수 있습니다."

질문과 대답에 있어 구체적으로 질문하는 것이 구체적인 답을 얻기 위해 얼마나 중요한지를 일깨워준 필자의 취재 경험담이다.

3   그리스 신화에서 빼 놓을 수 없는 주인공 가운데 한 명인 오딧세이는 이타카 왕국의 왕이다. 트로이 전쟁에 연루돼 전장(戰場)으로 소환되는 오딧세이는 자신의 아들, 텔레마코스가 걱정이다. 결국, 가장 믿을 만한 친구, '멘토'(Mentor)에게 아들의 교육을 부탁하고, 떨어지는 않는 발걸음을 옮긴다.

'멘토'는 오딧세이의 믿음을 결코 저버리지 않는다. 신들의 노여움을 사 10년 동안 지중해를 떠돌며 고향에 돌아오지 못하는 오딧세이를 대신해 선생님으로서, 또 인생 선배로서 텔레마코스를 잘 보살펴 준다. 이후 '멘토'라는 그의 이름은 지혜와 신뢰로 한 사람의 인생을 이끌어 주는 교육자의 대명사가 됐다.

4   언론사 칼럼에 등장하는 '사례형' 첫머리 가운데 가장 인기 있는 장르로는 '역사'를 꼽아 볼 수 있다. 정치적인 소재와 사회적인 이슈가 많이 등장하게 마련인 칼럼에서 '역사'는 풍부한 선례(先例)를 제시하기 때문이다. 그렇게 전개되는 칼럼들은 이후, 과거의 인물과 사건들을 교훈 삼아 현재의 상황을 진단하고 비판하는 타산지석*(他山之石)의 내용으로 전개되게 마련이다. 가령, 대통령의 통치 스타일에 대한 글을 쓰면서, 역사 속의 성군(聖君)이나 폭군(暴君), 또는 이전 대통령들에 대한 사례를 첫머리에서 풀어 나가는 방식은 그 전형(典型)에 속한다.

　　　*타산지석(他山之石): 다른 산의 나쁜 돌이라도 자신의 산에서는 옥돌을 가는 데 쓸 수 있다는 뜻. 본이 되지 않는 남의 말이나 행동도 자신의 지식과 인격을 수양하는 데 도움이 될 수 있음을 비유적으로 이르는 말.

5   상황: 사과 한 개에 사람은 여럿.
　　문: 어떻게 나눠 먹는 것이 가장 '정의'로울까?
　　답 1 (사회주의): 똑같이 잘라서 모두에게 하나씩 배분

답 2 (자본주의): 돈을 내는 사람들부터 하나씩.
답 3 (존 롤스): "가장 힘있는 사람이 마음대로 쪼갠 후, 사과 조각을 선택하는 것은 가장 약자부터."

하버드 대학의 '성인'으로 불리던 존 롤스는 20세기 도덕 철학의 거목(巨木)이다. 1958년, '공정으로서의 정의'라는 논문을 발표한 이후 "분배적 정의," "시민불복종," "정의감" 등의 논문을 연달아 발표했으며, 20여 년에 걸친 연구 결과로 1971년에 「정의론」(A Theory of Justice)을 출간했다. 한평생을 '정의'만 연구하다 타계한 까닭에 '단일 주제의 철학자'로 불린 그는 분명, 20세기 최고의 현자(賢者) 가운데 한 명이었다.

6   한때 '빨랫줄 리드'라는 게 유행한 적이 있었다. 빨랫줄에 온갖 세탁물이 주렁주렁 매달린 것처럼 이런저런 사실을 모두 리드에 포함시키는 것이었다. 눈에 확 뜨이는 리드감이 있으면 쉬운데 그렇지 않고 올망졸망 도토리 키 재기 식이라면 나중에 고참이나 부장으로부터 깨지지 않고 변명이라도 할 수 있게 복수 팩트(fact)들을 리드에 혼합하는 것이다. 그렇게 하는 것이 좋은 경우가 있기도 하지만 대부분은 자신 없는 탓이었다.
  우리나라 기사의 리드는 과거에 대체로 길었다. 지금은 외신의 영향을 받아 리드가 많이 간결해졌다……짧은 리드는 그만큼 충격이 크다. 리드가 길면 기사의 탄력이 줄어 생명력을 잃게 된다.
이문호, 「뉴스에이전시란 무엇인가」, 219~220쪽.

7   '일화형 리드'는 도재이이구제원(道在邇而求諸遠), 사재이이구제난(事在易而求諸難)의 전형에 속한다. 맹자(孟子) 이루상(離婁上)편에 나오는 구절로 도(道)는 먼 곳에 있지 않고 가까운 곳에 있으며, 일 역시 어려운 곳에 있지 않고 쉬운 곳에 있다는 뜻이다. 남들이 알지 못하는 희귀한 사례나 쉬이 공감 가지 않는 먼 역사를 통해 현재를 비추기보다 주변에서 겪고 들은 일상적인 이야기로 얼마든지 글의 첫머리를 풀어나갈 수 있다는 의미에서. 그러고 보면, 우리들의 하루하루, 일주일 일주일은 이야기와 드라마로 가득

차 있으니, 조금만 주의를 기울인다면 첫머리용 글감은 무궁무진(無窮無盡)한 셈이다.

8 "I guess, I'll have to do the best I can."

영화 '록키'에서 록키 발보아(실버스타 스텔론 분)는 필라델피아에 거주하는 3류 헤비급 복서이다. 서른이 되어서야 링에 오른, 기술도 체력도 변변찮은 그는 덩치와 주먹을 이용해 고리대금업자의 돈을 회수하는 일로 근근이 살아간다. 그런 그에게 어느 날, 천재일우*(千載一遇)의 기회가 다가온다. 당시, 전세계 헤비급 복싱 챔피언이던 아폴로 크리드(칼 웨더스 분)가 미국 독립 2백 주년을 기념해 무명의 복서에게 챔피언 타이틀에 도전할 수 있는 기회를 준다고 선언했기 때문. 결국 타이틀전 개최지는 이상과 개척의 도시, 아메리칸 드림의 메카인 필라델피아로 결정되고 그 지역 출신 가운데 한 명인 록키가 행운의 낙점을 받는다.

록키는 자신에게 주어진 천금(千金) 같은 행운을 결코 저버리지 않는다. 스스로에 대한 모진 채찍질로 몸을 만들어가며, 날마다 자기 자신에게 맹세한다. 결코 적당히 싸우다 끝나지 않을 것임을……. 시합 날 링 위에서 챔피언과 눈물겨운 사투(死鬪)를 벌여 보는 모든 이의 가슴에 감동을 불러 일으키며 록키는 불굴의 영웅으로 거듭 태어난다. "할 수 있는 한, 최선을 다해야 해"라는 영화 속 명대사는 그렇게 탄생됐다.

*천재일우(千載一遇): 천년 동안 단 한 번 만난다는 뜻으로, 좀처럼 만나기 어려운 좋은 기회를 이르는 말. 1년 '재'(載), 만날 '우'(遇).

나. 장문연습 I

■ 다음의 두 예문을 비교해 보고 100점 만점을 기준으로 각각에 점수를 매겨 보기 바랍니다. 더불어, 이들은 필자가 분류한 들머리 유형 가운데 어디에 속하는지도 한번 알아보기 바랍니다. 참고로, 아래 글들은 필자가 '언론과 사회'라는 수업에서 '피에르 부르디외'라는 프랑스 사회학자가 쓴 책, 「텔레비전에 대하여」에 대해 수강생들이 읽

연습문제

고 서평을 제출토록 했던 과제입니다.

> **1** 오늘날 우리가 살아가면서 가장 많은 영향을 받는 대중매체는 무엇일까? 신문, 잡지, 텔레비전, 영화, 라디오 등 수많은 대중 매체 가운데 많은 사람들은 텔레비전이 우리에게 가장 많은 영향을 미칠 것이라고 말할 것이다. 실제로 우리는 드라마, 뉴스, 쇼 프로, 다큐멘터리 등 수많은 장르의 텔레비전 프로그램들을 통해 많은 정보를 획득하고 있다. 더 나아가 이제는 텔레비전을 보지 않으면 또래들과의 대화조차 통하지 않는 시대가 되어버렸다. 그런 면에서 텔레비전은 우리 생활의 일부분이라기보다 대부분이 되어 버렸다. 마찬가지로, 그런 텔레비전에 대한 사람들의 인상은 대체적으로 긍정적이다.
>
> 하지만 이 책의 저자인 피에르 부르디외는 텔레비전과 상업주의에 대해 신랄하게 비판하고 있다 …….

> **2** 'MBC 100분 토론.' 각종 사회 이슈들에 대한 다양한 논의가 이루어지는 TV의 대표적인 토론 프로그램이다. 그런 '100분 토론'은 '가장 영향력 있는 언론인'이라는 손석희 아나운서의 매끄러운 진행을 보기 위해 밤잠을 설치는 시청자들까지 가세하며 현재 방영중인 'TV 토론 프로그램' 가운데 단연 돋보이는 시청률을 자랑하고 있다. 'MBC 100분 토론'에는 매주 다양한 패널들이 등장한다. 이른바 각기 다른 분야에서 나름대로의 내공을 쌓은 지식인들이 참여하고 있는 것이다. 예를 들어, '정치의 장(場)'에서는 노회찬(민주노동당), 홍준표(한나라당)의원이, '대중문화의 장'에서는 신해철(가수)이 패널로 자주 등장한다. 이른바, 각 장(場)의 '대표 지식인'들이다.
>
> 부르디외는 이러한 정치인 및 지식인의 미디어 등장을 비판한다 …….

다. 장문연습 II

- 들머리의 여러 유형 가운데 가장 인기 있는 내용과 형식으로는 <u>일화형 * 이야기하기</u>를 들 수 있습니다. 그렇다면, '고교 평준화에 대한 찬성 또는 반대'를 주제로 <u>일화형 * 이야기하기</u> 들머리로 글을 써 보기 바랍니다.

해답

가. 중문연습

1. '사례형' 중 상황 * 이야기하기
   ※ 자칫, '사례형' 중 인물 * 이야기하기로 오해하기 쉬운 첫머리다. 하지만, 내용의 중심이 윌버 슈람이라는 사람에 대한 설명이 아니라, 그가 밝혀낸 법칙에 대한 이야기인지라, 인물보다는 상황 설명에 가깝다고 볼 수 있다.

2. '일화형' 중 직접 체험 * 대화체

3. '사례형' 중 인물 * 이야기하기

4. '사례형' 중 상황 * 이야기하기

5. '사례형' 중 상황 * 문답
   ※ 첫 문단은 상황을 설명하고 있다는 사실에 주목할 것. 인물에 대한 이야기는 두 번째 문단에서부터 나오기 시작함.

6. '사례형' 중 상황 * 이야기하기

7. '사례형' 중 상황 * 이야기하기

8. '사례형' 중 줄거리 사물/대상 * (대화체 + 이야기하기)
   ※ 대화체 하나만으로 보기에는 대화의 길이가 너무 짧다. 그렇다고, 이야기하기로만 결정하기도 그렇고. 해서, 두 유형이 섞인 것으로 구분 지어 봤다.

나. 장문연습 I

1. 딱히 유형을 나누기가 어렵다.

2. '사례형' 중 非줄거리 사물/대상 소개 * 이야기하기

다. 장문연습 II

■ 아래의 글은 「한국인의 글쓰기」에서 3부의 '문단 구성 이야기 II: 미괄식과 통괄식'에 나와 있는 예제임을 알려드립니다. 예제의 머리말에는 원래, 라디오에서 흘러나온 발표 결과가 큰따옴표 안에 삽입돼 있지만, 여기에서는 연습문제의 취지에 맞게 이를 삭제했음을 밝힙니다.

> 20여 년 전 1월의 어느 날. 당시, 고등학교 입학 자격 시험인 '연합고사'를 끝내고 라디오에서 흘러나오는 학교 배정 발표를 듣고 있던 필자의 식구들은 일제히 환호성을 질렀다. B 고등학교보다는 A 고등학교에 배정되기를 바랐는데 그 소원이 이뤄졌기 때문이었다. 사실, B 고등학교는 교내 부대 시설도 부실한데다 선배들이 거칠기로 소문난 곳이었다. 이에 반해, 길 건너편의 A 고등학교는 체육관, 대강당은 물론, 도서관과 테니스장, 수영장 등 없는 것이 없는 별천지였다―결국, 학교측은 졸업 때까지 도서관만 이용하도록 강제했지만. 과거, 교육 비평준화 시절에는 감히 꿈도 못 꿨을 교육 평준화 정책의 혜택은 먼저 그렇게 필자에게 다가왔다.
>
> 돌이켜 생각해보니, 고등학교 진학을 위해 특별히 머리 싸매고 공부했던 기억은 없었다. '연합고사'라는 것이 워낙 쉽게 출제되었기에 반에서 웬만큼 공부하는 학생들은 200점 만점에서 180점 정도는 힘들이지 않고 얻는 것이 다반사*(茶飯事)였다. 물론, 만점을 맞는 학생들도 적지 않았다. 오히려 고등학교 진학에 실패하는 것이 '하늘의 별 따기'처럼 힘들었던 시절이었다. 그러니 과거, 비평준화 시절에 유행했다는 '중3병,' '고액 과외' 등과 같은 부작용을 겪을 리가 없었다. 자연히 교실 분위기는 화기애애했고 학생들은 저마다 하고 싶은 일을 하며 스트레스 없는 학창 시절을 만끽했다. 지금도 필자의 기억 속에 남아 있는 선생님과 친구들은 대부분 중학교 시절의 사람들이다. 하지만 이 같은 상황은 고등학교에 진학하자마자 돌변했다. 대학 입학이 최우선 목표인지라 선생님들은 엄하고 성난 얼굴로 언제나 "공부, 공부"라는 말을 입에 달고 다니셨다. 반 분위기도 늘 무겁고 전투적이었다.
>
> 교육 비평준화를 놓고 여전히 논란이 뜨겁다. 물론, 평준화, 비평준화 모두 일장일단(一長一短)이 있다. 그러나 적어도 필자의 경우를 놓고 볼 때 한창 꿈이 많던 시절의 교육 평준화는 분명, 넘치는 추억과 행복한 기억을 안겨주었다. 그런 면에서 볼 때, 공부 잘하는 소수의 아이들에게만 가장 큰 혜택이 돌아가게 될 비평준화를 선뜻 지지하기란 어려운 것이 사실이다. 그러고 보면, 공부 잘하는 소수의 학생들조차 한 명 한 명에게 등급을 매기고 서열화하는 비평준화의 올가미에서 결코 자유롭지 못할 테니, 그들 역시 제도의 희생자가 되기는 마찬가지일 것이다. 그렇다면 이런 상황에서 굳이 비평준화를 강행할 필요가 있을까? 만일 실시한다손 치더라도 전국적으로는 평준화를 정착시키되, 각 지역별로 한두 개씩만 비평준화 고교를 허용하는 방식은 어떨까?
>
> *다반사(茶飯事): 옛날에는 밥을 먹은 다음에 차를 마시곤 했다. 이 때문에 밥을 먹고 차를 마시는 것처럼 흔히 있는 일을 일컫는다.

해 답

글의 화룡점정(畵龍點睛), '결 말'

앞서 얘기한 도돌이표 반복은 금물
명언 활용하며 연설체로 써도 좋아

애니메이션 감독 '쿠로다 요시오'가 1975년 내놓은 영화 '플란더스의 개'는 역대 애니메이션 사상 최고의 라스트 씬으로 더욱 유명하다. '미야자키 하야오'와 함께 저패니메이션*의 양대 산맥을 형성했던 요시오는 당시 수준 낮은 어린이용 오락물로 치부*(置簿)되던 애니메이션에 대한 세간*(世間)의 인식을 '라스트 씬' 하나로 송두리째 바꿔 놓은 장본인이었다.

간단히 영화 줄거리를 소개하자면, 주인공 '네로'는 일찍부터 부모를 여의고 할아버지와 함께 우유 배달을 하며 어렵사리 살아가는 명랑 소년이다. 그런 그는 동네 유지와 마을 사람들로부터 온갖 지청구*를 받지만, 언제나 그림 그리기를 좋아하는 착하디 착한 주인공이다. 영화의 마지막 장면은 할아버지마저 돌아가신 후, 세 들어 살던 집에서 나가달라는 집주인의 성화로 애완견 '파트라슈'와 차디찬 눈보라를 뚫고 마을 성당으로 향하는 데서부터 시작된

***저패니메이션** 저팬 애니메이션(Japan Animation)의 준말. 일본 만화영화를 일컫는 대명사로 쓰이고 있다.
***치부**(置簿) 마음 속으로 그러하다고 보거나 여김. 둘 '치'(置), 장부 '부'(簿).
***세간**(世間) 세상 일반
***지청구** 까닭 없이 남을 탓하는 짓. 구박.

다. 결국 추위를 견디지 못한 채 '파트라슈'를 부둥켜 안으며 그토록 동경하던 화가, 루벤스의 그림 앞에 누웠던 네로는 새벽 무렵 천사들의 배웅을 받으며 '파트라슈'와 함께 승천(昇天)하는 것으로 영화는 끝난다.

1970년대 말 방영 당시, '플란더스의 개' 마지막 회는 연말 분위기와 맞물려 집집마다 눈물바다를 이루게 했고, 최근까지도 여러 앙케이트 조사를 통해 최고의 엔딩 신으로 기억되고 있다. 필자 역시 이 장면을 보고 얼마나 울었는지 수십 년이 지난 지금까지도 당시의 애수*(哀愁)가 절절히 기억난다.

앞장에서 드라마의 첫 장면이 시청률을 좌우한다는 말을 한 적이 있다. 글의 첫머리 역시 읽는 이들의 눈길을 붙잡아두는 갈고리 역할을 한다는 강조와 함께. 그렇다면, 글의 마지막은 어떨까?

드라마나 영화 속의 좋은 결말은 오랜 여운(餘韻)을 남겨준다. 반면, 어떻게 끝났는지 도무지 기억나지 않는 영화들은 마무리에서 확실히 실패한 경우들이다. 때문에 글쟁이들 역시 첫 문장과 마찬가지로 마지막 문장에 많은 시간을 투자하게 마련이다. 굳이 비유하자면, 화룡점정*(畵龍點睛)의 심정으로 용의 그림에 마지막 눈동자를 찍는 화가와 같다고나 할까? 어떻게 써야 오랜 여운과 확실한 마무리로 인상적인 맺음말을 쓸 수 있을까?

먼저 문장은 짧을수록 좋다. 이 점에 있어서는 결말 역시, '단단익선'(短短益善)의 법칙이 절대적이다. 마지막 문단에 포함되는 문장 수 역시 적을수록 좋다. 반면, 늘어지는 결말은 글의 인상만 구길 뿐이다. 때문에 좋은 글일수록 결말은 단출하고 간결하게 끝나게 마련이다. 그렇다고, 단 한 문장으로 끝낼 수는 없는 노릇이기에 대략 서너 문장으로 매듭지을 것을 조언(助言)하는

---

*애수(哀愁) 마음을 서글프게 하는 슬픈 시름. 슬플 '애'(哀), 근심 '수'(愁).
*화룡점정(畵龍點睛) 중국 양(梁)나라의 화가, 장승요(張僧繇)에 얽힌 사자성어. 당대 최고의 화가였던 장승요는 한 사찰(寺刹)의 부탁으로 절 벽에 보는 이들이 모두 감탄할 용을 그려 넣어 주었다. 그러나 용의 그림에 눈동자가 없는 것을 안타깝게 여긴 주변의 권유로 마지못해 눈동자를 그려 넣자마자, 용이 벽에서 튀어나와 하늘로 승천했다는 고사(故事)다.

바이다.

두 번째로는 속담이나, 명언(名言), 고사성어 등을 적극 활용하라고 것이다. 자신의 결론을 언거번거* 반복해서 설명하기보다, 핵심을 찌르는 명언으로 끝맺으라는 말이다. 이 같은 노하우를 활용하기 위해서는 역시 주제를 잘 표현할 관련 어구를 찾아보아야 한다. 주변 지식이 없다 해도 낙담할 필요는 없다. 인터넷의 지식 백과를 통해 답을 얻을 수 있기 때문이다. 지나치면 독(毒)이 되는 인터넷이지만, 적절하게 활용하고자 한다면 요술 램프와 같은 위력을 발휘하는 것도 인터넷이니. 명심해야 할 사실은 앞에서 했던 말을 그대로 반복하는 도돌이표 맺음말은 반드시 피하라는 것이다.

이쯤에서 예 하나. 만일, "들머리가 전부다"-II 편에서 제시했던 여러 논제들 가운데 경기 부양책에 관한 경제학과 리포트의 결말을 아래처럼 쓴다고 가정해보자.

> 도대체 언제까지 이와 같은 경제정책을 되풀이할 것인가? 십 년 앞을 내다보지 못하고 그때그때의 위기상황만 타개(打開)한다는 식의 경제정책은 우리 후손들에게 부담감만 가중시킬 것이다. 잊지 말자. '언 발에 오줌을 누면, 녹는 것은 잠시뿐, 결국은 동상(凍傷)에 걸린다는 사실을. (<u>**핵심 명제**</u>: 현재 정부가 시행하고 있는 각종 경기 부양책은 임시방편에 불과하다)

주먹은 짧고 빠르게 내지를수록 파괴력이 배가*(倍加)되게 마련이다. 마찬가지로 결말도 짧고 빠를수록 글맛이 강렬해지는 법이다. 그렇다면 앞으로 여러분이 써야 할 결말은?

---

*언거번거 (북한말) 말이 번잡하고 수다스런 모양.
*배가(倍加) 갑절 또는 몇 배로 늘어남.

참 고 문 헌

장진한, 후타쓰기 고조 (2003). 「글쓰기 잘라서 읽으면 단숨에 통달한다」. 행담.
정희모, 이재성 (2005). 「글쓰기의 전략」. 들녁.
Janet E. Ramsey (1998). 「Feature & Magazine Article Writing: Custom」. McGraw-Hill College.

10
"정민을 읽으면 '결말'이 보인다"

내용은 '인용', '반복,' '권유' 중 하나
형식은 평서보다 '도치,' '반문' (反問)

    한양대 국어국문학과의 정민 교수는 고사(枯死) 직전의 인문학에 숨통을 틔어준 가뭄 속의 단비 같은 존재다. 인문학은 '절대로 안 된다'는 국내 출판 시장에서「미쳐야 미친다」라는 교양서로 판매부수 10만권을 웃도는 히트작을 내면서 많은 이들에게 18세기 조선의 위대한 선조들을 소개한 장본인인 까닭에서다. 그런 정교수는 또한, 필자가 꼽는 한국 최고의 '결말 문장가'이기도 하다. 글 전체가 다 좋아 버릴 것이 하나 없지만, 그의 마무리는 언제나 고개를 숙일 정도로 깔끔하고 인상적이다. 그렇다면 도대체 어떤 요소가 정 교수의 마무리를 돋보이게 하는 것일까?

    선조의 인생을 통해 우리들의 삶을 돌아보고 반성하게 하는 그의 글에서는 역설적으로 어떤 도덕적인 훈계도, 각성을 촉구하며 다그침도 찾아볼 수가 없다. 반어법과 물음, 암시와 간접어법으로 독자 스스로가 결론 내리도록 분위기만 적절히 띄우기 때문이다. '경제를 살려야 나라가 산다'라든가 '우리부터 고쳐야 한다' 따위의 지루하고 고루한 마무리보다 '경제를 도외시한 나라가 살아남은 적이 있는가?' 또는 '아무도 고치려 하지 않는다' 등으로 완곡하게 돌려 표현하는 기법은 따라서 독자들로 하여금 자신부터 되돌아볼 여유를 선사한다. 그런 의미에서 볼 때, 앞서 소개한 바와 마찬가지로 마무리도 알아두면 유용한 '내용'과 '형식'들이 있다.

먼저 내용이다. 가장 무난하면서도 효과적인 마무리로는 속담이나 격언, 고사성어 등의 금언*(金言)을 동원하는 '인용'을 들 수 있다. 이와 함께 유명한 책 제목이나 유행 어구, 캠페인 제목 등 일반인들이면 누구나 익숙한 명구(名句)도 '인용'의 대상으로 활용할 수 있다. 상대방을 인정 않고 격하시키는 풍토를 비판하며, 마무리에서 "칭찬은 고래도 춤추게 한다는데, 언제까지 서로 헐뜯기만 할 것인가?"라는 식으로 책 제목을 인용해 끝맺는 것은 그 전형(典型)에 속한다고 볼 수 있다. 때문에 '인용형' 마무리를 잘 활용하기 위해서는 평소, 많은 속담과 격언, 고사성어와 유행어구들을 입에 붙이는 것이 중요하다.

다음으로 '반복형' 마무리를 들 수 있다. 말 그대로 앞에서 했던 이야기를 되풀이하는 것이지만, 의도적으로 되뇌는 점이 핵심이다. 필요조건으로는 반복하고자 하는 핵심 어구를 글의 중간도 아닌 '들머리'에 배치해 놓고 있어야 한다는 것이다. 다음의 글을 한번 보자.

> TV 드라마 '가을 동화'에서 준서(송승헌 분)가 그린 그림의 실제 화가로 지금은 중견 예술인이 된 화가, 이수동은 자신이 처음 그린 그림을 아직껏 그의 화실에 걸어놓고 있다. 하루 16시간씩 그림을 그리며 치열하게 살던 젊은 시절의 <u>초심(初心)을 잃지 않기 위해서다.</u>
>
> 가수 김장훈은 누구보다 많은 선행을 베풀기로 둘째가라면 서러운 연예인이다. 수입이 일정치 않음에도 불구하고, 김 씨는 보육원과 후원 학생들에게 무려 1500만원이라는 거액을 매달 기부하고 있다. 유복자(遺腹子)로 어렵게 자라 배를 곯아가며 받은 마음의 상처가 누구보다 깊었던 탓이다. 성공하더라도 자신의 쓰라린 경험을 잊지 않으려 했던 그의 마음은 현재 여러 곳에서 소중한 희망의 싹을 틔우

***금언**(金言) 삶에 본보기가 될 만한 귀중한 내용을 담고 있는 짤막한 어구.

고 있다 ······.
　<u>초심을 잃지 말자.</u> 길지 않은 인생을 살아오면서, 초심을 잃어버린 채 방황하고 일탈(逸脫)하는 이들을 많이 보아 왔다. 그들도 처음에는 그러지 않았을 터인데. 그런 의미에서 자칫 흔들리기 쉬운 초심(初心)을 소중히 가꿔보는 봄을 기대해본다.

심훈, '한림학보'*

　세 번째로, 글쓴이의 주장을 독자들에게 넌지시 권해 보는 '권유/청유형'을 들 수 있다. 강한 주장이 자칫 독자들의 거부감을 일으킬 수 있다는 사실에 착안한 기법으로, 부드러움이 강함을 제압한다는 능유제강(能柔制強)이 핵심이다. "~해 보는 것은 어떨까?"라든가 "~하도록 하자" 등과 같은 권유, 청유형 어미를 사용함으로써, 딱딱해지기 쉬운 마무리를 무두질하는* 감초(甘草)이기도 하다.

　마찬가지로 맺음말도 형식에 따라 '평서'(平敍), '도치'(倒置), '반문'(反問)의 세 가지로 거칠게 나눠볼 수 있다. '평서'는 말 그대로 어떠한 형식 변화 없이 평이하게 글을 맺는 것을 의미한다. 반면, 도치는 문장의 순서를 바꾸는 것을 말한다. 주로 한 문장에서 뒷부분을 잘라 앞으로 배치하는 것을 의미한다. 예를 들면,

　　경제 살리기에 온 힘을 기울이는 일만이 나라를 살리는 길임을 잊지 말자

라는 결론은

　　잊지 말자. 경제 살리기에 온 힘을 기울이는 일만이 나라를 살리는 길임을.

---

*한림학보　한림대학교 신문.
*무두질　짐승의 날가죽에서 털과 기름을 뽑아 가죽을 부드럽게 만드는 일.

로 바꿀 수 있다는 것이다.

　마지막으로 '반문형'은 글자 그대로 질문으로 끝을 맺는 것을 의미한다. 독자들에게 도리어 묻지만 정답은 누구나 알고 있기에 공감대(共感帶)를 최대한으로 끌어올리려는 것이 목적인 셈이다. 마치 일방적으로 결론을 내리며,

　　　경제 살리기에 온 힘을 기울여야 나라가 산다는 사실을 잊지 말자

라고 말하기보다

　　　경제 살리기를 등한시했어도 나라가 산 경우가 있을까?

라며 독자들의 동의를 유도하는 식이다.
　백문(百聞)이 불여일견(不如一見). 역시 시도해 보고 익혀야 내용을 소화할 수 있다. 그럼 이 글의 마무리는 어떤 내용, 어떤 형식에 속할까? (정답은 267쪽에)

참 고 문 헌

　정민 (2002).「책 읽는 소리」. 마음산책.
　정민 (2004).「미쳐야 미친다」. 푸른역사.
　황소웅 (2005).「바른 글 좋은 글」. 랜덤하우스중앙.

| 표 3 | 마무리 유형: 내용 * 형식

내용 \ 형식		평서	도치	반문
요약	본문 내용 정리			
인용	속담, 격언, 고사성어			
	신문, 방송, 잡지 등			
	인물, 상황 등의 사례			
반복	들머리 내용 되풀이			
권유/청유	에둘러서 동의 구함			

연습문제

가. 장문연습 I

■ 다음 글을 읽고 결말이 깔끔하지 못한 이유를 생각하면서 〈표 3〉을 기준으로 제시된 마무리 유형에 따라 맺음말을 다시 고쳐보기 바랍니다.

> **1** ('요약 * 반문형')
>
>   도돌이표로 끝맺는 것은 가급적 피할 것을 주문(注文)한 바 있다. 앞에서 이미 설명한 이야기를 마지막에서까지 한번 더 강조하는 행위는 독자와 청자들의 눈과 귀만 지루하게 한다는 취지에서였다. 언론사에서 강조하는 말 가운데 하나로 "정보는 결코 겹쳐서 제공하면 안 된다"라는 것이 있다. 하다못해 신문 기사에 사진을 딸려 내보내도 사진 설명은 본문에 나와 있지 않은 새로운 사실들로 배열해야 하는 것이다. 비슷하거나 재탕, 삼탕인 사실들을 지면(紙面) 이곳저곳에 겹치기로 배치하는 것은 시간 낭비, 지면 낭비에 불과할 뿐이다. 보고서나 논술, 작문의 경우도 사정은 마찬가지여서 같은 주장이라 하더라도 표현을 달리하거나 다른 사례 등을 들어 결말을 마무리해야 하는 이유가 여기에 있다.
>
>   하지만 언제나 예외는 있는 법. 의도적으로 반복하는 효과를 주기 위해서 맨 처음에 꺼낸 말을 결말에서 되풀이하는 경우가 있다. 그런 의미에서, 도돌이표 결론은 가급적 지향하되 글쓴이가 원하는 효과에 따라 유연하게 임하는 자세가 필요하다.

연습문제

2 ('인용 * 반문형')

　작가의 성향에 따라, 또는 글의 특성에 따라 조금씩 다른 결말을 선호하는 경우가 있다. 예를 들어, 감상(感想)을 배제한 채 담담하게 써나가기보다 자신의 주장을 진솔하게 드러내고 싶은 이가 있을 수 있다. 이럴 때, 글쓴이는 동사를 "~해야만 한다," "~하는 것이 필요하다" 등과 같이 연설체의 형식으로 강하게 결론 내리는 것이 좋다. "~되도록 하자," 또는 "~하지 않을까?" 따위의 청유나 추측으로는 자칫 본인이 강조하고자 하는 주제의 힘만 빼놓을 수 있기 때문이다. 하지만, 이는 어디까지 글쓴이의 성향과 글의 특성에 관한 것일 뿐, 결코 정답은 없다. 여러 번 글을 쓰며 글의 특성을 파악하고 자신의 취향에 맞는 끝맺음을 개발하는 것이 무엇보다 중요하다.

　앞서 제시한 마무리 공식이 어느 정도 익숙해질 무렵이면 글의 특성과 쓰는 이의 성향을 고려해 자신만의 마무리를 개발해 보도록 하자. 그리고 이를 위해서는 많이 읽어보고 베껴 써보면서 자신만의 취향에 맞는 글쓰기를 찾아 나가도록 하자.

나. 장문연습 Ⅱ

■ 아래에 제시된 여러 글들에서 각각의 결말 부분을 완성해 보기 바랍니다. 물론, 정답은 없으며 본문에서 제시한 여러 마무리 유형들 가운데 하나를 골라 본인의 취향에 맞게 접목시켜 보세요.

1 (반복형 * 평서)

"내일 죽을 듯이 오늘을 임하자"

"내일 죽을 듯이 오늘의 삶에 임하라"는 불멸(不滅)의 영화 배우, 제임스

던의 말이 요즘처럼 실감나게 와 닿을 때가 있을까? 끝없이 황량하게만 느껴지던 겨울 방학이 어느새 종착역에 다다르고, 새로운 시작이 턱 밑으로 바싹 다가왔다. 지난 몇 달간, 모처럼 알찬 시간을 보낸 학생들로부터 무언가 채 성과를 내기도 전에 개강을 맞이한 이들에 이르기까지 3월을 맞이하는 사람들의 심정은 모두 십인십색(十人十色)일 것이다. 그런 모든 이들에게도 공통적인 바람이 있다면, 그것은 오직 하나, 올 봄 학기는 더욱 알차게 보내리라는 당찬 각오일 게다.

불과 얼마 전만 해도 나라 안이 '바다 이야기'라는 도박 광풍으로 흔들거리더니 이제는 그 후폭풍까지 얻어 맞아 온통 어수선한 형국이 돼 버렸다. 그럴수록 상아탑과 캠퍼스로 대변되는 대학은 본연의 임무를 게을리 하지 말아야 할 것이다. 아니, 오히려 어수선한 시국일수록 대학의 구성원들이 솔선수범해 흔들리는 국가의 기틀을 잡아나가야 할 것이다. 그러기 위해서는 단순히 알찬 학기, 희망찬 학기를 맞이한다는 각오보다 마지막 학기를 대하는 듯한 결연한 심정으로 무장하는 것이 새삼 필요한 듯 하다.

돌이켜 보면, 지난 10년간 국내 대학들을 둘러싼 환경은 어지러울 정도로 급변(急變)해 온 것이 사실이다. 우후죽순(雨後竹筍)처럼 생겨난 대학들이 수많은 예비 사회생들을 대량으로 배출해 온 가운데, 해마다 가중되는 취업난과 함께 갈수록 치열해지는 학점 취득 경쟁은 대학 강단을 이미 전쟁터로 만들어 놓아 버렸다. 때문에, 매 학기를 맞이하는 학우들의 심정은 학기를 거듭할수록 비장해져 가는 것이 현실이다. 그렇다고 대학만이 지닌 사랑과 낭만, 우정과 봉사의 특권을 다 집어치운 채, 공부와 학점에만 매진하라는 이야기는 결코 아니다. 황금보다 더욱 귀한 시간을 최대한 활용을 하려면 '이번 학기가 마지막'이라는 심정으로 치열하게 대학 생활에 임해야 한다는 것이다. 언제나 이번 전투가 '최후'라는 심정으로 왜적과 맞닥뜨렸던 성웅(聖雄) 이순신처럼.

지난 수 년간 숱한 졸업생들이 사회라는 거친 풍랑을 맞이하고 나서야 자신들의 대학 생활을 반성하고 아쉬워하는 것을 보아왔다. 잘못을 저지른 후에 비로소 반성(反省)하는 것이 인간이라고는 하나 이 같은 잘못도 시행

연습문제

착오(施行錯誤)를 통해 얼마든지 줄일 수 있는 법. 따라서, 그런 실수를 피하기 위해서는 당찬 마음가짐이 가장 중요할 게다.
 만일 알차게 겨울 방학을 보냈다면, 이제 그 결실을 거둘 봄맞이를 꼼꼼하게 계획하라. 만일 겨울 방학을 결곡하게* 보내지 못했다면, 비록 며칠이나마 남은 시간 동안, 앞으로의 농삿일을 계획하라. 그리고 봄 학기의 첫 날, 첫 주, 첫 달에 이 같은 계획이 구체적으로 실현될 수 있도록 모든 것을 쏟아 부어라. 숱하게 자기 자신에게 무릎 꿇었던 악순환(惡循環)의 고리를 이번 학기에는 기필코 끊는다고 마음으로 모질게 행동하라. 술과 오락, 연애와 싸이질로 씨름하기보다 과제와 독서, 대화와 상담으로 고민하라. 「나의 동양 고전 독법: 강의」라는 책으로 유명한 신영복 교수는 자신에게 늘 이르는 말이 있다고 한다. "타인에게는 봄바람처럼 부드럽게, 자신에게는 겨울 바람같이 매섭게 대하라"는 좌우명*(座右銘)이 그것이다.
  *결곡하다: 깨끗하고 야무져서 빈틈이 없다.
  *좌우명(座右銘): 늘 자리 옆에 갖추어 두고 가르침으로 삼는 말이나 문구. 앞을 '좌'(座), 오른 '우'(右), 새길 '명'(銘).

2 (권유/청유 ＊ 도치) / (권유/청유 ＊ 반어)

가을은 '신문'(新聞)의 계절

 귀뚜라미 소리가 완연한 가을이 왔다. 여기저기서 독서를 권하는 목소리도 조금씩 높아지고 있다. 하지만 평소 책 한 권 읽지 않은 이들에게는 '독서의 계절'이 남의 나라 이야기처럼 아득하기만 할 터. 더불어 모처럼 큰 맘 먹고 책 한 권 읽어보려 해도 사방에서 권하는 권장도서 목록이 부담스럽기만 하다. 그런 이들을 위해 가을에는 부담 없이 '신문'을 읽어보라고 권하는 바이다. 반신반의하는 마음으로 책 한 권 샀다가 앞부분만 들춰볼 바엔 아예 매일 읽을 수 있는 신문이 백 배는 낫다는 생각에서다.
 신문 기사는 글에 있어 타의 추종을 불허하는 사람들이 매일매일 전쟁통 같은 취재 현장에서 피땀 어린 발품으로 생산해가며 가정으로 배달하는 명품들이다. 특히 중앙 일간지라 불리는 한국의 일류 신문들은 그 내용이 재미있고 유익하며 다양하기까지 하다. 모르긴 해도 전 세계 어디에서도 우리나라만큼 신문 내용을 풍성하고 아기자기하게 만드는 나라는 없을 것이다. 여간해선 남을 인정하려 들지 않는 한국인들의 까다로운 유전적 속성이 언론사들의 극강(極强)을 유도했기 때문이라면 지나친 해석일까? 신문 기사의 기본인 스트레이트와 사설, 해설 기사는 둘째 치더라도 사건 현장의 뒷이야기를 담고 있는 기자 칼럼, 전문가들의 비평과 에세이, 언론사 논설 위원들의 칼럼, 특집면을 통해 제공되는 각종 서평(書評)과 문화 소개, 만화와 TV 프로그램 소개 등은 그래서 더더욱 무궁무진한 콘텐츠들을 제공하고 있다.

　그런 연유로 신문은 무엇을 읽어야 할지 모르는 이들이 가장 쉽게 접할 수 있는 또다른 형태의 '책'이다. 무엇보다, 세상 돌아가는 일을 전혀 모르는 이들은 신문을 통해 세상의 흐름을 따라 잡을 수 있다. 화제거리가 없어 고민이 잦은 이들은 뉴스를 통해 끊임없는 이야깃거리를 얻을 수 있다. 더불어 학기마다 서평으로 고민하는 이들은 주말에 제공되는 도서 소개란에서 최고의 서평들을 만날 수 있다. 논설과 작문으로 밤잠을 설치는 이들에게 칼럼과 사설은 살아 숨쉬는 지표(地標)를 제공한다. 외부 기고가들이 정기적으로 소개하는 비평과 에세이는 수필과 일기의 훌륭한 표본(標本)이 된다. 그렇게 본다면 한 달에 1만 5천 원 남짓의 투자가 그렇게 아깝지만은 않을 터. 더욱이, 한 달 구독한 후 마음에 안 들면 언론사를 바꾸거나 아예 끊어버릴 수도 있지 않은가?

해답

가. 장문연습 I

1 도돌이표로 끝맺는 것은 가급적 피할 것을 주문(注文)한 바 있다. 앞에서 이미 설명한 이야기를 마지막에서까지 한번 더 강조하는 행위는 독자와 청자들의 눈과 귀만 지루하게 한다는 취지에서였다. 언론사에서 강조하는 말 가운데 하나로 "정보는 결코 겹쳐서 제공하면 안 된다"라는 것이 있다. 하다못해 신문 기사에 사진을 딸려 내보내도 사진 설명은 본문에 나와 있지 않은 새로운 사실들로 배열해야 하는 것이다. 비슷하거나 재탕, 삼탕인 사실들을 지면(紙面) 이곳저곳에 겹치기로 배치하는 것은 시간 낭비, 지면 낭비에 불과할 뿐이다. 보고서나 논술, 작문의 경우도 사정은 마찬가지여서 같은 주장이라 하더라도 표현을 달리하거나 다른 사례 등을 들어 결말을 마무리해야 하는 이유가 여기에 있다.

그런 의미에서, 도돌이표 결론은 최대한 자제하는 습관을 들이도록 하자. 그리고 보면, 도돌이표를 사용하는 음악에서조차 도돌이표를 마무리에 배치하는 경우는 없지 않은가?

※ 마무리에서의 일관성이 부족한 글이다. 앞에서는 도돌이표로 끝맺는 것을 가급적 피하라는 내용을 소개하고 있다. 그러다가, 결말 부분에서는 급작스럽게 예외를 소개하다가 종국에는 "글쓴이가 원하는 효과에 따라 유연하게 임하라"고 말하고 있다. 그런 의미에서 결론은 앞과 마찬가지의 내용으로 장식해야 한다.

2 작가의 성향에 따라, 또는 글의 특성에 따라 조금씩 다른 결말을 선호하는 경우가 있다. 예를 들어, 감상(感想)을 배제한 채 담담하게 써나가기보다 자신의 주장을 진솔하게 드러내고 싶은 이가 있을 수 있다. 이럴 때, 글쓴이는 동사를 "~해야만 한다," "~하는 것이 필요하다" 등과 같이 연설체의 형식으로 강하게 결론 내리는 것이 좋다. "~되도록 하자," 또는 "~하지 않을까?" 따위의 청유나 추측으로는 자칫 본인이 강조하고자 하는 주제의 힘만 빼놓을 수 있기 때문이다. 하지만, 이는 어디까지 글쓴이의 성향과 글의 특성에 관한 것일 뿐, 결코 정답은 없다. 여러 번 글을 쓰며 글의 특성을 파악하고

> 자신의 취향에 맞는 끝맺음을 개발하는 것이 무엇보다 중요하다.
> 앞서 제시한 마무리 공식이 어느 정도 익숙해질 무렵이면 글의 특성과 쓰는 이의 성향을 고려해 자신만의 마무리를 개발해 보도록 하자. 그리고 이를 위해서는 좋은 마무리를 많이 찾아 직접 베껴보며 가장 마음에 드는 것을 모태(母胎)로 삼도록 하자. **그러기에 옛말에 각인각색(各人各色)이라 하지 않던가?**

※ 마무리가 너무 무난하게 흐르는 글이다. 보다 인상적인 마무리를 위해 어느 정도의 변화를 주는 것이 필요하다. 그런 의미에서 '자신의 취향에 맞는 것을 고르는 것이 중요하다'는 속담, 격언, 고사성어 등을 찾는 것이 요령이다. 윗글과 관련해 필자가 찾아본 몇몇 유관 속담들로는

취향도 각각이다
제 눈에 안경
Tastes differ (미국 속담: 입맛이 다 다르다는 뜻)
So many men, so many minds (미국 속담: 사람들의 마음이 제각각 다르다는 뜻)

등이 있다.

나. 장문연습 Ⅱ

> 1. 시간은 마음먹기에 따라 얼마든지 통제될 수 있는 법. '유한(有限)한 인생, 유수(流水) 같은 세월'이라고는 하나, 같은 시간을 알차게 사용하는 사람들을 귀감으로 삼는 것이 우리네 삶이다. 그런 면에 비춰 볼 때, "내일 죽을 듯이 오늘을 임하라"는 제임스 딘의 말은 이번 학기를 앞둔 우리 모두의 좌우명이 돼야 할 듯싶다.

> 2. 그렇다면, 올해는 서점에 달려가기 앞서 먼저 전화를 들어 신문 구독 신청을 해보자. 의외로 많은 것들을 건질 수 있을 터이니. 앞서가는 사람은 반드시 신문을 읽는다는 사실을 염두에 둘 때, 그들이 앞서가기에 신문을 읽기보다는 신문을 읽기에 앞서간다고 생각하면 될 것이다. 어떤가? 모처럼의 가을을 신문으로 맞이해 보는 것이.

해 답

A+
글쓰기

제4부 독서 이야기

1. "여하튼 그들은 읽었다"
2. e-book vs. 종이책
3. 독서의 으뜸은 감수성 키워주는 '문학'
4. 풍부한 선례(先例)는 '역사'에서
   깊은 사유 능력은 '철학'에서
5. '가을에 온 편지'

1

"여하튼 그들은 읽었다"*

조선시대 김득신은 '백이전'만 11만 번 읽어
스필버그는 직원 위해 대학 수준 도서관 세워

'오타쿠'란 단어가 있다. 한 분야에 병적일 정도로 집착해 해당 분야에서 독보적인 경지에 오른 이를 일컫는 일본말이다. '오타쿠'의 영역은 모든 방면에 미친다. 지하철 오타쿠는 땅속 전철이 관심 대상이다. 수백 개나 되는 역들의 이름을 순서대로 외는 것은 기본이고, 각 차량의 연식*(年式)과 제작 기준마저 꿰차고 있을 정도다. 마찬가지로 라면에서부터 애니메이션, 인공위성에 이르기까지 오타쿠의 관심 대상은 상상을 초월한다. 이런 일본의 오타쿠에 해당하는 우리말로 '벽인'이 있다. 한자로는 중독이라는 의미의 '벽'(癖)과 사람 '인'(人)자를 합친 합성어인 셈이다.

일본의 '오타쿠'가 장인(匠人)에 해당하는 존대적 의미로 자리를 굳히고 있는 반면, 한국에서의 '벽인'은 가족과 이웃, 사회에 피해를 끼치는 부정 대명사에 해당할 뿐이다. 물건을 훔치는 도벽(盜癖), 떠돌기 좋아하는 방랑벽(放浪癖), 병적인 깨끗함을 추구하는 결벽(潔癖) 등은 그 예를 잘 보여준다 하겠다. 하지만, 현대에 와서 돌팔매질 당하는 '벽'이 과거에는 특정 분야에 매진한다

---

*표정훈의 「모든 책은 운명을 지닌다」에 등장하는 '독서' 부분의 소제목에서 따온 제목임.
*연식(年式) 기계류를 만든 해에 따라 구분하는 방식.

는 '오타쿠적' 의미로 쓰여졌다. 「A⁺ 글쓰기」에서 새삼스럽게 이 이야기를 꺼내는 이유는 4부 주제가 '독서벽'이기 때문이다.

"어떻게 하면 글을 잘 할 수 있습니까?"
한 젊은이가 중국 송(宋)나라의 대 문장가, 구양수에게 물었다.
"다독, 다작, 다상량."(多讀 多作 多商量*) (많이 읽고, 많이 쓰고, 많이 생각하게.)

한(漢)나라 때 주매신(朱買臣)이란 사람은 산에서 나무를 해 오면서도 독서에 열중했다는 일화로 후대 화가들의 좋은 그림 소재가 되곤 했다. 남의 양을 치다가 책에 빠져 양을 모두 잃고 만 왕육(王育), 아내가 장 보러 간 사이에 마당에 널어놓은 겉보리가 소낙비에 다 떠내려가는 줄도 모르고 책만 읽었던 후한(後漢) 때의 고봉(高鳳)과 같은 독서광들도 한시(漢詩)에 자주 등장하는 위인들이다. 쇠뿔에 한서(漢書)라는 책을 걸어놓고 소에게 꼴*을 먹이면서도 책에서 눈을 떼지 않았다는 당(唐)나라 이밀(李密)도 독서에 관해서는 둘째가라면 서러운 인물이다. 송(宋)나라 때의 소진은 책이 너무 좋아 상투를 대들보에 묶어놓고 책을 읽었다니 그의 독서벽이 그저 부러울 따름이다.

이야기 무대를 한반도로 옮겨 우리네 역사를 훑어보면 조선 시대의 김득신(金得臣)이 단연 챔피언에 꼽힌다. '다독'(多讀)보다는 '복독'(復讀)*을 즐긴 그는 사마천(司馬遷)의 '사기'(史記) 가운데 '백이전'(伯夷傳)을 11만 3천 번, '노자전'(老子傳)은 2만 번, '중용서'(中庸書)는 1만 8천 번을 읽은 것으로 알려졌다.

시간을 뛰어넘어 현대에 와도 독서벽에 스스로를 가두어 놓은 사람들은 무

---

*상(商) 헤아릴 '상'(商). 생각 '상'(想)이라 함은 일반적으로 사람을 그리워하는 것을 의미함. 반면, 헤아릴 '상'(商)은 학문적으로 무엇을 탐구한다는 의미가 강함.
*꼴 말이나 소에게 먹이는 풀.
*복독(復讀) 같은 것을 반복해서 읽음.

1. "여하튼 그들은 읽었다"

림 곳곳에 숨어 있다. 출판 칼럼리스트라 자칭하는 표정훈 씨는 좋아하는 책이라면 전국 어디든 한걸음에 뛰어가는 사람이다. 5천 권이 넘는 책을 소장한 터라 집안이 온통 책 천지인 표정훈씨는 목적 없이 읽는 '열린 책읽기'의 열렬한 주창자로 더욱 유명하다. '이메이션코리아'의 이장우 사장 역시 범상치 않기는 마찬가지이다. 자신만의 책 읽기에서 그치지 않고 직원들을 독려해 그들의 책값마저 지불하니 말이다. 2만권의 책을 소장하고 있는 장석주 씨는 '하루 일과의 5시간은 읽고, 5시간은 쓰면서 보낸다'는 소설가이자 문필가이다. 이 시대 최고의 '북 코디네이터'라는 별명을 갖고 있는 도서출판 현암사의 형난옥 대표 역시 '남자는 모름지기 다섯 수레 정도의 책을 읽어야 한다'는 '남아수독오거서'(男兒須讀五車書)의 열렬한 예찬론자이다. 어릴 적 할아버지께서 건네주신 두보(杜甫)의 칠언율시(七言律詩) 가운데 '남자'만 '여자'로 바꾸었을 뿐, 책은 결국 그녀의 평생 업(業)이 되고 말았다.

 태평양을 가로질러 미 대륙을 훑어보면, 의외의 벽인(壁人)들이 곳곳에서 만만찮은 내공(內攻)을 자랑하고 있다. 미국 헐리우드에서는 'X파일'의 '멀더'로 유명한 영화배우 '데이비드 듀코브니'와 감독이자 배우인 '조디 포스터'가 대표적인 독서광들이다. 뛰어난 입심으로 미국의 안방 주부들을 사로잡는 오프라 윈프리 역시 어마어마한 독서량으로 유명하다. 그녀가 소개하는 책이 베스트셀러가 되는 것은 시간문제라니, 더 이상 무슨 설명이 필요하겠는가? '윈도우' 시리즈로 컴퓨터 OS를 평정한 빌 게이츠는 아홉 살 때 백과사전을 모두 독파한 것으로 알려졌다. 천재적인 영화감독으로 추앙받는 스티븐 스필버그도 광인(狂人)에 가까울 정도의 독서 벽인이란다. 그의 '드림웍스' 본사에는 웬만한 대학 도서관 못지않은 직원용 도서관이 있다니까.

 몇 해 전, 미국 여론조사기관이 '한국인의 독서 시간은 세계 30개국 중 30위'라고 발표한 적이 있다. 한국인의 주당 독서 시간이 세 시간 남짓으로 그마저도 신문, 잡지 읽는 시간을 포함해서였다. 10.7시간으로 1위를 차지한 인도, 9.4시간으로 2위에 랭크된 태국, 그리고 8시간으로 선두 그룹을 바짝 뒤좇고 있는 3위의 중국이 더더욱 부러울 수밖에 없는 이유다.

| 253쪽 정답 |

　인용형　*　질문/반문형

참 고 문 헌

　고정일 (2006.2.22). 한국인이 책을 읽어야 하는 이유. 동아일보, A31면.
　고미석 (2005.9.28). 윈프리 "미국에 다시 책의 향기를." 동아일보, A24면.
　이훈범 (2005.7.4). 어언무미(語言無味). 중앙일보, 31면.
　이희성 (2005.9.6). 독서 경영 CEO. 중앙일보, E4면.
　정미경 (2005.6.29). 세계 최고 책벌레는 인도인. 동아일보, A16면.
　정민 (2002). 「책 읽는 소리」. 마음산책.
　정민 (2004). 「미쳐야 미친다」. 푸른역사.
　'책 읽는 시간이 꼴찌 수준이라는데.' (2005.7.1). 한겨레, 31면.
　표정훈 (2005). 「모든 책은 운명을 지닌다」. 랜덤하우스중앙.
　황소웅 (2005). 「바른 글 좋은 글」. 랜덤하우스중앙.

2

e-book vs. 종이책

과거, 현재, 미래 담은 종이책은 자아 실현의 도구
일회성 지식 넘치는 인터넷은 인스턴트 제조 공장

"언제부턴가 아이들의 앨범에 새로운 사진이 없더군요. 곰곰이 생각해 보니 디지털 카메라를 사기 시작한 이후부터였던 것 같아요. 즉석에서 감상할 수 있을 뿐만 아니라, 막상 현상하려면 귀찮기도 하고 해서 컴퓨터에 저장해 놓기만 했으니 결국 앨범이 빌 수밖에요." 꽤 된 얘기지만 교수 휴게실에서 한 선생님으로부터 들었던 '디카* 무용론'(無用論)이다. 문명의 이기(利器)가 불러온 폐단을 피부로 실감하는 순간이었다.

'e-북'(전자책)이 각광받고 있다는 기사를 읽은 적이 있다. 고사(枯死) 직전인 출판업계가 한 가닥 희망을 걸고 있는 분야인 'e-북' 시장은 컴퓨터나 휴대폰을 이용해 해당 콘텐츠를 다운받은 다음, 필요할 때 언제고 꺼내 읽을 수 있는 21세기형 첨단 도서다. 특히 휴대폰을 통한 'e-북'은 지하철, 버스 등에서 인기가 높아, 업계의 기대가 대단한 모양이다. 짐작컨대 간단한 이미지와 동영상을 곁들일 날도 멀지 않았다는 느낌이다. 아니, 더 나아가 아예 이야기를 들려주는 'e-북'을 버스나 전철에서 듣는 풍경 또한 낯설지 않을 것으로 보인다.

*디카 디지털 카메라.

'독서 이야기'의 두 번째 주제는 종이책에 관한 것이다. 'e-북'이다 뭐다 하지만, 뭐니뭐니해도 책은 역시 종이에 쓰여진 것이 제 맛이라는.

'타임머신'이란 영화가 있었다. 여러 차례 리메이크*(remake) 될 정도로 인기가 높았던 작품이다. 그런 '타임머신' 가운데 '책'을 통해 인류의 미래를 예언한 영화의 장면을 접했던 기억이 난다. 영화에서는 타임머신을 타고 수만 년 뒤의 미래로 날아간 주인공이 백치(白痴)에 가까운 후손들의 무지(無知)에 의아해하며 도서관으로 데려가 달라고 말하는 대목이 나온다. 미래인들의 손에 이끌려 도서관에 도착한 주인공. 먼지투성이의 서가(書架)에 꽂힌 책들을 집으려고 손을 대는 순간, 책들은 타다 남은 담뱃재처럼 부스러져 책장 바닥에 쌓일 뿐이다. 과학이 너무 발달한 나머지, 컴퓨터와 인공지능에만 의지하다 그만 책을 썩혀 버리고 만 것이다. 주인공은 절규(絶叫)하며 비통해하지만 후손들은 이 광경을 그저 '닭 쳐다보듯' 할 뿐이다.

영화 속의 일이라고만 치부*(置簿)할 수 있을까? 주변을 둘러보면 벌써 불길한 징조가 서서히 나타나고 있다. 대표적인 예가 N사에서 제공하는 유명 검색 사이트. '지식 백과'라는 이름으로 세상의 모든 지식을 취급한다는 그곳에 가면 책을 뒤적거릴 필요도, 힘들여 도서관을 찾을 필요도 없다. 그저 검색창에 키워드를 쳐 넣은 후 '엔터키'만 누르면 만사형통(萬事亨通)이다. 더욱이 자료를 만들라치면 검색 결과물을 '붙이기'와 '자르기'로 편집한 후, 출력하기만 하면 된다. 아니, 더 절망적인 사실은 해당 지식을 아예 통째로 구입할 수도 있다는 것이다. 그렇게 베끼고 사들인 지식은 움켜진 손에서 모래 빠져나가듯 종국에는 허무하게 사라질 뿐이다.

그런 면에서 볼 때, 종이책을 가까이하는 습관은 매우 중요하다. 어디까지 읽었는지, 인상적인 곳은 어디였는지 책장 모서리를 접음으로써 자신만의 표

---

*리메이크 예전에 있던 영화, 음악, 드라마 따위를 새롭게 다시 만듦.
*치부(置簿) 마음 속으로 그러하다고 보거나 여김. 둘 '치'(置), 장부 '부'(簿).

식*(表式)을 심는 권리는 종이책을 통해서만 누릴 수 있는 호사(豪奢)다. 한 사람의 평생 좌우명*(座右銘)이 책에 그은 밑줄에서 탄생하기도 하고, 훗날 다시 들여다보는 책 속에서 자신의 과거와 조우*(遭遇)하기도 한다. 사랑하는 이에게 썼던 편지나 쪽지를 발견하는 것도 책을 읽음으로써 얻게 되는 뜻밖의 수확물이다. 낙엽 한 장, 꽃잎 하나가 종이책을 배경으로 펼쳐지는 수많은 사연들의 '정거장'이었음은 말할 나위조차 없다.

책은 또, 화장실과 침대, 지하철과 버스에서 펼치는 순간, 이야기를 걸어주다가도 읽는 이가 원할 때는 언제고 조용히 물러날 줄 아는 여낙낙한* 말벗이기도 하다. 그렇게 손과 가방, 책상과 책장에서 삶을 풍부하게 해주는 책들은 얄팍한 지식들이 판치는 세상에서 자신을 강단*(剛斷) 있게 잡아주는 지혜의 샘이 되곤 한다. 아무리 좋게 봐도 e-book은 종이책의 맞수가 되질 않는다.

참 고 문 헌

김상훈, 김두영 (2005.9.16). DMB-e북 확산 … "긴 것은 못 참아." 동아일보, 2면.
신용관, 이아람 (2006.2.11). e세상 독자들 "책 안 보고 책 읽어요." 조선일보, A21면.
이한수 (2005.8.6). e-북 삼매경. 조선일보, A2면.
최홍렬 (2005.7.7). "전자책이 종이책 먹여 살리는 시대 왔다." 조선일보, A27면.

*표식(表式) 무엇을 나타내 보이는 일정한 방식.
*좌우명(座右銘) 늘 자리 옆에 갖추어 두고 가르침으로 삼는 말이나 문구. 앉을 '좌'(座), 오른 '우'(右), 새길 '명'(銘).
*조우(遭遇) 우연히 서로 만남. 만날 '조'(遭), 뜻밖에 '우'(遇).
*여낙낙하다 성품이 곱고 부드러우며 상냥하다.
*강단(剛斷) 굳세고 꿋꿋하게 견디어 내는 힘.

독서의 으뜸은 감수성 키워주는 '문학'

인문학의 중심은 문(文)·사(史)·철(哲)
맏형인 문학, 적어도 300권은 읽어야

글쓰기에 관한 책들이 시중(市中)에 넘쳐 난다. 덩달아 독서의 중요성을 강조하는 목소리도 드높다. 하지만 정작 무엇을 어떻게 읽어야 하는지에 대한 정보는 의외로 빈약(貧弱)하다. 언론사나 공공기관에서 권장하는 독서 목록도 있지만 왠지 모범 답안 냄새가 나서 '이건 아닌데' 싶기도 하다. 더욱이 제목부터 사람을 질리게 하는 작품들이 많아 읽기도 전에 걱정부터 앞서곤 한다. 해서, 「A⁺ 글쓰기」에서는 커다란 밑그림을 그려 본다는 심정으로 '어떤 책을 읽을 것인가'에 대한 주제로 세 차례에 걸쳐 이야기를 풀어보고자 한다.

조선일보가 내세우는 간판 칼럼리스트로 '조용헌'이라는 한학자(漢學者)가 있다. 박학다식(博學多識)할 뿐만 아니라 글마저 좋아 조선일보가 공들여 키우는 필진(筆陣)의 대표주자이다. 그런 그가 자신의 칼럼에서 시도 때도 없이 꺼내는 단골 레퍼토리는 바로 '문(文)·사(史)·철(哲)'의 부활이다. 인문학의 뼈대인 문·사·철은 글자 그대로 문학과 역사, 철학을 일컫는 약자(略字)로, 현대인의 교양 필수과목이어야 한다는 것이 그의 지론이다. TV 드라마 '조선왕조 오백 년'의 극작가이기도 한 추계영상문예대학원의 신봉승 교수 역시 '문·사·철 600' 운동을 부르짖는 또 다른 교양 독서 전도사이다. 문학 서적

300권, 역사 서적 200권, 철학 서적 100권, 도합 600권의 문·사·철 탐독은 그가 내세우는 최소한의 필독(必讀) 기준이다.

각설하고, 문·사·철 가운데에서도 문학은 기본이자 으뜸에 위치한 독서 대상이다. 신봉승 교수의 '문·사·철 600' 운동에서 문학이 전체 권수의 절반을 차지하는 이유가 여기에 있다. 실제로 문학은 책장 넘기기에 부담 없을 뿐만 아니라 읽는 이의 가슴에 오랫동안 머무르며 종국에는 좋은 글쓰기의 밑거름이 된다. 꿈과 희망, 눈물과 감동, 안타까움과 설렘으로 독자 자신의 감성(感性)을 끊임없이 키워주는 문학은 분명, 독서라는 신체의 '가슴'에 해당한다 볼 수 있다.

그렇다면 문학작품 가운데에서도 어떤 것들을 접해야 할 것인가? 소설과 수필, 시집을 읽어도 비평가들로부터 극찬(極讚)을 받거나 당대, 또는 역대 최고의 문인으로 꼽히는 인물들의 작품들이 필독 리스트의 상단에 위치해야 함은 당연지사(當然之事)다. 그네들의 명성이 결코 하루아침에 얻어진 것이 아닌 바에야, 그들의 단어 하나, 문장 한 개, 문단 하나 하나가 독자들의 교양과 지식을 넓혀줄 최고의 수단이기 때문이다. 반면, 판타지, 무협, 추리 소설 같은 오락물은 먹을 때만 맛있을 뿐, 영양학적으로는 아무런 도움도 되지 않는 '불량 식품'에 속한다. '누구나 글을 잘 쓸 수 있다'라는 책의 저자로 유명한 진 브라이언트의 입장에서 본다면 긴장 이완이나 시간 소비용으로 지칭되는 '도피 문학'의 전형(典型)에 속할 뿐이다.

그런 면에 비춰 볼 때, 몇 해 전 서울의 마포문화원이 개최한 글짓기 대회에서 18개 가운데 11개 부문의 상을 휩쓴 동도 중학교의 성공 비결은 오히려 당연하다 못해 평범하게까지 느껴진다. 재학생들은 누구나 다 졸업 때까지 무조건 명시 1백 편을 외워야 하기에 1학년이 '서시'(윤동주)를 외우고, 2학년은 '세월이 가면'(박인환)을 읊조리며, 3학년은 '국화 옆에서'(서정주)를 암송하는 것은 이곳에서 결코 낯선 풍경이 아니다. 프랑스의 많은 고등학교가 졸업 때까지 자국의 명시 100여 편을 암송(暗誦)하도록 강제하는 데서 힌트를 얻었다는 것이 동도중의 변*(辯)이다. 하면 하루에도 수십, 수백 권이 쏟아져 나오는 출판 시장에서 여러분은 무슨 책부터 집어 봐야 할까?

참 고 문 헌

고정애 (2005.9.21). "시 100편 외우니 논술 실력 쑥쑥." 중앙일보, 14면.
황소웅 (2005). 「바른 글 좋은 글」. 랜덤하우스중앙.
로버타 진 브라이언트, 승영조 옮김. (2004). 「누구나 글을 잘 쓸 수 있다」. 예담.

---

*변(辯) 설명.

4 풍부한 선례(先例)는 '역사'에서 깊은 사유 능력은 '철학'에서

'역사'는 현재 위치 알려주는 '내비게이터'
'철학'은 근시안 치유하는 '시력 교정기'

벌써 몇 해 전이다. 대입 수시 2차 시험에 면접관으로 참여했을 때의 일이다. 필자가 몸담고 있는 언론정부학부의 입학 경쟁률이 높았던 까닭에 지원자들과 하루 종일 씨름할 각오로 면접을 시작했다. 학교 당국에서 전달받은 시험 출제 봉투를 뜯어 보니, 여러 문항 가운데 "18, 19세기의 세계사를 말해 보시오"라는 질문이 눈에 띄었다. 그날 아침 9시 30분부터 저녁 5시 30분까지 식사 시간 1시간 30분을 제외한 6시간 30분 동안 얼굴을 마주 대한 학생은 모두 72명. 놀랍게도 해동갑하도록* 정답을 맞힌 학생은 한 명밖에 없었다. 하지만 정작 더 큰 놀라움은 응시자들과의 대화에서 나타났다. 고등학교 교육에서 '국사'와 '세계사'가 더 이상 필수과목이 아닌 선택과목에 불과하다는 사실이었다. 인문계의 경우, 여섯 과목(법, 사회, 한국지리, 세계지리 포함) 가운데 세 개를 골라야 하는데 외울 것이 많고 고리타분한 국사와 세계사는 매력적인 선택 대상이 아니라는 사실도 더불어 알게 됐다.

일주일 뒤, 학과목 수업 시간에 대학생들을 대상으로 이러한 사실을 알려주

---

*해동갑하다 일을 하거나 길을 감에 있어 해가 질 때까지 계속하다.

며 혹시나 해서 물어보았다. "과거, 제주도에는 탐라국이라는 나라가 있었습니다. 그렇다면 울릉도에 있었던 국가의 이름을 아는 사람은 손을 들어 보세요." 30여 명의 학생 가운데, 절반도 안 되는 학생들만이 손을 들었다.

앞서 독서의 기본으로 문학을 꼽은 바 있다. 이번에 소개할 장르는 역사와 철학이다. 먼저 역사. 문학이 글에 감성을 불어넣고 글맛을 부드럽게 한다면, 역사는 글에 풍부한 예증과 함께 반박할 수 없는 논리(論理)를 불어넣는다. 망망대해에 떠 있는 듯하지만 내가 탄 배가 어느 곳에 표류, 또는 정박하고 있는지, 구름과 바람, 해류에 따라 앞으로 어디로 흘러갈지를 보다 구체적으로 예측 가능케 하는 것이 역사다. 자연히 역사를 아는 글은 논지(論旨)가 어디로 흘러야 하는지, 무엇이 핵심적인 이야기인지를 정확하게 짚어내는 혜안(慧眼)을 지니게 된다. 때문에 역사를 접하면 접할수록, 과거와 현재, 미래에 대한 인류의 행적을 고찰하며 보다 입체적이고 설득력 있게 글을 전개하게 마련이다.

문·사·철의 마지막에 해당하는 철학의 경우도 마찬가지다. 다른 점이 있다면, 끊임없는 사고(思考)를 통해 자신만의 시각을 가다듬을 수 있는 능력을 키울 수 있다는 것이다. 세계를 해석하는 학문인 만큼, 많은 지성인과 현인(賢人)들의 다양하고 깊이 있는 사고를 접하면서 한층 성숙해진 세계관을 배양(培養)할 수 있다. 자칫 아집*(我執)과 독선(獨善)에 빠져 하나만 생각하는 근시안적 행태는 따라서, 저절로 치유되고 교정되게 마련이다.

그렇다면 '같은 값이면 다홍치마'라고 문·사·철이 어우러진 책을 읽는 것이 어떨까? 기본적으로 문학작품이지만, 역사적인 배경 속에 철학적인 내용까지 곁들여 있다면 독서 1순위로 올리는 것은 당연할 터. 때문에 주변의 도움을 얻어 자신의 입맛에 맞는 문·사·철 비빔밥을 찾아보는 것도 짧은 시

---

*아집(我執) 자기 중심의 좁은 생각에 집착하여 다른 사람의 의견이나 입장을 고려하지 아니하고 자기만을 내세우는 것.

간 동안 독서의 효율을 극대화할 수 있는 또 다른 요령이다. 사람마다 기준이 틀리기에 여러 곳에 물어 공통분모를 찾아내고 그 가운데서 추려내는 것도 한 방법이리라. 만일 문·사·철 고루 어우러진 작품들을 구하지 못한다면, 두 개의 공통분모를 포함한, 문(文)·사(史), 문(文)·철(哲), 또는 사(史)·철(哲) 작품들을 찾아보도록 하자. 여러분의 편의를 돕기 위해 필자의 기준에서 문(文), 사(史), 철(哲)이 각각 어우러진 작품들을 예시해 보고자 한다. 한번 훑어보고 입맛 당기는 게 있으면, 읽어 보는 것은 어떨는지?

文·史·哲 작품들: 「태백산맥」(조정래), 「분노의 포도」(스타인 백)

文·史 작품들 : 「장길산」(황석영), 「로마인 이야기」(시오노 나나미)

史·哲 작품들 : 「역사란 무엇인가」(E. H. 카), 「제국의 시대」(E. J. 홉스봄)

文·哲 작품들 : 「죄와 벌」(도스토예프스키)
「상실의 시대」(무라카미 하루키)
「이방인」(카뮈)
「참을 수 없는 존재의 가벼움」(밀란 쿤데라)
「철학 카페에서 문학 읽기」(김용규)
「광장」(최인훈)
「짜라투스트라는 이렇게 말했다」(니체)
「1984」(조지 오웰)
「인간은 모두 죽는다」(보브와르)
「잃어버린 시간을 찾아서」(마르셀 프루스트)

5. '가을에 온 편지'

좋은 책 고르려면 직접 서점에 가서
제목→서문→목차 순으로 훑어봐야

선생님, 안녕하세요.

오래간만에 글을 올립니다. 건강하신지요. 하늘이 너무 청명해서 멍하니 바라보다가 갑자기 학교가 생각나더군요. 선생님 수업을 처음 들었을 때가 3학년 1학기였던 것으로 기억하는데요.^^ 그때도 날이 이렇게 좋았거든요. 그 수업시간에 들었던 말이 생각나면서 선생님 얼굴이 떠올라 이렇게 메일을 올립니다. 학생 때와는 다른 생활을 하면서 시간을 보낸다는 것이 처음에는 좋았는데 점점 학생이라는 신분이 그리워집니다. 회사에서 나름대로 영역을 확보하고 저만의 능력을 개발하기 위해 이리저리 뛰다 보니 벌써 2년이란 시간이 흘렀네요. 요즘도 강의하시죠? 마지막 학기에 언론 수업을 듣지 못하고 졸업을 한 게 참 아쉽더라구요. 비록 제가 언론 쪽으로 진로를 잡지는 못했지만 복수전공을 하면서 다양한 분야를 접할 수 있다는 것이 참으로 소중한 경험이라 생각합니다. 남들이 알지 못하는 분야를 공부한 것이 사는 데 참 많이 도움이 됩니다.^^ 선생님 조그만 부탁 하나 드려도 될까요? 책을 읽고 싶은데 도움이 될만한 책 몇 권만 추천해주시면 안 될까요? 요즘 책을 너무 안 읽는 것 같아서요. 추천 좀 해주세요.

2006년 9월 6일, 권×× 올림.

권 군에게

반갑습니다. 오랜만에 듣는 목소리라 그런지 더욱 기쁘기도 하고요. 그렇잖아도 가끔 농구할 때면 농구 잘하던 XX군을 그리워하곤 하는데 XX군 역시 내 생각을 해주었다니 고맙군요. 요즈음은 가을 학기가 막 시작된지라 다시 노란 병아리들을 데리고 수업하느라 정신이 없네요.^^ 참, 책에 대한 추천을 부탁했는데 나로서는 XX군의 관심 분야가 어느 쪽인지 잘 모르기에 우선 망설여질 수밖에 없네요. 중요한 사실은 재미있고 도움이 되는 책을 골라야 끝까지 읽을 수 있다는 것이니까요. 해서 책 몇 권을 소개시켜 주기보다, 책 고르는 요령에 대해 몇 마디 건네줄까 합니다.

우선, 힘들더라도 주말에 '대형서점'으로 한번 나가보도록 하세요. 아침 일찍 갈수록 더 차분하게 책을 고를 수 있을 겁니다. 모르긴 해도, 가보면 세상에서 가장 아름다운 모습 가운데 하나가 그곳에 있을 겁니다.^^

일단 서점에 가면 흔히 매대로 알려진 진열대에 있는 책들을 구간별로 돌면서, 전시돼 있는 책들을 대충 살펴보도록 하세요. 그 가운데에서 참신한 제목, 강렬한 제목, 궁금한 제목들은 사냥 대상 1순위에 올려 놓는 게 좋습니다. 으레 그렇듯이 재치 있는 작가, 역량 있는 출판사가 펴낸 책은 제목부터 틀리니까요.

다음으로 책의 서문(序文)을 읽어보도록 하세요. 사실, 개인적인 생각으로는 웬만한 책의 수준이 이미 서문에서 결정된다고 믿습니다. 서문이란 결국 해당 책의 '자기소개서'나 다를 바 없으니까요. 그런 서문이 처음부터 끝까지 술술 재미있게 읽힌다면, 나의 경우에는 일단 그 책에 최소한 A- 이상의 합격점을 줍니다. 반면, 지루하거나 감사 인사만 가득한 서문, 책 내용만 장황하게 설명한 서문, 세상에 대한 넋두리로 점철된 서문은 가급적 사냥 목록에서 제외하도록 하세요.

세 번째 요령은 책의 '목차'에 숨어 있습니다. 목차는 작가가 책과 관련된 주제를 어떻게 정리하며 풀어가고 있는가를 알려주는 작가만의 분류 방식입니다. 때문에 관련 주제에 대한 해당 작가의 인식 수준이 고스란히 드러나 있는 경우가 대부분입니다. 고루한 제목, 별 볼일 없는 목록이 나열된 목차는 일단 작가의 주제 분류 수준이 그렇게 창의적이지는 못하다는 사실을 알려줍니다. 반대로, 호기심을 자아내는 목차들, 한 번도 생각해보지도 못했던 내용들, 참신한 단어들로 구성된 소제목들은 해당 책의 저자가 다양하고 깊이 있는 생각들을 머금고* 있다는 사실을 잘 보여줍니다.

마지막으로 목차 가운데에서 가장 궁금하거나 제일 재미있을 것 같은 곳을 골라 해당 부분을 펼쳐놓고 읽어보도록 하세요. 이를테면, 최종 점검인 셈이죠. 만일, 해당 부분의 내용 역시 기대만큼 알차다면, 두말할 것 없이 그 책을 사냥하도록 하세요. 한 가지만 더 덧붙이자면, 가급적 글만 나열된 책보다는 삽화나 사진, 이미지 등이 적절히 가미된 책이 읽기에 훨씬 수월하고 기억에도 오래 남는다는 것입니다.

이 정도 조언이면 몇 권의 책을 고를 준비로 충분할까요? ^^

추신. 나중에 책을 사게 되면 간단하게나마 책 제목과 함께 고른 이유 등을 알려주면 고맙겠네요. 그래야 구독 의지도 다지고 실제로 엉덩이를 들어 책을 사러 갈 마음이 생기지 않겠습니까? ^^

그럼, 조만간 또 다른 연락을 기다리며…….

2006년 9월 7일 심훈

---

*머금다 사물의 어떤 기운을 안에 품다.

A⁺ 글쓰기

초판 발행   2008년 10월 5일
2쇄 발행   2012년 3월 15일

지은이 심훈
펴낸이 유제구
펴낸곳 파워북
편집디자인 민하디지탈아트
주소   서울 마포구 독막로 291-5(염리동 대동빌딩 4층)
전화   (02) 730-1412
팩스   (02) 730-1410
등록   제300-1997-13

  값 15,000원
ISBN 978-89-8160-105-8

잘못된 책은 바꿔드립니다.